政府采购非招标采购方式
法条释解与疑难解析

白如银　邵月娥　王　赟　编著

机械工业出版社

本书系统地全景式阐释了竞争性谈判、竞争性磋商、询价和单一来源采购等非招标方式采购制度。全书按照《政府采购非招标采购方式管理办法》（财政部令第74号）条文顺序，在"条文原文"下以"条文主旨""条文解读""疑难解析"三要素逐条解读法条。在相关条款下，同时对《政府采购竞争性磋商采购方式管理暂行办法》（财库〔2014〕214号）的相应条款一并解读。

其中，"条文原文"是对法条内容全文引用，"条文主旨"简要表述该条款内容概要，"条文解读"是对条文所阐述的内容进行详细解析阐释，"疑难解析"是对实践中常见的焦点重点问题进行分析解答。旨在帮助读者掌握条文内涵，厘清认识误区，指导解决政府采购非招标活动实务疑难问题。

本书对于采购人、采购代理机构、供应商以及行政监督人员准确理解和适用财政部令第74号和财库〔2014〕214号文有着重要的参考借鉴价值。

图书在版编目（CIP）数据

政府采购非招标采购方式法条释解与疑难解析/白如银，邵月娥，王赟编著. —北京：机械工业出版社，2020.12（2025.1重印）
ISBN 978-7-111-66804-6

Ⅰ.①政… Ⅱ.①白…②邵…③王… Ⅲ.①政府采购法-法律解释-中国 Ⅳ.①D922.205

中国版本图书馆CIP数据核字（2020）第206197号

机械工业出版社（北京市百万庄大街22号 邮政编码100037）
策划编辑：关正美 责任编辑：关正美
责任校对：张 力 封面设计：王 旭
责任印制：郜 敏
北京富资园科技发展有限公司印刷
2025年1月第1版第8次印刷
169mm×239mm·20.5印张·332千字
标准书号：ISBN 978-7-111-66804-6
定价：99.00元

电话服务   网络服务
客服电话：010-88361066   机 工 官 网：www.cmpbook.com
　　　　　010-88379833   机 工 官 博：weibo.com/cmp1952
　　　　　010-68326294   金 书 网：www.golden-book.com
封底无防伪标均为盗版   机工教育服务网：www.cmpedu.com

序　言

本书专门解读非招标采购制度，与本人解读财政部令第 87 号的专著堪称"姊妹篇"，为此欣然作序并乐意向各位读者推荐。

现行政府采购法律体系中，《中华人民共和国政府采购法》《中华人民共和国政府采购法实施条例》对政府采购活动作出了原则性规定，但缺乏具体、可操作的规范和依据，其实施有赖于部门规章作出可操作性具体规定。为此，财政部出台了大量规范政府采购的部门规章和规范性文件，其中《政府采购货物和服务招标投标管理办法》（原财政部令第 18 号，修改后以财政部令第 87 号重新发布）解决了公开招标和邀请招标两种招标方式的法律具体适用问题。同样，《政府采购非招标采购方式管理办法》（财政部令第 74 号）及《政府采购竞争性磋商采购方式管理暂行办法》（财库〔2014〕214 号）对竞争性谈判、竞争性磋商、单一来源采购和询价等非招标采购活动提供了细化具体、可操作的制度依据。这些是政府采购最重要的法律文件，各自规范的招标方式与非招标方式共同构成完整的政府采购制度。

凡是法律条文都有一个典型特征，就是文字简洁，概括性强，这也给实务操作者理解和适用带来了一定困难，由此导致在政府采购实务中，存在对法条理解不一致、执行有偏差的问题，也有一些问题在实践中尚存在争议，甚至成为舆论热点。这就客观需要对法律条文的内容进行解释，推动法律的普及、实施。因为这个原因，本人通过对财政部令第 87 号法条的解读，把招标投标的基本原理、相关知识和国际国内招标实务集于一身，形成《〈政府采购货物和服务招标投标管理办法〉解读》的专著，受到广大政府采购从业者、管理者和研究者的好评。但是，一直以来，缺少对财政部令第 74 号的法条进行解读释义、对政府采购非招标采购法律制度进行系统探讨、对政府非招标采购实务操作进行专门阐述的图书。今天很荣幸的是，我看到了这样一本书，它逐条精细解读财政部令第 74 号的法条，对非招标采购实务中存在的实务疑难问题逐一深入浅出进行解答，对政府采购非招标方式的各类重点、焦点问题进行了剖析。

纵观本书体例和内容，有以下几个特点：一是本书填补了"政府采购非招标采购"实务用书空白，专门对《政府采购非招标采购方式管理办法》（财政部令第 74 号）进行解读阐释，专门论述政府采购非招标采购实务操作。二是本书对政府采购非招标法律制度全景的解读。重点解读财政部令第 74 号中竞争性谈判、单一来源采购和询价三种非招标采购制度，同时也对《政府采购竞争性磋商采购方式管理暂行办法》补充的竞争性磋商采购方式一并解读，力求对全部非招标采购方式进行全面阐释。三是系统阐述非招标采购制度，突出实操难点答疑解惑。采用"条文解读"与"疑难解析"相结合的方式逐条阐释、逐项细述，有助于帮助读者理解条文，把握非招标采购方式重点、难点问题，对非招标采购方式法律制度有系统、全面且务实的总体理解。

本书的几位作者长期关注和研究政府采购工作，熟悉政府采购制度，也有着较为丰富的实践经验，这是撰写形成本书的基础性条件。本书集理论与实务经验于一体，有法律条文精细解释，有实操经验精准阐述，有助于读者将艰涩的法律条文与具体的实务问题有机联系起来，既突出了理论性、指导性，也突出了实践性、实操性。

当然，本书的观点并不都完全正确，一些论述也有不完美之处，这一点也需要各位读者明鉴。但瑕不掩瑜，本书对于采购人、采购代理机构、供应商以及行政监督人员准确理解和依据财政部令第 74 号和财库〔2014〕214 号文处理相关问题都有着重要的参考借鉴价值。

中国招标投标协会专家
中机国际招标有限公司总经理 　　岳小川
2020 年 8 月

前　　言

根据《中国公共采购发展报告（2020）》信息，自我国建立政府采购制度以来，政府采购规模增长迅猛，由 2002 年的 1009 亿元到 2019 年已超过 3.8 万亿元，2020 年政府采购规模预计达到 4.28 万亿元，到 2025 年有望突破 6 万亿元，年均增长率远远超过经济增长水平。从采购方式来看，2019 年公开招标采购方式仍占主导地位，项目数量占比达政府采购项目数量的 61.30%，邀请招标项目仅占比 0.34%，竞争性谈判项目占比 29.36%，询价项目占比 6.10%，单一来源采购项目占比 1.60%，竞争性磋商及其他方式采购项目占比 1.30%。总体来看，非招标采购方式在政府采购中有着较高占比，其中有 7 个省（自治区）非招标采购项目占政府采购项目数的比重超过 50%。对于非招标方式采购活动，适用《中华人民共和国政府采购法》《中华人民共和国政府采购法实施条例》及财政部出台的《政府采购非招标采购方式管理办法》（财政部令第 74 号）、《政府采购竞争性磋商采购方式管理暂行办法》等规章和规范性文件予以规范。

受业内资深专家岳小川老师阐释财政部令第 87 号的专著《〈政府采购货物和服务招标投标管理办法〉解读》的启发，为了帮助采购人、采购代理机构、供应商以及行政监督部门有关人员准确理解和应用《政府采购非招标采购方式管理办法》（财政部令第 74 号）以及《政府采购竞争性磋商采购方式管理暂行办法》（财库〔2014〕214 号），我们结合《中华人民共和国政府采购法》《中华人民共和国政府采购法实施条例》及实务操作经验，以《政府采购非招标采购方式管理办法》（财政部令第 74 号）的法律条文为主线，逐条逐项对非招标方式采购法律制度进行精细解读，同时在《政府采购非招标采购方式管理办法》（财政部令第 74 号）相关条文下，也对《政府采购竞争性磋商采购方式管理暂行办法》的相关条款一并引用、解读，力争对全部非招标采购方式进行全貌式的阐释，也方便读者实务操作时对照理解应用。

本书按照《政府采购非招标采购方式管理办法》（财政部令第 74 号）条文

顺序，逐条解读，每条都包括"条文原文""条文主旨""条文解读"三部分内容，多数条款下还包括"疑难解析"。其中，"条文原文"是对法条内容全文引用，"条文主旨"简要表述该条款内容概要，"条文解读"是对条文所阐述的内容进行详细解析阐释，"疑难解析"是对与本条款相关、实践中常见的疑点难点进行解析（更多疑难问题解读可参见《政府采购实务与热点答疑 360 问》一书）。书末还收录了非招标采购活动常用的法律文件和财政部答记者问的原文资料，以方便读者查阅、学习使用。对于本书内容，还需要说明几点：（一）《中华人民共和国民法典》自 2021 年 1 月 1 日起施行，《中华人民共和国合同法》等民事单行法律同时废止，故本书中涉及的相关民事法律规定，均引用《中华人民共和国民法典》相应法条；（二）关于政府采购非招标方式采购法律制度散见于《中华人民共和国政府采购法》《中华人民共和国政府采购法实施条例》《政府采购信息发布管理办法》《政府采购质疑和投诉办法》等法律法规、部门规章和规范性文件中，故处理政府采购非招标方式采购相关事宜时，还应注意查阅适用这些规定；（三）竞争性磋商与竞争性谈判法律制度相类似，故本书中对竞争性磋商方式未作详细阐释的内容，均可以借鉴参考关于竞争性谈判的相应内容来理解。

本书旨在帮助读者掌握《政府采购非招标采购方式管理暂行办法》条文内涵，厘清认识误区，指导解决政府采购非招标活动中的实务问题。特别感谢岳小川老师在百忙之中审阅书稿，订正了多处错误，并拨冗作序将本书推介给大家，我们为此深感荣幸、深受鼓舞。由于我们认识有限，书中错漏难免，敬请各位朋友批评指正。有何意见建议，请联系我们，E‐mail：449076137＠qq.com，特此致谢。

编　者

目　　录

附录/214

第一章 总 则

第一条 立法目的和立法依据

【条文原文】

第一条 为了规范政府采购行为，加强对采用非招标采购方式采购活动的监督管理，维护国家利益、社会公共利益和政府采购当事人的合法权益，依据《中华人民共和国政府采购法》（以下简称《政府采购法》）和其他法律、行政法规的有关规定，制定本办法。

【条文主旨】

本条对本办法的立法目的、立法依据作出具体规定。

【条文解读】

一、制定《政府采购非招标采购方式管理办法》（财政部令第 74 号）（以下简称《办法》）的必要性[一]

财政部制定《办法》主要是顺应以下三个方面的要求：

（1）完善政府采购制度建设的需要。《政府采购法》明确规定政府采购方式包括公开招标、邀请招标、竞争性谈判、单一来源、询价和国务院政府采购监督管理部门认定的其他采购方式，并规定了各种采购方式的适用情形和基本程序。2004 年财政部制定了《政府采购货物和服务招标投标管理办法》（财政部

[一] 一、二两部分内容摘自"财政部有关负责人就制定《政府采购非招标采购方式管理办法》答记者问"，载于财政部网站。

1

令第 18 号)[○]，对采用公开招标和邀请招标方式的采购活动进行规范，但长期以来，对采用竞争性谈判、单一来源采购和询价采购方式的采购活动，依据的只有《政府采购法》的原则性规定，缺乏全国统一的具体制度规范。

（2）规范非招标采购活动的需要。在政府采购实践中，对于非招标采购方式，一些部委和地方制定了适用于本部门、本地区的工作规范、程序、工作手册等，或者适用采购代理机构、采购人的内部工作程序，存在着中央单位及各地理解不一致、操作不统一、监管缺乏依据等问题，执行中甚至出现了不符合《政府采购法》规定的现象。

（3）扩大政府采购范围的需要。随着政府采购范围的进一步扩大，特别是政府向社会力量购买公共服务纳入政府采购范围后，采购标的日趋复杂多样，需要根据采购项目的具体情况，灵活运用各种采购方式实现采购目的。非招标采购方式采购周期较短，选择供应商的方式和评审程序等更为灵活。特别是难以确定详细规格或者具体要求、不能事先计算出价格总额或者需要供应商提供设计方案或解决方案的采购项目，采用竞争性谈判方式更有利于满足采购项目的需要。

基于上述原因，2013 年 12 月 29 日，财政部发布了《办法》，是《政府采购法》的下位法，共 7 章 62 条。它在《政府采购法》规定的原则和范围内，对竞争性谈判、询价和单一来源采购三种非招标采购方式进行了全面、系统规范，是政府采购非招标方式采购的操作指南。

二、《办法》的适用范围和主要内容

政府采购，是指各级国家机关、事业单位和团体组织，使用财政性资金采购依法制定的集中采购目录以内的或者采购限额标准以上的货物、工程和服务的行为。政府采购方式有公开招标、邀请招标、竞争性谈判、竞争性磋商、询价和单一来源采购六种方式，各自适用于不同的采购项目，其中公开招标是默认的采购方式。根据《政府采购法》《中华人民共和国政府采购法实施条例》（以下简称《政府采购法实施条例》）和《办法》，下列采购项目可以采用非招标采购方式：

○ 2017 年 7 月 11 日，财政部颁布了修订后的《政府采购货物和服务招标投标管理办法》（财政部令第 87 号）。

（1）对于政府采购货物和服务，《办法》根据《政府采购法》规定的政府采购范围和以公开招标方式为主的原则，确定了三种具体适用情形：一是依法制定的集中采购目录以内，且未达到公开招标数额标准的；二是依法制定的集中采购目录以外、采购限额标准以上，且未达到公开招标数额标准的；三是公开招标数额标准以上、经批准采用非招标采购方式的。采购货物和服务的，可以采用竞争性谈判和单一来源采购方式；采购货物的，还可以采用询价采购方式。

（2）对于政府采购工程，《办法》规定"按照招标投标法及其实施条例必须进行招标的工程建设项目以外的政府采购工程"适用《办法》。具体实践中可能包括以下两种情形：一是不属于招标投标法及其实施条例规定的必须进行招标的工程建设项目范围的政府采购工程；二是属于必须进行招标的工程建设项目范围，但依据《中华人民共和国招标投标法》（以下简称《招标投标法》）第六十六条和《中华人民共和国招标投标法实施条例》（以下简称《招标投标法实施条例》）第九条规定可以不进行招标的政府采购工程。不进行招标的政府采购工程，应当按照《政府采购法》《政府采购法实施条例》及《办法》的规定进行采购。

《办法》在《政府采购法》规定的原则和范围内，对以下三种非招标采购方式进行了全面、系统规范，具体表现在以下几方面：

（1）在一般规定中明确了达到公开招标数额标准的采购项目采用非招标采购方式的批准程序，谈判小组、询价小组的组成、职责和义务，保证金的交纳与退还，选择符合资格条件的供应商的方式，成交结果公告等内容。

（2）对三种非招标采购方式的整个流程进行了全面规范，包括竞争性谈判采购方式的适用情形、具体程序、谈判要求、谈判文件可实质性变动的内容、确定成交供应商的标准；单一来源采购的公示要求、协商程序和情况记录；询价采购方式的具体程序和要求、确定成交供应商的标准等。

（3）在《政府采购法》规定的法律责任的基础上，补充和明确了政府采购当事人和相关人员在非招标采购方式活动中的法律责任。

三、《办法》的立法目的

《政府采购法》作为规范政府采购的基本法律，第一条规定了该法的立法目的，即规范政府采购行为、提高政府采购资金的使用效益、维护国家利益和社会公共利益、保护政府采购当事人的合法权益和促进廉政建设共五项。《办法》是根据《政府采购法》制定的，是落实该法、具体规范非招标采购活动的部门规章，其立法目的与《政府采购法》是一致的。

根据本条的规定，《办法》的立法目的如下：

（1）规范政府非招标采购行为。公开、公平、公正是政府采购制度的生命。依法规范政府采购行为，是建立社会主义市场经济体制的必然要求。政府代表国家履行行政管理职责，促进政府采购活动依法合规，并通过采购政策调控经济，维护市场秩序。同时，政府在采购交易时，作为采购的一方，又是市场的参与者，必须与供应商等参与者依照法律规定依法参加政府采购活动。《办法》的制定，就是要求政府采购主体在采用非招标方式采购货物、工程和服务时，必须按照《办法》制定的规则，即政府采购应当遵循的基本原则、采购方式、采购程序等依法开展采购活动，有利于推动政府采购受市场规则和法律的约束，实现交易行为平等，保证规范政府采购行为，公平参与交易。

（2）加强对采用非招标采购方式采购活动的监督管理。第一，监督财政性资金合理使用，保证政府采购资金按预算目标使用，做到少花钱，多办事，办好事，实现物有所值，防止浪费，从而降低采购成本，提高财政资金的使用效益。第二，监督《政府采购法》在政府采购实践中落实到位，政府采购各方当事人按照法律规定的程序开展交易，维护公平公正的市场秩序，确保交易行为的安全，鼓励各方积极参与交易，实现政府采购的目的。第三，监督依法合规组织政府采购活动、依法行政，防范权钱交易、不正当交易、贪污腐败等违法行为。由于政府采购项目多，规模大，其采购合同成为各供应商的竞争目标。通过《政府采购法》及《办法》等法律约束，可以有效抑制政府采购中各种腐败现象的滋生，净化交易环境，使政府采购成为名副其实的"阳光下的交易"，从源头上抑制腐败现象的发生，促进廉政建设。

（3）维护国家利益、社会公共利益和政府采购当事人的合法权益。通过制定《办法》，将政府采购的政策性作用法律化，为政府发挥政府采购的宏观调控作用、维护国家利益和社会公共利益提供了法律依据和保障。此外，在政府采购活动中，政府和供应商都是市场参与者，其行为本质上仍属于商业性市场交易行为，各当事人之间是平等的。制定《办法》的目的之一，就是要求政府采购必须遵循公开透明、公平竞争、公正和诚实信用原则，建立政府采购各当事人之间平等互利的关系和按法定的权利和义务参加政府采购活动的规则。《办法》还赋予供应商对采购人和采购活动投诉的权利，加强了监督和制约，有利于保护供应商的合法权益。

四、《办法》的立法依据

《办法》主要是依据国家法律、行政法规等上位法，根据我国政府采购活动实际需求、政府采购制度改革进程制定的。主要依据首要是《政府采购法》，这是所有政府采购立法的基本法律依据。政府采购立法也要遵循《中华人民共和国民法总则》（以下简称《民法总则》）、《中华人民共和国合同法》（以下简称《合同法》）、《中华人民共和国民法典》（以下简称《民法典》）将于 2021 年 1 月 1 日起施行，《合同法》《民法总则》等 9 部民事单行法律同时废止等民事法律的规定；对违法行为的认定与处理方面，还应遵循《中华人民共和国刑法》《中华人民共和国公务员法》《中华人民共和国监察法》《中华人民共和国行政处罚法》《中华人民共和国治安管理处罚法》等法律法规的规定，此外《办法》还针对我国政府采购制度创新成果、政府采购工作中取得的经验、存在的问题等，把实践中证明是成功的和好的做法规范化、定型化、法制化，转化为法律制度。

2014 年 12 月 31 日，财政部颁布了《政府采购竞争性磋商采购方式管理暂行办法》（财库〔2014〕214 号），在《办法》基础上，增加了竞争性磋商这一非招标采购方式，对竞争性磋商适用范围及磋商程序作出具体规定，与本办法共同构成规范政府采购非招标采购方式的法律制度。

【疑难解析】

1. 《办法》的立法依据为什么没有《政府采购法实施条例》？

由于《办法》在《政府采购法实施条例》颁布之前制定，因此其立法依据中没有《政府采购法实施条例》。根据《中华人民共和国立法法》中"上位法优先于下位法""新法优于旧法"的法律适用原则，凡是《办法》与《政府采购法实施条例》内容不一致的，按照《政府采购法实施条例》的规定执行。

2. 非招标采购方式与招标方式有什么不同？

非招标采购方式与招标方式最大的不同在于，它不强调给予所有潜在供应商参与竞争的机会，如谈判小组、询价小组从符合条件的供应商中选择确定 3

家以上供应商参加采购活动即可，而无需向其他未选择的供应商作出解释，这是法律赋予谈判小组和询价小组的权利。但一旦选定参加采购活动的供应商后，每一轮技术、服务指标的谈判、修改必须平等地通知所有参加采购活动的供应商，以保证竞争过程的公平性。与招标方式相比，非招标采购方式采购周期更短、效率更高，选择供应商的来源和评审过程更为灵活，如谈判小组和询价小组自制定谈判文件和询价通知书起即参与采购活动，有利于更为科学合理地确定采购需求。在竞争性谈判过程中，供应商可以参与确定最终设计方案或解决方案，更适合技术复杂或者性质特殊、采购人难以详细列明采购标的的技术服务要求的采购项目。

第二条　适用范围和采购方式定义

【条文原文】

第二条　采购人、采购代理机构采用非招标采购方式采购货物、工程和服务的，适用本办法。

本办法所称非招标采购方式，是指竞争性谈判、单一来源采购和询价采购方式。

竞争性谈判是指谈判小组与符合资格条件的供应商就采购货物、工程和服务事宜进行谈判，供应商按照谈判文件的要求提交响应文件和最后报价，采购人从谈判小组提出的成交候选人中确定成交供应商的采购方式。

单一来源采购是指采购人从某一特定供应商处采购货物、工程和服务的采购方式。

询价是指询价小组向符合资格条件的供应商发出采购货物询价通知书，要求供应商一次性报出不得更改的价格，采购人从询价小组提出的成交候选人中确定成交供应商的采购方式。

【条文主旨】

本条对本办法的适用范围、非招标采购方式种类以及竞争性谈判、单一来源采购和询价采购方式的定义作出具体规定。

【条文解读】

一、《办法》的调整对象

《办法》规范调整的对象包括我国行政区域内规范政府采购非招标采购活动、维护政府采购秩序的一切行为，调整采购人、采购代理机构和供应商等在政府采购活动中所形成的各种法律关系。所谓非招标采购方式，顾名思义就是除招标方式以外的其他采购方式。《政府采购法》第二十六条对政府采购方式作了规定，即政府采购方式分为公开招标、邀请招标、竞争性谈判、单一来源采购、询价和国务院政府采购监督管理部门认定的其他采购方式（目前只有竞争性磋商一种）。

各种采购方式内涵不同，也分别适用于不同的采购项目。公开招标是默认的政府采购方式，其他采购方式依法各有其适用范围。采购人开展政府采购活动，首先要依据《政府采购法》《政府采购法实施条例》及《办法》规定，对照各种采购方式所适用的采购项目范围，选择合适的采购方式，不得规避法律随意选用，也不得采用法律规定以外的其他采购方式。

二、各采购方式的定义

本条第三款规定："竞争性谈判是指谈判小组与符合资格条件的供应商就采购货物、工程和服务事宜进行谈判，供应商按照谈判文件的要求提交响应文件和最后报价，采购人从谈判小组提出的成交候选人中确定成交供应商的采购方式。"从上述定义可以看出，选择竞争性谈判采购方式，适用范围包括货物、工程和服务采购项目。

本条第四款规定："单一来源采购是指采购人从某一特定供应商处采购货物、工程和服务的采购方式。"从上述定义可以看出，单一来源采购方式的适用范围包括货物、工程和服务采购项目。

本条第五款规定："询价是指询价小组向符合资格条件的供应商发出采购货物询价通知书，要求供应商一次性报出不得更改的价格，采购人从询价小组提出的成交候选人中确定成交供应商的采购方式。"从上述定义可以看出，询价采购方式的适用范围只有货物采购项目。

根据《政府采购竞争性磋商采购方式管理暂行办法》第二条规定，竞争性磋商采购方式，是指采购人、政府采购代理机构通过组建竞争性磋商小组与符合条件的供应商就采购货物、工程和服务事宜进行磋商，供应商按照磋商文件的要求提交响应文件和报价，采购人从磋商小组评审后提出的候选供应商名单中确定成交供应商的采购方式。竞争性磋商采购方式的核心内容是"先明确采购需求、后竞争报价"的两阶段采购模式，倡导"物有所值"的价值目标。

《政府采购竞争性磋商采购方式管理暂行办法》第三条规定了五种适用情形：一是政府购买服务项目；二是技术复杂或者性质特殊，不能确定详细规格或者具体要求；三是因艺术品采购、专利、专有技术或者服务的时间、数量事先不能确定等原因不能事先计算出价格总额；四是市场竞争不充分的科研项目，以及需要扶持的科技成果转化项目；五是按照招标投标法及其实施条例必须进行招标的工程建设项目以外的工程建设项目。其中，前三种情形主要适用于采购人难以事先确定采购需求或者合同条款，需要和供应商进行沟通协商的项目；第四种情形主要适用于科研项目采购中有效供应商不足三家，以及需要对科技创新进行扶持的项目；第五种情形主要适用于政府采购工程类项目，并与招标投标法律制度和《办法》做了衔接。综合来看，竞争性磋商采购方式在政府购买服务、PPP、科技创新扶持、技术复杂的专用设备等项目采购中将具有较高的可操作性和适用性。该办法第三十六条还规定："相关法律制度对政府和社会资本合作项目采用竞争性磋商采购方式另有规定的，从其规定。"财政部对PPP项目采购，专门制定了《政府和社会资本合作项目政府采购管理办法》（财库〔2014〕215号），该办法第四条规定"PPP项目采购方式包括公开招标、邀请招标、竞争性谈判、竞争性磋商和单一来源采购"，PPP项目采用非招标方式采购的，优先适用该办法的规定。

三、注意区分和规范使用招标和非招标方式的相关术语

实践中，不少单位将采用招标方式的招标文件与采用非招标方式的采购文件混为一谈，非招标方式的采购文件内充斥着"招标""投标"等字眼，这样操作不仅容易造成采购人和供应商认识上的混乱，还会给政府采购组织实施工作的标准化、规范化带来负面影响。从《政府采购法》等立法可以看出，招标与非招标方式在采购文件内容、操作方式、程序上是完全不同的。"招标文件"仅仅是指采用招标方式实施采购而编制的采购文件，并不包含采用非招标方式的采购文件。因此，非招标方式的采购文件内充斥"招标""投标""开标""评标""定标"等字眼十分不妥。与招标方式使用的招标文件、投标报价、投标人、投标截止时间、投标保证金、投标报价、开标、评标、定标、中标人、废标等用词相对应的，采用竞争性谈判方式的，应规范使用谈判文件、响应文件、供应商、提交响应文件截止时间、保证金、谈判报价、谈判文件开启、谈判文件评审、确定成交供应商、成交供应商、响应无效等用词。采用询价方式的，应规范使用询价通知书、响应文件、供应商、提交响应文件截止时间、保证金、报价、响应文件开启、响应文件评审、确定成交供应商、成交供应商、响应无效等用词。采用竞争性磋商方式的，应规范使用磋商文件、响应文件、供应商、提交响应文件截止时间、磋商保证金、报价、响应文件开启、响应文件评审、确定成交供应商、成交供应商、响应无效等用词。

四、《办法》与《政府采购法》《招标投标法》的衔接

《办法》充分考虑了与《政府采购法》《招标投标法》的衔接，比如《办法》第二条第一款规定了适用范围，将采用非招标采购方式的政府采购货物、工程、服务项目均纳入了管理，改变了《政府采购货物和服务招标投标管理办法》仅将货物和服务纳入适用范围的规定。《办法》第二条还对竞争性谈判、单一来源和询价作出了定义，第三条明确了采购人、采购代理机构在何种情形和条件下，可以采用竞争性谈判、单一来源采购、询价等采购方式，并明确招标投标法及其实施条例规制以外的政府采购工程可以采用竞争性谈判及单一来源采购方式，弥补了上位法的定义缺陷，与招标投标法及其实施条例作了很好的融合和衔接，解决了实践中政府采购工程如何监管，以及如何对采用非招标采购方式实施的政府采购工程进行监管的问题，使之有法可依、有章可循。

关于政府采购工程以及与工程建设有关的货物和服务的法律适用，在以往实践中理解各异。根据《政府采购法》的规定，政府采购的对象包括货物、服务和工程。《招标投标法》规定的必须进行招标的工程建设项目也包含政府采购工程。为了做好两法的衔接，避免政府通过招标方式采购工程在适用法律时产生混乱，《政府采购法》第四条规定，政府采购工程进行招标投标的，适用《招标投标法》。但无论是《政府采购法》还是《招标投标法》及其各自相关法律体系，均未对工程类非招标采购方式及程序作出规定。实践中，政府采购工程采用非招标采购方式时，难以适用《招标投标法》，但《政府采购法》对此又没有具体规定，《办法》依据《政府采购法》第二条对此作出补充性规定，扩大了非招标采购方式的适用范围。具体来讲，不进行招标的政府采购工程，应当按照《政府采购法》及《办法》的规定进行采购：一是不属于招标投标法及其实施条例规定的必须进行招标的工程建设项目范围的政府采购工程；二是属于必须进行招标的工程建设项目范围，但依据《招标投标法》第六十六条和《招标投标法实施条例》第九条规定可以不进行招标的政府采购工程。

2011 年颁布的《招标投标法实施条例》以及 2015 年颁布的《政府采购法实施条例》对工程以及与工程建设有关的货物和服务范围作出清晰界定，两者表述是一致的。

（1）工程的定义。即是指建设工程，包括建筑物和构筑物的新建、改建、扩建及其相关的装修、拆除、修缮等。主体应当是建筑物和构筑物。由此，只有政府采购工程中的建筑物和构筑物的新建、改建、扩建及其相关的装修、拆除、修缮，才是《招标投标法》第三条所称的必须进行招标的工程建设项目，属于招标投标法及其实施条例的调整范围；政府采购工程中的与建筑物和构筑物新建、改建、扩建无关的单独的装修、拆除、修缮等，则不是《招标投标法》第三条所称的必须进行招标的工程建设项目，而属于《政府采购法》及《政府采购法实施条例》的调整范围。需要说明的是，建设工程并不限于构筑物和建筑物。根据《建设工程质量管理条例》和《建设工程安全生产管理条例》，建设工程是指土木工程、建筑工程、线路管道工程和设备安装工程及装修工程。从这一定义可以看出，工程是指所有通过设计、施工、制造等建设活动形成的有形固定资产。同时也要避免对工程做扩大化理解，从而防止不适当地将政府采购货物和服务，以及依法可以不进行招标的政府采购工程纳入《招标投标法》调整范围[一]。

（2）与工程建设有关的货物、服务的定义。第一，"建设"是时间节点上的概念，只有工程建设过程中与工程有关的货物和服务，才属于招标投标法及其实施条例的调整范围，工程一旦竣工，其后即便采购与工程有关的货物和服务，均属于《政府采购法》的调整范围[一]。如工程建设过程中采购电梯，适用《招标投标法》；竣工后需更换电梯，则适用《政府采购法》。第二，"不可分割"是指离开了建筑物或构筑物主体就无法实现其使用价值的货物，如门窗属于不可分割，而家具等就属于可分割。实践中存在将"不可分割"简单理解为固定

一　财政部国库司、财政部政府采购管理办公室、财政部条法司、国务院法制办公室财金司：《中华人民共和国政府采购法实施条例释义》，中国财政经济出版社，第 28 页。

一　财政部国库司、财政部政府采购管理办公室、财政部条法司、国务院法制办公室财金司：《中华人民共和国政府采购法实施条例释义》，中国财政经济出版社，第 28～29 页。

在建筑物或构筑物上，认为只要固定在建筑物或构筑物上就是"不可分割"，这种认识是错误的[一]。第三，"基本功能"是指建筑物、构筑物达到能够投入使用的基础条件，不涉及建筑物、构筑物的附加功能。如学校教学楼建设，建成装修后基本功能即已达到，而不能以该楼将用于教学就把教学用的教学家具、仪器设备等为实现楼的附加功能的货物也作为该楼的基本功能对待。实现附加功能的货物应属于《政府采购法》的调整范围。与工程建设有关的服务，是指为完成工程所需的勘察、设计、监理等服务。其中的"等"是为下位法立法预留的空间，在没有相关法律明确规定的情况下，不得随意解释扩大其范围，如工程建设项目安全评价、环境影响评价等不属于《招标投标法》规范的依法必须招标的服务项目。地方政府采购目录内对此有规定，该类项目应纳入《政府采购法》予以规制。政府采购的服务，即使与工程有关，但并不是完成该工程所必不可少的，也不能认定为是与工程建设有关的服务。比如工程立项前有关部门向社会采购的工程可行性研究报告等前期准备服务，为了加强对政府采购工程使用财政资金的监管，从社会上采购的审计服务等[二]。

【疑难解析】

1. 竞争性磋商和竞争性谈判两种采购方式的联系和区别是什么？

竞争性磋商和竞争性谈判两种采购方式在流程设计和具体规则上既有联系又有区别：在"明确采购需求"阶段，两者关于采购程序、供应商来源方式、磋商或谈判公告要求、响应文件要求、磋商或谈判小组组成等方面的要求基本一致；在"竞争报价"阶段，竞争性磋商采用了类似公开招标的"综合评分法"，区别于竞争性谈判的"最低价成交"。也就是说，根据《政府采购非招标采购方式管理办法》和《政府采购竞争性磋商采购方式管理暂行办法》的相关规定，竞争性谈判采购项目根据质量和服务均能满足采购文件实质性响应要求且最后报价最低的原则推荐成交候选供应商和确定成交供应商，只要供应商的响应文件全部符合采购文件的实质性要求，则其商务、技术部分都不再评审、

不予考虑，报价对于是否成交起着决定性作用，"价低者得"。竞争性磋商采购项目，采用综合评分法对提交最后报价的供应商的响应文件和最后报价进行综合评分，最终根据综合评分情况，按照评审得分由高到低顺序推荐成交候选供应商和确定成交供应商，对商务、技术和报价都需要比较评审，各自占总分权重不同，报价并不是决定性影响因素，以综合评分排序，"分高者得"。之所以这样，就是为了在需求完整、明确的基础上实现合理报价和公平交易，并避免竞争性谈判最低价成交可能导致的恶性竞争，将政府采购制度功能聚焦到"物有所值"的价值目标上来，达到"质量、价格、效率"的统一。

2. 国有企业采用非招标方式采购是否适用《办法》？

《政府采购法》第二条第二款规定："本法所称政府采购，是指各级国家机关、事业单位和团体组织，使用财政性资金采购依法制定的集中采购目录以内的或者采购限额标准以上的货物、工程和服务的行为。"由于国有企业系企业法人，不属于国家机关、事业单位和团体组织之列，采购主体不符合《政府采购法》的规定，故不属于《政府采购法》规范的政府采购行为。因此，国企采用非招标方式采购也就不适用《办法》规定。我国目前尚未出台专门针对国有企业采购的法律规范。国有企业可针对自身特点，参考借鉴《政府采购法》、中国招标投标协会等机构出台的《非招标方式采购代理服务规范》等行业推荐性技术标准和《非招标方式采购文件示范文本》，制定相应的企业内部采购管理制度和规范，规范本企业内部的非招标采购活动。

第三条　非公开招标方式的适用情形

【条文原文】

第三条　采购人、采购代理机构采购以下货物、工程和服务之一的，可以采用竞争性谈判、单一来源采购方式采购；采购货物的，还可以采用询价采购方式：

（一）依法制定的集中采购目录以内，且未达到公开招标数额标准的货物、服务；

（二）依法制定的集中采购目录以外、采购限额标准以上，且未达到公开招标数额标准的货物、服务；

（三）达到公开招标数额标准、经批准采用非公开招标方式的货物、服务；

（四）按照招标投标法及其实施条例必须进行招标的工程建设项目以外的政府采购工程。

【条文主旨】

本条对可以适用竞争性谈判、单一来源采购和询价等采购方式的采购项目范围作出具体规定。

【条文解读】

各非招标采购方式分别适用于不同的情形。《政府采购法》第三十条规定了竞争性谈判采购方式及其适用情形，即符合下列情形之一的货物或者服务，可以采用竞争性谈判方式采购：①招标后没有供应商投标或者没有合格标的或者重新招标未能成立的；②技术复杂或者性质特殊，不能确定详细规格或者具体要求的；③采用招标所需时间不能满足用户紧急需要的；④不能事先计算出价格总额的。

《政府采购法》第三十一条规定了单一来源采购方式及适用情形，即符合下列情形之一的货物或者服务，可以采用单一来源方式采购：①只能从唯一供应商处采购的；②发生了不可预见的紧急情况不能从其他供应商处采购的；③必须保证原有采购项目一致性或者服务配套的要求，需要从原供应商处添购，且添购资金总额不超过原合同采购金额百分之十的。

《政府采购法》第三十二条对询价采购方式及适用情形作出规定，即采购的货物规格、标准统一、现货货源充足且价格变化幅度小的政府采购项目，可以采用询价方式采购。

本条规定的非公开招标方式的适用情形，与《政府采购法》相比，适用的范围更大，一方面可以是集中采购目录内的，而且也可以是集中采购目录外的；另一方面，可以是公开招标限额以下的，也可以是公开招标限额以上的，当然限额以上须要报政府采购监管部门批准，这与《政府采购法》第二十七条的规定是衔接的，该条规定："采购人采购货物或者服务应当采用公开招标方式的，其具体数额标准，属于中央预算的政府采购项目，由国务院规定；属于地方预算的政府采购项目，由省、自治区、直辖市人民政府规定；因特殊情况需要采用公开招标以外的采购方式的，应当在采购活动开始前获得设区的市、自治州以上人民政府采购监督管理部门的批准。"

一、非招标采购方式的适用情形

（1）依法制定的集中采购目录以内，且未达到公开招标数额标准的货物、服务。

实践中，首先应识别采购项目是否属于集中采购目录内项目。属于目录内项目的，依法实施集中采购，采购方式依照财政部门核准方式或目录项下的规定方式进行；若属于目录外的项目，依照政府采购管理限额分别处理：在限额以下的，不属于政府采购范畴；在限额以上的，纳入政府采购范围管理，其中达到公开招标限额标准的，应当公开招标。

（2）依法制定的集中采购目录以外、采购限额标准以上，且未达到公开招标数额标准的货物、服务。

（3）达到公开招标数额标准、经批准采用非公开招标方式的货物、服务。采购货物和服务的，可以采用竞争性谈判和单一来源采购方式；采购货物的，还可以采用询价采购方式。

（4）按照招标投标法及其实施条例必须进行招标的工程建设项目以外的政府采购工程。

二、政府采购工程对非招标采购方式的适用

《政府采购法实施条例》第七条对工程类政府采购的法律适用问题作出明确的区分，即政府采购工程以及与工程建设有关的货物、服务，采用招标方式采购的，适用招标投标法及其实施条例；采用其他方式采购的，适用政府采购法及其实施条例。第二十五条还进一步明确规定，政府采购工程依法不进行招标的，应当依照政府采购法及其实施条例规定的竞争性谈判或者单一来源采购方式采购。《政府采购竞争性磋商采购方式管理暂行办法》第三条也规定按照招标投标法及其实施条例必须进行招标的工程建设项目以外的工程建设项目可以采用竞争性磋商方式开展采购。因此，依法必须招标的工程以及与工程建设有关的货物和服务，应采用招标方式进行采购。除此之外的，应结合项目需求特点，采用竞争性谈判、竞争性磋商、单一来源等采购方式采购。对此，财政部《关于政府采购工程项目有关法律适用问题的复函》（财库便函〔2020〕385号）也明确规定："根据《中华人民共和国政府采购法》及其实施条例有关规定，工程招标限额标准以上，与建筑物和构筑物新建、改建、扩建项目无关的单独的装修、拆除、修缮项目，以及政府集中采购目录以内或者政府采购工程限额标准

以上、工程招标限额标准以下的政府采购工程项目，不属于依法必须进行招标的项目，政府采购此类项目时，应当按照政府采购法实施条例第二十五条的规定，采用竞争性谈判、竞争性磋商或者单一来源方式进行采购。"

《政府采购法》没有对工程类非招标采购方式的适用情形作出规定，而《政府采购法实施条例》也没有予以细化补充。《办法》第三条规定"按照招标投标法及其实施条例必须进行招标的工程建设项目以外的政府采购工程"可以采用竞争性谈判、单一来源采购方式采购；《政府采购竞争性磋商采购方式管理暂行办法》第三条也规定"按照招标投标法及其实施条例必须进行招标的工程建设项目以外的工程建设项目"可以采用竞争性磋商方式开展采购。具体实践中包括以下两种情形，一是不属于招标投标法及其实施条例规定的必须进行招标的工程建设项目范围（具体按照国家发展和改革委员会发布的《必须招标的工程项目规定》《必须招标的基础设施和公用事业项目范围规定》认定）的政府采购工程，也就是项目投资、项目性质或规模标准未达到必须招标的工程建设项目；二是属于必须进行招标的工程建设项目范围，但依据《招标投标法》第六十六条和《招标投标法实施条例》第九条规定可以不进行招标的政府采购工程。可以不进行招标的情形如下：①涉及国家安全、国家秘密、抢险救灾或者属于利用扶贫资金实行以工代赈、需要使用农民工等特殊情况，不适宜进行招标；②需要采用不可替代的专利或专利技术；③采购人依法能够自行建设、生产或者提供；④已通过招标方式选定的特许经营项目投资人依法能够自行建设、生产或者提供；⑤需要向原中标人采购工程、货物或者服务，否则将影响施工或者功能配套要求；⑥国家规定的其他特殊情形。也就是说，即使政府采购工程项目属于必须进行招标的工程建设项目，但属于上述情形之一，依法可不进行招标的，按照《政府采购法》及《办法》的规定进行采购。

【疑难解析】

政府采购工程项目招标适用《招标投标法》，同时还是否适用《政府采购法》？

采用公开招标和邀请招标方式的工程类政府采购项目，只是在招标环节适用《招标投标法》，而且招标环节还必须执行节能环保、扶持中小企业发展等政府采购政策。除此之外，有关政府采购工程的预算编制、采购计划、采购合同签订和履行、资金拨付等诸多方面，都应按照政府采购法及其实施条例执行。

第二章　一般规定

第四条　采用非招标采购方式的批准程序

【条文原文】

第四条　达到公开招标数额标准的货物、服务采购项目，拟采用非招标采购方式的，采购人应当在采购活动开始前，报经主管预算单位同意后，向设区的市、自治州以上人民政府财政部门申请批准。

【条文主旨】

本条对达到公开招标数额标准的货物、服务采购项目采用非招标采购方式的批准程序作出具体规定。

【条文解读】

《政府采购法》第二十七条规定：采购人采购货物或者服务应当采用公开招标方式的，其具体数额标准，属于中央预算的政府采购项目，由国务院规定；属于地方预算的政府采购项目，由省、自治区、直辖市人民政府规定；因特殊情况需要采用公开招标以外的采购方式的，应当在采购活动开始前获得设区的市、自治州以上人民政府采购监督管理部门的批准。本条对落实《政府采购法》第二十七条关于采取非招标方式必须办理审批手续的要求进行了明确，也就是说，达到公开招标数额标准的货物、服务采购项目，拟采用非招标采购方式的，采购人应当在采购活动开始前，报经主管预算单位同意后，向设区的市、自治州以上人民政府财政部门申请批准。

一、非招标采购方式的审批部门

批准变更公开招标方式的行政主管部门是设区的市级以上人民政府财政部

门。《政府采购法实施条例》第七十八条规定："财政管理实行省直接管理的县级人民政府可以根据需要并报经省级人民政府批准，行使政府采购法和本条例规定的设区的市级人民政府批准变更采购方式的职权。"即法律授权以下两类行政机关：一类是设区的市级以上人民政府财政部门；另一类是县级人民政府可以依法行使变更采购方式的审批权。根据《办法》第四条规定，达到公开招标数额标准的货物、服务采购项目，拟采用非招标采购方式的，不仅要报设区的市、自治州以上人民政府财政部门批准，还要报主管预算单位同意。

此条增加了"报经主管预算单位同意"的管理环节，也就是增加了主管预算单位的管理权。规定主管预算单位对下属单位的公开招标项目采用非招标采购方式有审查的责任，有利于加强预算管理、增强预算意识，从严规范和管理此类项目。列入部门预算的国家机关、社会团体和其他单位的收支预算称为单位预算。单位预算是国家预算的基本组成部分。各级政府的直属机关就其本身及所属行政、事业单位的年度经费收支进行汇编预算的负责部门称为主管预算单位，在《办法》第六十条有具体阐述。

二、采用公开招标以外采购方式的法定情形

采用公开招标以外采购方式的法定情形如下：

（1）符合法律明确规定的例外情形，但须经批准。达到公开招标数额标准但同时符合《政府采购法》第二十九条至第三十二条规定的邀请招标、竞争性谈判、单一来源和询价的适用条件时，经批准可以选择公开招标以外的采购方式。

（2）达到公开招标数额标准，但需要执行政府采购政策的，如公开招标难以保证中小企业中标，经批准可以选择其他采购方式。

除了特殊情况之外，政府采购应当采用的采购方式是公开招标。这里的特殊情况，主要是指《政府采购法》第二十九条规定的邀请招标方式、第三十条规定的竞争性谈判方式、第三十一条规定的单一来源采购方式和第三十二条规定的询价方式。此外，《政府采购法实施条例》补充规定，采购人采购公开招标数额标准以上的货物或者服务，应当采用公开招标的采购方式，但是若是符合《政府采购法》第二十九条至第三十二条的其他四项采购方式或者有需要执行特殊采购政策的，必须经过设区的市级以上人民政府财政部门批准之后，才可以依法采用公开招标以外的采购方式。

《政府采购竞争性磋商采购方式管理暂行办法》第四条也规定，达到公开招标数额标准的货物、服务采购项目，拟采用竞争性磋商采购方式的，采购人应当在采购活动开始前，报经主管预算单位同意后，依法向设区的市、自治州以上人民政府财政部门申请批准。

三、强制招标范围内的工程建设项目采用非招标方式的审批

对于纳入强制招标范围的工程建设项目，如果采用非招标方式采购，应按照《招标投标法》规定的条件和程序办理。《招标投标法实施条例》第七条明确规定了招标方式的审批、核准部门，即按照国家有关规定需要履行项目审批、核准手续的依法必须进行招标的项目，其招标范围、招标方式、招标组织形式应当报项目审批、核准部门审批、核准。《政府采购法》没有明确必须招标的工程建设项目不进行招标的特殊情形由谁审批采购方式，但业界通常认为应当由项目审批、核准部门审批、核准是否招标。因此，依法必须招标的工程项目，经项目审批、核准部门同意可以不招标的，由采购人根据《政府采购法》《政府采购法实施条例》的相关规定自主选择非招标采购方式。

【疑难解析】

1. 政府采购项目采用非招标方式采购审批增加"报经主管预算单位同意"的环节，基于什么考虑？

实际操作中，采购人以各种借口规避公开招标方式而要求财政部门批准转变为公开招标以外方式采购的情况屡见不鲜，财政部门审查是否真正属于特殊情况存在一定困难，增加"报经主管预算单位同意"，增加了主管预算单位审查的程序和责任，也就增加了此类项目的审批难度，对于那些想通过规避公开招标而采取更加灵活的非招标方式的采购人起到了一定的限制作用，使那些明知不存在特殊情况也想规避公开招标的采购人知难而退。

2. 限额以下的政府采购货物、服务项目采用非招标方式，是否也需要办理审批手续？

《政府采购法实施条例》和《办法》第四条都明确规定，达到公开招标数额标准以上的货物、服务采用非招标方式采购的，应当经财政部门批准，而限额以下的货物、服务采用公开招标方式以外的其他采购方式采购的，是否需要经

过财政部门审批，法律法规还没有具体的规定。按照"法无授权不可为"的原则，限额以下的货物、服务采取非招标采购方式须经行政机关审批是没有法律依据的；相反，如果财政部门要求审批，也属于违法审批，可能需要承担相应的法律责任。因此，限额以下的政府采购货物、服务项目采用非招标方式，无须报经财政部门审批，财政部门也无此审批职责。

第五条　申请采用非招标采购方式时须提交的材料

【条文原文】

第五条　根据本办法第四条申请采用非招标采购方式采购的，采购人应当向财政部门提交以下材料并对材料的真实性负责：

（一）采购人名称、采购项目名称、项目概况等项目基本情况说明；

（二）项目预算金额、预算批复文件或者资金来源证明；

（三）拟申请采用的采购方式和理由。

【条文主旨】

本条对申请采用非招标采购方式须提交的材料名录作出具体规定。

【条文解读】

达到公开招标数额标准以上的货物、服务采购项目，《办法》第四条规定了经批准采用非招标采购方式的程序。本条继续明确了采购人申请批准改变采购方式时应当提交的材料，包括采购人名称、采购项目名称、项目概况等项目基本情况说明，项目预算金额、预算批复文件或者资金来源证明，拟申请采用的采购方式和理由等，并明确采购人对上述申请材料的真实性负责。其中申请理由即为《政府采购法》第三十条至第三十二条以及《办法》第三条、第二十七条规定的不同采购方式的适用情形。

本条要求采购人提供项目预算金额、预算批复文件或者资金来源证明，这是《办法》首次以规章的形式对采购文件披露采购预算信息等社会公众及供应商最为关注的预算透明度问题提出了明确要求。同时，《办法》第二十八条还规定了采用竞争性谈判采购方式的申请材料。

此外，申请采用竞争性磋商采购方式应提供的材料，财政部《政府采购竞争性磋商采购方式管理暂行办法》没有明确规定，可参照《办法》第二十八条采用竞争性谈判方式的申请材料。

【疑难解析】

1. 因招标失败申请采用竞争性谈判采购方式时，除了《办法》第五条规定的申请材料外，是否还需要提交其他材料？

因招标未能成立等情形申请采用竞争性谈判采购方式时，还需提交有关发布招标公告以及招标情况、招标文件没有不合理条款的论证意见等材料，以证明拟申请采用竞争性谈判采购方式具有适当的理由。

2. 财政部门自收到非招标方式申请及相关资料后，应在几个工作日内审核批准？

由于各地情况不一，《办法》对此没有作出具体规定。各地可依《办法》第六十一条"各省、自治区、直辖市人民政府财政部门可以根据本办法制定具体实施办法"的规定，在地方出台的实施细则中自行作出规定。

值得关注的是，财政部对非招标采购方式的审批，采用集中报审的新做法，而不再是"一单一审"的做法。

第六条　保密要求和禁止非法干预采购活动

【条文原文】

第六条　采购人、采购代理机构应当按照政府采购法和本办法的规定组织开展非招标采购活动，并采取必要措施，保证评审在严格保密的情况下进行。

任何单位和个人不得非法干预、影响评审过程和结果。

【条文主旨】

本条对采购人、采购代理机构保密要求及禁止单位和个人非法干预采购活动作出专门规定。

【条文解读】

一、依法规范开展非招标采购活动

《政府采购法》第三条规定政府采购应当遵循公开透明原则、公平竞争原则、公正原则和诚实信用原则。公平、公正地组织政府采购活动，有利于维持正常的政府采购秩序，保障采购资金的合理使用，保障采购人和供应商等各方当事人的合法权益，促进资源优化配置，构建公平的市场环境，促进市场竞争。因此，政府采购各方当事人都应当依照《政府采购法》《政府采购法实施条例》以及《办法》的规定参与非招标采购活动。

二、政府采购评审应当注意保密

根据本条规定，采购人、采购代理机构应当按照《政府采购法》《政府采购法实施条例》和《办法》的规定组织开展非招标采购活动，并采取必要措施，保证评审在严格保密的情况下进行。任何单位和个人不得非法干预、影响评审过程和结果。《办法》第二十五条还规定："谈判小组、询价小组成员以及与评审工作有关的人员不得泄露评审情况以及评审过程中获悉的国家秘密、商业秘密。"这些规定，都是为了避免政府采购评审过程受到非法干扰，维持公平的竞争秩序，维护供应商合法权益的基本保障措施。

三、禁止非法干预采购活动

公平竞争是指政府采购要有序竞争，要公平地对待每一个供应商，不能限制某些潜在的符合条件的供应商参与政府采购活动，任何单位或个人无权干预采购活动的正常开展，以保证评审的客观性和公正性。

实践中，采购人、采购代理机构非法干预评审活动，按照个人意志、喜好选择产品或供应商，人为非法干预、影响评审过程或者结果的行为并不鲜见，常见的干预形式是向竞争性谈判小组、竞争性磋商小组或者询价小组中的评审专家作倾向性、误导性的解释或者说明。还有采购人或者采购代理机构明确指定产品或者服务供应商。不论是提供倾向性、误导性解释或说明，还是指定供应商，都违背了公平、公正的原则，不利于政府采购市场的形成，限制了生产要素的自由流动，不能形成充分竞争，难以实现政府采购制度的目的，甚至其中掺杂着贪腐行为。

因此，本条明确规定："任何单位和个人不得非法干预、影响评审过程和结果"。采购人、采购代理机构非法干预、影响评审过程和结果的，应当根据《办法》第五十八条规定承担相应的法律责任。

【疑难解析】

采购人、采购代理机构非法干预评审专家的主要表现形式是什么？

根据《政府采购法实施条例》第四十二条规定，采购人、采购代理机构不得通过向评标委员会、竞争性谈判小组或者询价小组的评审专家做倾向性、误导性的解释或者说明来干预采购评审活动，影响评审专家独立、客观、公正地进行评审。竞争性谈判小组、竞争性磋商小组或者询价小组成员应当按照客观、公正、审慎的原则，根据采购文件规定的评审程序、评审方法和评审标准进行独立评审，依法履行职责，独立作出评审意见，任何人不得非法干预评审专家的评审工作。

第七条　竞争性谈判小组、询价小组的组建要求

【条文原文】

第七条　竞争性谈判小组或者询价小组由采购人代表和评审专家共 3 人以上单数组成，其中评审专家人数不得少于竞争性谈判小组或者询价小组成员总数的 2/3。采购人不得以评审专家身份参加本部门或本单位采购项目的评审。采购代理机构人员不得参加本机构代理的采购项目的评审。

达到公开招标数额标准的货物或者服务采购项目，或者达到招标规模标准的政府采购工程，竞争性谈判小组或者询价小组应当由 5 人以上单数组成。

采用竞争性谈判、询价方式采购的政府采购项目，评审专家应当从政府采购评审专家库内相关专业的专家名单中随机抽取。技术复杂、专业性强的竞争性谈判采购项目，通过随机抽取方式难以确定合适的评审专家的，经主管预算单位同意，可以自行选定评审专家。技术复杂、专业性强的竞争性谈判采购项目，评审专家中应包含 1 名法律专家。

【条文主旨】

本条对竞争性谈判小组、询价小组的组成人员、构成及评审专家选取方式

作出具体规定。

【条文解读】

如同招标活动需要组建评标委员会对投标人的投标文件进行评审比较并从中择优推荐中标候选人一样，非招标方式采购活动也需要组建评审组织与供应商进行谈判、对响应文件进行评审比较并择优推荐成交候选人。考虑到采购难易程度和效率问题，对于非招标方式采购活动的评审组织职责、设置等与评标委员会不同。竞争性谈判、竞争性磋商及询价采购活动需要成立谈判小组、磋商小组或者询价小组。

一、竞争性谈判小组或者询价小组的人员组成

竞争性谈判小组和询价小组是竞争性谈判和询价采购的执行者，应按照规定成立谈判小组和询价小组。采购人和采购代理机构如果未按照《办法》规定组成谈判小组、询价小组的，采购结果无效，采购人和采购代理机构应当承担相应的法律责任。

（1）谈判小组和询价小组应由采购人代表和评审专家组成。本条第一款规定了一般采购项目竞争性谈判小组或者询价小组的组成。一是人数要求，即：竞争性谈判小组或者询价小组由采购人代表和评审专家共3人以上单数组成，且评审专家人数不得少于竞争性谈判小组或者询价小组成员总数的2/3。二是回避限制。谈判小组成员中的所有人员，包括评审专家在内，都不能与参加谈判的供应商有利害关系，如谈判小组成员与某供应商有利害关系，应要求其主动回避。根据《政府采购评审专家管理办法》第十六条规定，"有利害关系"主要是指参加采购活动前三年内，与供应商存在劳动关系，或者担任过供应商的董事、监事，或者是供应商的控股股东或实际控制人；与供应商的法定代表人或者负责人有夫妻、直系血亲、三代以内旁系血亲或者近姻亲关系；与供应商有其他可能影响政府采购活动公平、公正进行的关系。尽管该规定是针对评审专家而言的，采购人派出的代表也应参照适用，以确保评审工作的公正性。

（2）采购人不得以评审专家身份参加本部门或本单位采购项目的评审；采购代理机构人员不得参加本机构代理的采购项目的评审。采购人可以选派人员参加本部门、本单位采购项目的评审。谈判小组中的采购人代表，必须由采购人的法定代表人授权，并出具授权书。采购人的工作人员即使是政府采购评审专家库中的专家，也不得以评审专家身份参加本单位采购项目的评审，而只能以采购人代表的身份参与，否则可能违反前述两类人员比例的限制要求。选取谈判小组或询价小组中评审专家时，如果采购人的工作人员被随机选取到，应当回避。采购人的代表可以是采购人单位的人员，也可以由采购人单位委托的代表参加。这样规定的目的，就是为了减少评审机构中采购人代表的占比，避免采购人对采购活动的操纵，促进采购活动的公正性。采购代理机构人员不得参加本机构代理的竞争性谈判和询价采购项目的评审，也就是说，采购代理机构人员既不能担任采购人代表，也不能以专家身份参加评审。对与自己有利害关系的评审项目，如收到邀请，应主动提出回避。采购人或采购代理机构发现评审专家应当回避的，也可要求该评审专家回避。

二、竞争性谈判小组和询价小组的组成人数

本条第二款还规定"达到公开招标数额标准的货物或者服务采购项目，或者达到招标规模标准的政府采购工程，竞争性谈判小组或者询价小组应当由 5 人以上单数组成。"这是对《政府采购法》关于谈判小组、询价小组组成人员数量的细化和完善。一般的竞争性谈判和询价采购项目，谈判小组和询价小组应为 3 人以上单数，如 3 人、5 人、7 人、9 人等。达到公开招标数额标准的货物或者服务采购项目，或者达到招标规模标准的政府采购工程，谈判小组和询价小组由 5 人以上单数组成。货物或者服务采购项目公开招标数额标准和政府采购工程招标规模标准，以国务院或省、自治区、直辖市人民政府公布的标准为准。以中央预算单位为例，货物或者服务采购项目公开招标数额标准为 200 万元，政府采购工程招标规模标准为 400 万元。

谈判小组和询价小组成员数量除了应符合上述规定外，还应从满足项目评审要求的角度考虑，具体包括以下几方面：

（1）供应商数量。邀请参加谈判或询价的供应商数量较多时，需要评审的响应文件就多，应当多聘请一些评审专家，以便高效率完成评审工作。在组成谈判小组时，首先要根据项目具体情况确定人数，谈判小组必须由单数组成，一般为 3 人以上。其次，是从财政部门管理的专家库中随机抽取专家，专家应与项目专业一致或尽量相同，人数也应该是单数，并要占到谈判小组成员总数的 2/3 以上。

（2）采购内容技术复杂程度。对于技术复杂的项目，专家数量少时难以满足要求，就应当多聘请一些评审专家，以便可以集中多个专家的智慧解决疑难问题。

（3）专家的专业要求。评审专家的专业从大类可分为技术专业、经济专业、法律专业等，各个大类还可进一步细分。选择专家需要考虑谈判小组或询价小组中专家的细分专业分布，使小组成员的专业结构合理，知识水平、综合素质相当。谈判小组和询价小组中评审专家的专业应当符合采购项目的特点和要求，具体要求为：①具有专业技能，能够编写谈判文件或询价通知书；②了解行业和市场行情，能够推荐和确定参加谈判或询价的供应商；③具有法律知识和项目管理的经验，能够对响应文件进行评审和组织谈判。例如某个信息系统平台建设的竞争性谈判项目，谈判小组应从计算机设备、软件开发、财务、商务、法律等专业中选择，合理搭配。

三、评审专家的选取方式

《政府采购法实施条例》第三十九条规定："除国务院财政部门规定的情形外，采购人或者采购代理机构应当从政府采购评审专家库中随机抽取评审专家。"所谓评审专家，是指评标委员会中的评标专家，谈判小组、磋商小组和询价小组成员中的评审专家。专家评审是确保政府采购客观公正、真实可靠的重要保障。为保证评审工作的公正性，在政府采购活动产生评审专家的程序中，应遵循随机抽取是常态、直接确定是例外的原则，以确保评审专家队伍的数量和质量。

（1）一般项目随机抽取。

原则上，评审专家都是从评审专家库内相关专业的专家名单中随机抽取的。《政府采购评审专家管理办法》第十二条规定："采购人或者采购代理机构应当从省级以上人民政府财政部门设立的评审专家库中随机抽取评审专家。评审专家库中相关专家数量不能保证随机抽取需要的，采购人或者采购代理机构可以推荐符合条件的人员，经审核选聘入库后再随机抽取使用。"

谈判小组、磋商小组和询价小组等评审组织中的采购人代表由采购人指定。采购人指定的代表应得到采购人单位授权才能参加评审和谈判工作。谈判小组和询价小组中的采购人代表没有资格要求。除采购人代表外的其他成员，均应当由采购人或者采购代理机构从同级或上级政府采购评审专家库中随机抽取产生，其中京外的中央预算单位可以按照属地原则，从所在地省级政府采购评审专家库中随机抽取产生。在抽取专家时，采购人或者采购代理机构应当按照采购需求所对应的评审专家专业分类选择评审专家。对于不是经济、法律专业服务类的采购活动，除了技术专家外，还可以根据采购需求的特点选择经济、法律等专业的评审专家共同组成谈判小组、磋商小组和询价小组等评审组织。

（2）技术复杂、专业性强的项目评审专家可以自行选定。

个别竞争性谈判和竞争性磋商采购项目技术复杂、专业性强，在抽取专家时可能会出现专家库中没有相应专业的专家、所需专家为跨专业的复合型专家等情形，通过随机方式难以确定合适的评审专家。为保证采购活动顺利开展，本条规定，技术复杂、专业性强的竞争性谈判采购项目，通过随机方式难以确定合适的评审专家的，经主管预算单位同意，可以自行选定评审专家。《政府采购评审专家管理办法》第十三条也规定："技术复杂、专业性强的采购项目，通过随机方式难以确定合适评审专家的，经主管预算单位同意，采购人可以自行选定相应专业领域的评审专家。自行选定评审专家的，应当优先选择本单位以外的评审专家。"自行选定的评审专家也应符合《政府采购评审专家管理办法》规定的条件，具体如下：①具有良好的职业道德，廉洁自律，遵纪守法，无行贿、受贿、欺诈等不良信用记录；②具有中级专业技术职称或同等专业水平且从事相关领域工作满 8 年，或者具有高级专业技术职称或同等专业水平；③熟悉政府采购相关政策法规；④承诺以独立身份参加政府采购评审工作，依法履行评审专家工作职责并承担相应法律责任的中国公民；⑤不满 70 周岁，身体健康，能够承担评审工作；⑥申请成为评审专家前三年内，无本办法第二十九条规定的不良行为记录。对于评审专家数量较少的专业，前述专业技术职称或年龄要求也可以适当放宽。

主管预算单位有权认定技术复杂、专业性强的政府采购项目，同意采购人自行选定评审专家。

《办法》对评审专家来源有新的规定，即：技术复杂、专业性强的竞争性谈判采购项目，通过随机方式难以确定合适的评审专家的，经主管预算单位同意，可以自行选定评审专家。技术复杂、专业性强的竞争性谈判和竞争性磋商采购项目，评审专家中应当包含 1 名法律专家。《政府采购竞争性磋商采购方式管理暂行办法》（财库〔2014〕214 号）第十四条也规定：采用竞争性磋商方式的政府采购项目，评审专家应当从政府采购评审专家库内相关专业的专家名单中随机抽取。市场竞争不充分的科研项目和需要扶持的科技成果转化项目，以及情况特殊、通过随机方式难以确定合适的评审专家的项目，经主管预算单位同意，可以自行选定评审专家。技术复杂、专业性强的采购项目，评审专家中应当包含 1 名法律专家。

根据上述规定可知，在采用竞争性谈判方式实施技术复杂、专业性强的采购项目时，若通过随机方式难以确定合适的评审专家，采购人及其委托的采购代理机构可以在报经主管预算单位同意后，自行选定评审专家。此外，在采用竞争性磋商方式实施采购时，属于市场竞争不充分的科研项目，以及需要扶持的科技成果转化项目，或者其他情况特殊、通过随机方式难以确定合适的评审专家的项目，经主管预算单位同意，也可以自行选定评审专家。采购人或者采购代理机构要对自选专家工作承担责任，自行选定的评审专家应当符合采购项目的评审需要，同时应当符合有关回避的规定。需要说明的是，自选专家也是政府采购评审专家，与库内专家一样，享有同等权利，履行同等义务，承担相同责任。

（3）特别规定技术复杂、专业性强的竞争性谈判采购项目，评审专家中应当包含 1 名法律专家。

之前的关于政府采购评审专家的规定中均未要求必须有法律专家，《办法》是首次作出评审专家须有法律专家的规定。法律专家应当从政府采购评审专家库内法律专业的专家名单中随机抽取。作出如此规定，其原因在于，竞争性谈判主要谈的是采购需求和合同条款，特别是随着政府购买公共服务工作的推进，许多大的公共服务采购项目均需通过竞争性谈判方式进行，合同主要条款的变更至关重要。每一轮谈判结束后，合同草案的主要条款就要变动一次，技术专家可能解决不了复杂的合同问题，必须要有一名法律专家。法律专家作为评审专家参加政府采购项目的评审最早出现在进口产品采购的专家论证中，《政府采购进口产品管理办法》第十二条规定："本办法所称专家组应当由 5 人以上的单数组成，其中，必须包括 1 名法律专家，产品技术专家应当为非本单位并熟悉该产品的专家。"而后有相关专家在媒体上公开呼吁评审委员会成员中应当有法律专家。实际评审中常常涉及很多法律问题，没有法律专家的评审会不时出现问题。采购代理机构的法律顾问，很多时候也需要到评审现场向评委解释评审中遇到的法律问题。因此，《办法》第七条第三款对此呼吁作出回应。作此规定，解决了评审现场遇到法律问题无法得到处理的尴尬情况，为政府采购项目评审的顺利进行提供了便利条件；解决了"专家专业不专"的常见问题，使专家组成更加合理，为评出真正质量和服务均能满足采购文件实质性响应要求且报价最低的供应商提供了基础和保障。

四、成立谈判小组和询价小组的时间

《政府采购评审专家管理办法》第十四条规定："除采用竞争性谈判、竞争性磋商方式采购，以及异地评审的项目外，采购人或者采购代理机构抽取评审专家的开始时间原则上不得早于评审活动开始前2个工作日。"但根据《办法》的相关规定，谈判小组和询价小组的成立时间可以是编制谈判文件或询价通知书之前、确定邀请参加谈判和询价的供应商名单之前、开始评审或谈判之前三个时间点。何时成立谈判小组或询价小组，应根据谈判小组或询价小组在具体项目中的工作内容而定。

（1）在编制谈判文件或询价通知书之前成立。如果需要由谈判小组或询价小组制定谈判文件或询价通知书，则采购人或采购代理机构应当在采购项目开始实施时就成立谈判小组或询价小组。谈判小组或询价小组成立后，负责制定谈判文件或询价通知书，制定的谈判文件或询价通知书经采购人同意后发给供应商。

（2）在确定邀请的供应商名单之前成立。如果采购人或采购代理机构制定谈判文件或询价通知书，或者是公开招标项目由于投标人不足3家或者实质性响应的投标人不足3家而转为竞争性谈判采购或询价（这种情况下基本以招标文件的内容作为谈判文件或询价通知书的核心内容），但需要谈判小组或询价小组确定邀请的供应商名单，则采购人或采购代理机构应当在确定邀请的供应商名单之前成立谈判小组或询价小组。在此情况下，采购人或采购代理机构制定谈判文件或询价通知书，制定的谈判文件或询价通知书经谈判小组或询价小组确认后发给供应商。谈判小组或询价小组还要负责确定邀请参加谈判的供应商名单。

（3）在开始评审或谈判之前成立。如果采购人或采购代理机构自行制定谈判文件或询价通知书，邀请的供应商名单通过发布公告或从省级以上财政部门建立的供应商库中随机抽取的方式确定，谈判小组或询价小组只需要负责评审或谈判，则采购人或采购代理机构应当在评审或谈判之前成立谈判小组或询价

小组。在此情况下，由于采购人或采购代理机构编制的谈判文件或询价通知书已经发给供应商，应在供应商递交响应文件前请谈判小组或询价小组对已经发出的谈判文件或询价通知书进行审查和确认。如果谈判小组或询价小组同意谈判文件或询价通知书内容，应予以追认；如果谈判小组认为谈判文件或询价通知书存在问题，拒绝确认，可以由谈判小组或询价小组对谈判文件或询价通知书进行修改，将修改后的谈判文件或询价通知书发给供应商，并推迟递交响应文件的截止时间，继续进行谈判和询价。

五、竞争性磋商小组的组建要求

《政府采购竞争性磋商采购方式管理暂行办法》第十四条作出了与本条相同的规定，即：磋商小组由采购人代表和评审专家共 3 人以上单数组成，其中评审专家人数不得少于磋商小组成员总数的 2/3。采购人代表不得以评审专家身份参加本部门或本单位采购项目的评审。采购代理机构人员不得参加本机构代理的采购项目的评审。采用竞争性磋商方式的政府采购项目，评审专家应当从政府采购评审专家库内相关专业的专家名单中随机抽取。符合本办法第三条第四项规定情形的项目，以及情况特殊、通过随机方式难以确定合适的评审专家的项目，经主管预算单位同意，可以自行选定评审专家。技术复杂、专业性强的采购项目，评审专家中应当包含 1 名法律专家。

【疑难解析】

1. 单一来源采购是否应该成立谈判小组？

对于单一来源采购活动，也需要成立采购小组或者指定专人负责此事，但《办法》没有规定需要多少人员组成单一来源采购谈判小组，这对于节约采购成本很有好处，可根据项目复杂程度确定具体人数，也赋予了采购单位更大的灵活性。

2. 评审专家因生病、工作或其他个人原因不能参加评审工作如何补充和替换？

在评审过程中，如评审专家因生病、工作或其他个人原因不能参加评审工作或者在评审过程中不能坚持评审，或者因有回避事由或在评审过程中违反法律法规、评审纪律不适合参加评审工作，应当予以更换或补充。《办法》对评审专家的补充和替换没有作出规定，可按照《政府采购评审专家管理办法》第十七条规定执行。该条规定："出现评审专家缺席、回避等情形导致评审现场专家数量不符合规定的，采购人或者采购代理机构应当及时补抽评审专家，或者经采购人主管预算单位同意自行选定补足评审专家。无法及时补足评审专家的，采购人或者采购代理机构应当立即停止评审工作，妥善保存采购文件，依法重新组建评标委员会、谈判小组、询价小组、磋商小组进行评审。"对于竞争性谈判小组、询价小组、磋商小组中的采购人代表也可参照此规定执行，由采购人另行选派人员替换。

3. 谈判小组组建不合法将导致什么法律后果？

谈判小组的组建应当依据《政府采购法》第三十八条、《政府采购法实施条例》第三十九条、《政府采购评审专家管理办法》第十二条和《办法》第七条规定依法办理。如果谈判小组组成人数、评审专家比例及抽取方式不合法，除了可能导致采购项目被终止，采购人及采购代理机构还将承担相应的法律责任。根据《政府采购法实施条例》第六十八条规定，采购人、采购代理机构未依法从政府采购评审专家库中抽取评审专家的，由财政部门按照《政府采购法》第七十一条、第七十八条的规定追究法律责任，即采购人面临警告、罚款等处罚，直接负责的主管人员和其他直接责任人员将可能被行政主管部门或有关机关给予处分；采购代理机构将面临警告、罚款、在一至三年内禁止其代理政府采购业务的处罚，甚至可能被追究刑事责任。

4. 对谈判小组或询价小组成员名单保密有什么规定？

《政府采购评审专家管理办法》第二十条规定："评审专家名单在评审结果公告前应当保密。评审活动完成后，采购人或者采购代理机构应当随中标、成交结果一并公告评审专家名单，并对自行选定的评审专家作出标注。"因此，要特别注意谈判小组或询价小组成员名单的保密问题。成立谈判小组或询价小组后一直到成交结果确定前，采购人和采购代理机构应对谈判小组或询价小组名单保密，特别是不应将谈判小组或询价小组的成员信息泄露给供应商，以此保障竞争性谈判和询价活动不受干扰。

5. 采购人代表为某供应商的股东，在竞争性谈判中应否回避？

《政府采购法》第十二条规定："在政府采购活动中，采购人员及相关人员与供应商有利害关系的，必须回避。供应商认为采购人员及相关人员与其他供应商有利害关系的，可以申请其回避。前款所称相关人员，包括招标采购中评标委员会的组成人员，竞争性谈判采购中谈判小组的组成人员，询价采购中询价小组的组成人员等。"因此，采购人代表为参加竞争性谈判的某供应商股东时，与该供应商具有经济上的利益关系，可能会影响评审的公正性，依法应当回避。

6. 对评审专家的劳务报酬、差旅费的支付有什么规定？

根据《政府采购评审专家管理办法》第二十三条至第二十六条规定，集中采购目录内的项目，由集中采购机构支付评审专家劳务报酬；集中采购目录外的项目，由采购人支付评审专家劳务报酬。省级人民政府财政部门应当根据实际情况，制定本地区评审专家劳务报酬标准。中央预算单位参照本单位所在地或评审活动所在地标准支付评审专家劳务报酬。评审专家参加异地评审的，其往返的城市间交通费、住宿费等实际发生的费用，可参照采购人执行的差旅费管理办法相应标准向采购人或集中采购机构凭据报销。评审专家未完成评审工作擅自离开评审现场，或者在评审活动中有违法违规行为的，不得获取劳务报酬和报销异地评审差旅费。评审专家以外的其他人员不得获取评审劳务报酬。

第八条　竞争性谈判小组、询价小组的职责

【条文原文】

第八条　竞争性谈判小组或者询价小组在采购活动过程中应当履行下列职责：

（一）确认或者制定谈判文件、询价通知书；

（二）从符合相应资格条件的供应商名单中确定不少于3家的供应商参加谈判或者询价；

（三）审查供应商的响应文件并作出评价；

（四）要求供应商解释或者澄清其响应文件；

（五）编写评审报告；

（六）告知采购人、采购代理机构在评审过程中发现的供应商的违法违规行为。

【条文主旨】

本条对竞争性谈判小组、询价小组应当履行的职责作出具体规定。

【条文解读】

竞争性谈判小组或者询价小组是竞争性谈判和询价采购活动的主持者、执行者，负责竞争性谈判和询价的具体执行操作过程，承担着重要的职责。

一、确认或者制定谈判文件、询价通知书

《政府采购法》第三十八条规定了采用竞争性谈判方式应当遵循的程序，先成立谈判小组再制定谈判文件。但此程序在实务操作中基本上得不到遵守，主要原因是制定谈判文件需要的时间长，成立的谈判小组不可能在很短的时间内完成；如果先成立谈判小组再制定谈判文件，则采购时间太长，效率太低，成本增加，也不利于保密等。对此，《办法》规定了两种方式，由谈判小组、询价小组制定谈判文件、询价通知书，或者由采购人事前制定谈判文件、询价通知书，由竞争性谈判小组或者询价小组在采购过程中确认。这一规定较符合实际需要，允许采购人、采购代理机构在谈判开始前制定谈判文件、询价通知书，谈判时由谈判小组、询价小组确认即可，不再必须由谈判小组、询价小组来制定谈判文件、询价通知书。谈判文件、询价通知书须经谈判小组、询价小组确认后方可开展谈判、询价，这是开展谈判、询价的前提，是必经的程序，未经谈判小组、询价小组确认的谈判文件、询价通知书不应作为竞争性谈判、询价的依据。

二、从符合相应资格条件的供应商名单中确定不少于 3 家的供应商参加谈判或者询价

关于参加竞争性谈判、询价的供应商的选择方式，《办法》第十二条规定了以下三种方式：一是采购人、采购代理机构通过发布公告的方式征集；二是由从省级以上财政部门建立的供应商库中随机抽取；三是采购人和评审专家分别书面推荐，其中采购人推荐供应商的比例不得高于推荐供应商总数的 50%，评审专家推荐供应商的比例不得低于推荐供应商总数的 50%。赋予了谈判小组或者询价小组确定（实践操作中多采用抽取方式确定）或推荐参加谈判、询价的供应商的权利。

三、审查供应商的响应文件并作出评价

这是谈判小组、询价小组最主要的职责。根据《办法》第三十条、第三十一条、第三十五条、第四十八条等规定，谈判小组对响应文件进行评审，并根据谈判文件规定的程序、评定成交的标准等事项与实质性响应谈判文件要求的供应商进行谈判，并从质量和服务均能满足采购文件实质性响应要求的供应商中，按照最后报价由低到高的顺序提出 3 名以上成交候选人，并编写评审报告。询价小组应当从质量和服务均能满足采购文件实质性响应要求的供应商中，按照报价由低到高的顺序提出 3 名以上成交候选人，并编写评审报告。

四、要求供应商解释或者澄清其响应文件

在谈判、询价过程中，谈判小组、询价小组有权要求供应商就其响应文件中表述不清楚、内容前后矛盾的地方以及缺漏的内容进行解释、补充和说明，以便更为准确、客观、全面地审阅供应商及其提交的响应文件，作出准确的评审意见和判断。

五、编写评审报告

谈判、询价结束时，谈判小组、询价小组应当对谈判过程、询价过程全面地进行总结，对谈判文件、询价通知书要求的实质性内容及供应商响应情况进行客观分析和评审，对评审意见进行汇总，并在此基础上形成评审报告、推荐成交候选人，为采购人确定成交供应商提供决策依据。

六、告知采购人、采购代理机构在评审过程中发现的供应商的违法违规行为

谈判小组、询价小组受采购人委托进行谈判、询价、评审和推荐成交候选人，对于谈判、询价过程中发现的供应商存在的串通、弄虚作假、转包、非法分包等违法违规行为，都有向采购人和采购代理机构报告、说明的义务。

【疑难解析】

磋商小组在竞争性磋商活动中履行哪些职责？

根据《政府采购竞争性磋商采购方式管理暂行办法》规定，磋商小组在竞争性磋商活动中，可以对已发出的磋商文件进行必要的澄清或者修改；与供应商进行磋商，审查供应商的响应文件并作出评价；实质性变动磋商文件采购需求中的技术、服务要求以及合同草案条款；要求供应商解释或者澄清其响应文件；推荐成交候选供应商，并编写评审报告；向财政部门报告在评审过程中发

现的供应商的违法行为；向采购人或者采购代理机构说明磋商文件内容违反国家有关强制性规定的情况。

第九条 竞争性谈判小组、询价小组成员的义务

【条文原文】

第九条 竞争性谈判小组或者询价小组成员应当履行下列义务：

（一）遵纪守法，客观、公正、廉洁地履行职责；

（二）根据采购文件的规定独立进行评审，对个人的评审意见承担法律责任；

（三）参与评审报告的起草；

（四）配合采购人、采购代理机构答复供应商提出的质疑；

（五）配合财政部门的投诉处理和监督检查工作。

【条文主旨】

本条对竞争性谈判小组或者询价小组成员应当履行的法律义务作出具体规定。

【条文解读】

《政府采购法实施条例》第四十一条第二款规定："评标委员会、竞争性谈判小组或者询价小组成员应当在评审报告上签字，对自己的评审意见承担法律责任。对评审报告有异议的，应当在评审报告上签署不同意见，并说明理由，否则视为同意评审报告。"这条是对评标委员会、竞争性谈判小组或者询价小组成员的职责要求。《政府采购评审专家管理办法》第十八条规定："评审专家应当严格遵守评审工作纪律，按照客观、公正、审慎的原则，根据采购文件规定的评审程序、评审方法和评审标准进行独立评审。评审专家发现采购文件内容违反国家有关强制性规定或者采购文件存在歧义、重大缺陷导致评审工作无法进行时，应当停止评审并向采购人或者采购代理机构书面说明情况。评审专家应当配合答复供应商的询问、质疑和投诉等事项，不得泄露评审文件、评审情

况和在评审过程中获悉的商业秘密。评审专家发现供应商具有行贿、提供虚假材料或者串通等违法行为的，应当及时向财政部门报告。评审专家在评审过程中受到非法干预的，应当及时向财政、监察等部门举报。"

本条对评审专家的义务提出 5 条要求，具体解读如下：

一、遵纪守法，客观、公正、廉洁地履行职责

在政府采购实践中，有的谈判小组、询价小组成员不按照规定的评审程序、方法和标准评审，草率评审、随意作无效处理或出现有意或无意的评审错误、协商评分，有的成员完全凭个人喜好进行评判，影响评审的公正性。对此，本项要求竞争性谈判小组或者询价小组成员应当按照客观、公正、审慎的原则，根据采购文件规定的评审程序、评审方法和评审标准进行独立评审。《政府采购竞争性磋商采购方式管理暂行办法》第十六条也规定，磋商小组成员应当按照客观、公正、审慎的原则，根据磋商文件规定的评审程序、评审方法和评审标准进行独立评审。

二、根据采购文件的规定独立进行评审，对个人的评审意见承担法律责任

谈判小组、询价小组成员应依据谈判文件、询价通知书规定的评审程序、评审办法和评审标准进行独立评审、独立判断、独立打分。采购人、采购代理机构应当为谈判小组、询价小组成员客观独立评审创造条件，不得向竞争性谈判小组或者询价小组的评审专家作倾向性、误导性的解释或者说明，不干扰其谈判、询价活动。谈判小组、询价小组成员之间也不得讨论研究评审意见，不得互相干扰、影响评审，不得与供应商串通损害采购人的利益。

当然，采购人可以向评审专家介绍项目背景、提供技术咨询，以便专家能够准确把握评审标准，更为客观地进行评审。评审专家是以个人身份参加评审工作的，每位评审专家都要充分利用自己的专业能力，提出自己的评审意见，并对自己的评审意见负责。参加评审工作的采购人代表在评审工作中介绍项目背景、应评审专家要求解释竞争性谈判文件和询价通知书，以及确认对谈判文件、磋商文件的修改时，要代表采购人发表或者签署意见。

《政府采购竞争性磋商采购方式管理暂行办法》第十七条规定："采购人、采购代理机构不得向磋商小组中的评审专家作倾向性、误导性的解释或者说明。采购人、采购代理机构可以视采购项目的具体情况，组织供应商进行现场考察或召开磋商前答疑会，但不得单独或分别组织只有一个供应商参加的现场考察和答疑会。"

三、参与评审报告的起草

谈判小组、询价小组的主要目的就是通过谈判、询价和评审比较，向采购人报告评审情况并推荐成交候选人，其成果就是评审报告。评审报告是采购人确定成交供应商的依据。对于评审报告的内容，应由谈判小组、询价小组进行讨论定稿。对于成交候选人，由谈判小组、询价小组推荐，意见不一致时，还要通过少数服从多数的票决方式解决。谈判小组、询价小组成员都应当在评审报告上签字，对自己的评审意见承担法律责任。对评审报告有异议的，应当在评审报告上签署不同意见，并说明理由，否则视为同意评审报告。《政府采购竞争性磋商采购方式管理暂行办法》第二十七条也规定："评审报告应当由磋商小组全体人员签字认可。磋商小组成员对评审报告有异议的，磋商小组按照少数服从多数的原则推荐成交候选供应商，采购程序继续进行。对评审报告有异议的磋商小组成员，应当在报告上签署不同意见并说明理由，由磋商小组书面记录相关情况。磋商小组成员拒绝在报告上签字又不书面说明其不同意见和理由的，视为同意评审报告。"另外，《政府采购法实施条例》第四十一条禁止用不签字这种弃权方式表达不同意见，明确规定不签字就视为同意。

四、配合采购人、采购代理机构答复供应商提出的质疑

供应商认为采购文件、采购过程和成交结果使自己的权益受到损害的，可以在知道或者应知其权益受到损害之日起七个工作日内，以书面形式向采购人提出质疑。对此，采购人有义务进行答复，采购人也可以授权采购代理机构向质疑的供应商进行答复，以争取快速解决争议，确保采购效率，推进政府采购活动顺利进行。采购人、采购代理机构接到质疑后，如果是针对谈判小组、询价小组成员参与的采购文件制定环节、供应商确定环节、评审环节出现的问题或者评审结果有误等，可以组织原评审组织成员进行复核，原评审组织成员也有义务配合采购人、采购代理机构对质疑事项进行复核并提出复核意见。

五、配合财政部门的投诉处理和监督检查工作

提出质疑的供应商对采购人、采购代理机构的答复不满意或者采购人、采购代理机构未在规定的时间内作出答复的，可以在答复期满后十五个工作日内向同级政府采购监督管理部门投诉。政府采购监督管理部门应当对投诉事项进行调查，谈判小组、询价小组更熟悉情况，应当听取他们关于投诉事项的实施

情况及处理意见，在收到投诉后三十个工作日内，对投诉事项作出处理决定，并以书面形式通知投诉人和与投诉事项有关的当事人。磋商小组在竞争性磋商活动中也负有该项职责，同时《政府采购竞争性磋商采购方式管理暂行办法》第十五条还规定，评审专家应当遵守评审工作纪律，不得泄露评审情况和评审中获悉的商业秘密。磋商小组在评审过程中发现供应商有行贿、提供虚假材料或者串通等违法行为的，应当及时向财政部门报告。评审专家在评审过程中受到非法干涉的，应当及时向财政、监察等部门举报。

【疑难解析】

评审专家发现采购文件内容违反国家法律规定时如何处理？

根据《政府采购法实施条例》第四十一条第一款规定，竞争性谈判小组或者询价小组成员应当按照客观、公正、审慎的原则，根据采购文件规定的评审程序、评审方法和评审标准进行独立评审。采购文件内容违反国家有关强制性规定的，评标委员会、竞争性谈判小组或者询价小组应当停止评审并向采购人或者采购代理机构说明情况。

第十条　谈判文件、询价通知书的编制要求

【条文原文】

第十条　谈判文件、询价通知书应当根据采购项目的特点和采购人的实际需求制定，并经采购人书面同意。采购人应当以满足实际需求为原则，不得擅自提高经费预算和资产配置等采购标准。

谈判文件、询价通知书不得要求或者标明供应商名称或者特定货物的品牌，不得含有指向特定供应商的技术、服务等条件。

【条文主旨】

本条对谈判文件、询价通知书的编制要求作出专门规定。

【条文解读】

谈判文件、询价通知书是竞争性谈判、询价活动中重要的法律文件，是采购

人依据采购项目的特点和实际需要编制的，向供应商描述采购项目、提出采购要求（如采购内容、技术要求、报价要求、评审标准和方法以及合同条件），指导供应商编制响应文件的法律文件，其功能在于阐明需要采购货物、服务或工程的性质，提出技术标准和合同条件，通报采购程序与规则，使供应商能够在共同的程序和条件基础上提交响应文件，不仅可以提高采购效率，也可以保证采购过程的客观和公平。谈判文件、询价通知书既是采购人评审和确定成交供应商、供应商准备响应文件和参加竞争的依据，也是采购人和成交供应商签订合同的基础，是竞争性谈判和询价采购的指挥棒，必须要切合采购项目实际来编写。

一、谈判文件、询价通知书应当根据采购项目的特点和采购人的实际需求制定，并经采购人书面同意

采购人、采购代理机构可以在谈判文件、询价通知书中，明确要求供应商应具备的资格、技术、商务条件，必须符合采购项目具体特点、实际需要，必须与合同履行相关，不得与采购项目的具体特点、实际需要或者合同履行无关，不得设定不合理的条件排斥潜在的供应商。

《政府采购促进中小企业发展管理办法》（财库〔2020〕46号）中特别规定："采购人在政府采购活动中应当合理确定采购项目的采购需求，不得以企业注册资本、资产总额、营业收入、从业人员、利润、纳税额等规模条件和财务指标作为供应商的资格要求或者评审因素，不得在企业股权结构、经营年限等方面对中小企业实行差别待遇或者歧视待遇。"也就是说，不得以供应商的规模条件和财务指标设定为限制条件。

在实践中，某些采购人有时会根据自身的喜好或者某些不正当的利益，在采购需求中，通过技术、服务条件"量身定做"，设置相应条件，指向特定的供应商或者产品。鉴于采购的技术属性，有时社会公众和监督部门难以识别，从而达到排斥其他供应商的目的。这种做法限制了供应商的公平竞争，也极易滋生腐败问题。

二、采购人应当以满足实际需求为原则，不得擅自提高经费预算和资产配置等采购标准

采购预算是开展采购活动的前提。《政府采购法》第六条规定"政府采购应当严格按照批准的预算执行"。因此，采购人拟采购的项目，首先要编入本部门的部门预算，报财政部门审核，最后报同级人民代表大会审批。经人民代表大会批准的政府采购预算项目，具有约束性。在无特殊情况下，采购人或采购代理机构在编制谈判文件、磋商文件、询价通知书时不得随意改变已批复的部门预算中有关政府采购的项目预算，不得违反项目预算进行编制，不得未经批准随意调整项目采购预算，更不能无政府采购项目预算即开展采购活动。同样，政府采购要确保采购资金的有效使用，以采购价廉物美的货物和服务为原则，对资产的配置只需具备基本功能、实用够用需求即可，不能擅自提高采购标准，追求"豪华采购"。

三、谈判文件、询价通知书不得要求或者标明供应商名称或者特定货物的品牌，不得含有指向特定供应商的技术、服务等条件

《政府采购法》第三条明确规定"政府采购应当遵循公开透明原则、公平竞争原则、公正原则和诚实信用原则"，第五条规定"任何单位和个人不得采用任何方式，阻挠和限制供应商自由进入本地区和本行业的政府采购市场"。《政府采购法实施条例》第二十条也规定："采购人或者采购代理机构有下列情形之一的，属于以不合理的条件对供应商实行差别待遇或者歧视待遇：（一）就同一采购项目向供应商提供有差别的项目信息；（二）设定的资格、技术、商务条件与采购项目的具体特点和实际需要不相适应或者与合同履行无关；（三）采购需求中的技术、服务等要求指向特定供应商、特定产品；（四）以特定行政区域或者特定行业的业绩、奖项作为加分条件或者中标、成交条件；（五）对供应商采取不同的资格审查或者评审标准；（六）限定或者指定特定的专利、商标、品牌或者供应商；（七）非法限定供应商的所有制形式、组织形式或者所在地；（八）以其他不合理条件限制或者排斥潜在供应商。"

《财政部关于促进政府采购公平竞争优化营商环境的通知》（财库〔2019〕38号）也规定了一些政府采购活动中妨碍公平竞争的做法和典型问题，例如：①以供应商的所有制形式、组织形式或者股权结构，对供应商实施差别待遇或者歧视待遇，对民营企业设置不平等条款，对内资企业和外资企业在中国境内生产的产品、提供的服务区别对待；②除小额零星采购适用的协议供货、定点采购以及财政部另有规定的情形外，通过入围方式设置备选库、名录库、资格库作为参与政府采购活动的资格条件，妨碍供应商进入政府采购市场；③要求供应商在政府采购活动前进行不必要的登记、注册，或者要求设立分支机构，设置或者变相设置进入政府采购市场的障碍；④设置或者变相设置供应商规模、成立年限等门槛，限制供应商参与政府采购活动；⑤要求供应商购买指定软件，作为参加电子化政府采购活动的条件。

本条针对非招标方式采购活动的特点，特别强调了不得要求或者标明供应商名称或者特定货物的品牌，不得含有指向特定供应商的技术、服务等条件。

限定或者指定特定的专利、商标、品牌或者供应商，主要体现在采购公告、资格预审文件或者谈判文件、磋商文件、询价通知书中，采购人、采购代理机构对专利、商标、品牌或者供应商进行限定或者指定。这是典型的以不合理条件、限制或排斥其他潜在供应商行为。在实践中，采购人、采购代理机构往往会倾向于采购过去已经使用并熟悉的特定专利、商标、品牌或供应商，这虽然是人之常情，但已经先入为主有了倾向性。限定或者指定特定的商标、品牌或供应商，必然会对其他潜在供应商造成不公平对待。而且，指定品牌往往会导致产品价格较高，竞争受限。

如果指定品牌，还会造成供应商之间搞"关系竞争"，想方设法找关系，这势必又会对廉洁采购构成威胁。因此，谈判文件、磋商文件、询价通知书中规定的各项技术标准、资格条件、商务要求，在满足项目实际需要的基础上，要保证公平竞争，不得特定标明某一个或者某几个特定的专利、商标、品牌或生产供应商，不得有倾向或者排斥潜在供应商。

谈判文件、磋商文件、询价通知书也不得含有指向特定供应商的技术、服务等条件。采购人可在采购公告和谈判文件、询价通知书中要求潜在供应商具有相应的资格、技术和商务条件，但不得脱离采购项目的具体特点和实际需要，不得随意设定某一供应商特定的资格、技术、商务条件，排斥合格的潜在供应商，如非涉密或不存在敏感信息的采购项目，要求供应商有从事涉密业务的资格。实践中，少数采购人或者采购代理机构在设定技术、服务要求时，按照自身的喜好或者不正当利益关系设定某一特定供应商或特定产品独有的技术或服务要求，从而达到排斥其他潜在供应商的目的。这种做法也是典型的限制或排除竞争的行为，应当予以禁止⊖。

谈判文件、磋商文件、询价通知书也不得以特定行政区域或者特定行业的

⊖ 财政部国库司、财政部政府采购管理办公室、财政部条法司、国务院法制办公室财金司：《中华人民共和国政府采购法实施条例释义》，中国财政经济出版社，第78页。

业绩、奖项作为加分条件或者成交条件。《政府采购法》第五条规定，任何单位和个人不得采用任何方法，阻挠和限制供应商自由进入本地区和本行业的政府采购市场。如果以特定的行政区域或者特定行业的业绩和奖项作为中标、成交条件或加分条件，将会限制或排斥特定行政区域和特定行业之外的潜在供应商。例如：将某省的业绩或从事过某行业的业绩作为资格条件或者加分因素，这种做法是地方保护或行业封锁的具体表现，应予严厉禁止[⊖]。

《政府采购竞争性磋商采购方式管理暂行办法》第八条也规定："竞争性磋商文件（以下简称磋商文件）应当根据采购项目的特点和采购人的实际需求制定，并经采购人书面同意。采购人应当以满足实际需求为原则，不得擅自提高经费预算和资产配置等采购标准。磋商文件不得要求或者标明供应商名称或者特定货物的品牌，不得含有指向特定供应商的技术、服务等条件。"

【疑难解析】

1. 实践中政府采购项目确需调整变更预算的，应当如何办理？

实践中如遇特殊情况需要调整变更预算的，应当按照预算法律制度的有关规定进行，经批准后，根据批准的变更预算重新编制谈判文件、磋商文件、询价通知书。

2. 政府采购活动中，能否在"参照××品牌（技术规格）"后面加上"或相当于"的字样，从而引用某一供应商的技术规格来描述采购货物需求？

《工程建设项目货物招标投标办法》（国家发展与改革委员会等七部委令第27号）第二十五条规定"……如果必须引用某一供应者的技术规格才有准确或清楚地说明拟招标货物的技术规格时，应当在参照后面加'或相当于'的字样"，即对于工程建设项目货物招标投标活动，允许这样做。但政府采购要求更高，不可以标明品牌，否则会表明采购人的采购倾向，引发不公平竞争。

3. 采购项目能否将供应商具有类似业绩、奖项作为加分条件或者中标、成交条件？

采购项目需要供应商具有类似业绩、奖项作为加分条件或者中标、成交条件

⊖　财政部国库司、财政部政府采购管理办公室、财政部条法司、国务院法制办公室财金司：《中华人民共和国政府采购法实施条例释义》，中国财政经济出版社，第78页。

的，可以设置全国性的非特定行业的类似业绩或奖项作为加分条件或者成交条件。还可以从项目本身具有的技术管理特点和实际需要，对供应商提出类似业绩要求作为资格条件或者评审加分标准，以保证项目实施的质量和效果。对于此类业绩要求不能一刀切地认定为"特定行业的业绩"而禁止，但是必须注意的是，必须要保证具有类似业绩条件的潜在供应商的数量充足，以确保采购项目的竞争性[一]。

第十一条　谈判文件、询价通知书的内容

【条文原文】

第十一条　谈判文件、询价通知书应当包括供应商资格条件、采购邀请、采购方式、采购预算、采购需求、采购程序、价格构成或者报价要求、响应文件编制要求、提交响应文件截止时间及地点、保证金交纳数额和形式、评定成交的标准等。

谈判文件除本条第一款规定的内容外，还应当明确谈判小组根据与供应商谈判情况可能实质性变动的内容，包括采购需求中的技术、服务要求以及合同草案条款。

【条文主旨】

本条对谈判文件、询价通知书应当具备的内容作出具体规定。

【条文解读】

谈判文件、询价通知书作为采购活动的纲领性文件，是采购人表达采购意愿的申明，是采购人描述拟采购标的物商务和技术条件的说明，是采购人依法制定的采购活动的操作规则（包括程序、内容和办法）。谈判文件、询价通知书内容必须全面真实，提出采购的所有条件、采购程序、评审办法、合同条件以及评定成交标准等必备内容并能准确指导供应商参与竞争性谈判或询价活动。

[一]　财政部国库司、财政部政府采购管理办公室、财政部条法司、国务院法制办公室财金司：《中华人民共和国政府采购法实施条例释义》，中国财政经济出版社，第78页。

谈判文件由谈判小组向符合相应资格条件的供应商发出。

一、谈判文件、询价通知书应当具备的内容

《政府采购法实施条例》第十五条规定："采购人、采购代理机构应当根据政府采购政策、采购预算、采购需求编制采购文件。采购需求应当符合法律法规以及政府采购政策规定的技术、服务、安全等要求。政府向社会公众提供的公共服务项目，应当就确定采购需求征求社会公众的意见。除因技术复杂或者性质特殊，不能确定详细规格或者具体要求外，采购需求应当完整、明确。必要时，应当就确定采购需求征求相关供应商、专家的意见。"这是采购人、采购代理机构编制谈判文件、询价通知书的依据，也体现了采购文件应当包含的主要内容。完整的竞争性谈判文件或询价通知书由供应商资格条件、采购邀请、采购方式、采购预算、采购需求、采购程序、价格构成或者报价要求、响应文件编制要求、提交响应文件截止时间及地点、保证金交纳数额和形式、评定成交的标准等内容组成。

（1）供应商资格条件。根据《政府采购法》第二十二条规定，参加政府采购活动的供应商应当具备下列条件：一是具有独立承担民事责任的能力；二是具有良好的商业信誉和健全的财务会计制度；三是具有履行合同所必需的设备和专业技术能力；四是有依法缴纳税收和社会保障资金的良好记录；五是参加政府采购活动前 3 年内，在经营活动中没有重大违法记录；六是法律、行政法规规定的其他条件。《政府采购法实施条例》第十七条规定："参加政府采购活动的供应商应当具备政府采购法第二十二条第一款规定的条件，提供下列材料：（一）法人或者其他组织的营业执照等证明文件，自然人的身份证明；（二）财务状况报告，依法缴纳税收和社会保障资金的相关材料；（三）具备履行合同所必需的设备和专业技术能力的证明材料；（四）参加政府采购活动前 3 年内在经营活动中没有重大违法记录的书面声明；（五）具备法律、行政法规规定的其他条件的证明材料。采购项目有特殊要求的，供应商还应当提供其符合特殊要求的证明材料或者情况说明。"采购人应当结合采购项目实际就上述资格条件进行细化完善的描述，还可以根据采购项目的特殊要求，规定供应商的特定条件，但不得以不合理的条件对供应商实行差别待遇或者歧视待遇。

（2）采购邀请。一般介绍采购项目简明情况，告知参加竞争性谈判、询价的供应商获取谈判文件、询价通知书和竞争性谈判、询价的方式以及递交响应文件的地点、时间、联系方式、通讯地址等。

（3）采购方式。即指竞争性谈判、竞争性磋商、询价还是单一来源采购方式。应根据《政府采购法》的规定和采购项目的需求特点来选择合适的采购方式。《政府采购法》对竞争性谈判、询价、单一来源等采购方式均规定了相应的适用情形，《政府采购竞争性磋商采购方式管理暂行办法》也规定了适用竞争性磋商采购方式的五类情形。

（4）采购预算。公开采购预算，既符合预算公开的要求，也可以促进预算细化，同时还利于提高政府采购效率，防止采购人以超预算为由擅自终止采购项目，导致采购活动失败。而且，公开采购项目预算金额，可以使政府采购的预算制度公开，不仅能使采购各方及时获取相关信息，而且也能使社会公众了解政府采购预算情况，实现采购行为的公正透明化，保障各方主体的知情权、参与权、监督权，方便社会和政府有关部门监督。公开财政预算，在方便供应商准确报价的同时也可有效防止少数潜在投标人或供应商"围标"或哄抬物价。公开公共部门财政预算，公开预算项目名称、预算项目数额，还能借此遏制"豪华采购"。[⊖]但是，公布预算后也有可能产生削弱竞争的消极后果。《政府采购法》第六条规定："政府采购应当严格按照批准的预算执行。"《政府采购法实施条例》第三十条规定："采购人或者采购代理机构应当在招标文件、谈判文件、询价通知书中公开采购项目预算金额。"为保证采购标的不超过预算，采购文件可以设置最高限价，或者在评标办法等部分设置合理的评标方法以实现项目意图。

（5）采购需求。采购需求体现的是采购人的采购目标，在采购文件中对采购需求的准确描述是政府采购工作能否成功的基础。采购需求应当包括采购对象需实现的功能或者目标，满足项目需要的所有技术、服务、安全等要求，采购对象的数量、交付或实施的时间和地点，采购对象的验收标准等内容。另外，政府采购的合法性还需落实政府采购政策，通过适用国家制定的采购需求标准、预留采购份额、价格评审优惠、优先采购等措施，实现节约能源、保护环境、扶持不发达地区和少数民族地区、促进中小企业发展等目标，体现对节能产品、

⊖ 李显东、魏昕：《〈政府采购法实施条例释义〉条文理解与案例适用》，电子工业出版社，第93页。

绿色产品的支持，对中小微企业的扶持，对少数民族和不发达地区的帮助。采购需求要完整、明确，即采购目标明确，采购需求完整，方便供应商编制响应文件，同时也为采购结果的公正创造条件。

（6）采购程序。采购程序是确保政府采购活动规范、顺利的必要条件，有利于约束采购人按照既定的程序规则规范开展采购活动，也有助于指导供应商按照采购人的要求参加竞争，确保采购活动规范顺畅，有条不紊，提高效率。对响应文件的提交、撤回与修改，响应文件的开启、澄清与无效，谈判程序，确定成交供应商与公示通知，合同签署与履约保证金的提交等全过程的采购程序作出详细的规定，便于供应商知悉如何参与谈判、询价，维护采购活动秩序，保障各方公平竞争。

（7）价格构成或者报价要求。采购项目多数是价格的竞争，报价是谈判、评审的重点，尤其是竞争性谈判和询价，当各供应商提交的响应文件载明的技术、商务条件合格，一般选择最低价成交，所以报价的重要性不言而喻。为了使供应商能够提交满足采购人要求的报价，采购文件应当对报价方法（单价还是总价，固定价格还是可变价格）、价格构成明细提出要求，必要时制定单项报价表格式要求供应商进行填写，这些是供应商填报价格的基本遵循要求。

（8）响应文件编制要求。这是对响应文件组成部分及格式作出规定，要求参加谈判、询价的供应商按照规定格式制作谈判、询价响应文件并提供相关谈判、询价响应文件资料、说明。谈判、询价响应文件的内容和组成部分，对谈判、询价响应文件的编制、装订、密封、标记、递交等要求作出规定。

（9）提交响应文件截止时间及地点。对于在谈判文件、询价通知书限定的提交响应文件截止时间前，未提交到指定地点的响应文件，采购人有权拒收。因此，供应商首先必须掌握提交响应文件截止时间及地点。提交响应文件截止时间需要明确到哪一天几点几分，提交响应文件的地点需要明确接收响应文件的城市、街道、楼牌号及几层几号房间，以便于供应商按时提交响应文件。

（10）保证金交纳数额和形式。通过向供应商收取保证金，促使供应商慎重作出响应，依法履行法定职责，避免和减少供应商的违法违规行为给采购人带来的损失，是对采购人的一种保护措施。采用竞争性谈判、竞争性磋商、询价采购方式的采购活动可以收取保证金，但采用单一来源采购方式的采购活动是否应该收取保证金则未作规定，建议在单一来源采购文件中对是否收取采购保证金提出明确的要求。根据《政府采购法实施条例》第三十三条规定，保证金不得超过采购项目预算金额的2%，投标保证金应当以支票、汇票、本票或者金融机构、担保机构出具的保函等非现金形式提交。《办法》第十四条规定："采购人、采购代理机构可以要求供应商在提交响应文件截止时间之前交纳保证金。保证金应当采用支票、汇票、本票、网上银行支付或者金融机构、担保机构出具的保函等非现金形式交纳。保证金数额应当不超过采购项目预算的2%。"《政府采购竞争性磋商采购方式管理暂行办法》第十二条也规定："采购人、采购代理机构可以要求供应商在提交响应文件截止时间之前交纳磋商保证金。磋商保证金应当采用支票、汇票、本票或者金融机构、担保机构出具的保函等非现金形式交纳。磋商保证金数额应当不超过采购项目预算的2%。"为便于操作，采购人或者采购代理机构可以按照不得超过采购项目预算金额2%的规定，计算一个保证金的固定数额，规定在采购文件中。

（11）评定成交的标准。《办法》规定了竞争性谈判、询价确定成交供应商的办法。对于竞争性谈判而言，是从评审报告提出的成交候选人中，根据质量和服务均能满足采购文件实质性响应要求且最后报价最低的原则确定成交供应商；对于询价来讲，根据质量和服务均能满足采购文件实质性响应要求且报价最低的原则确定成交供应商。根据《政府采购竞争性磋商采购方式管理暂行办法》规定，对于竞争性磋商而言，经过评审，从评审报告提出的成交候选供应商中，按照得分排序由高到低的原则确定成交供应商。前提就是要在采购文件中对于评审的技术、商务、报价等因素规定比较详细的评审细则。

根据《政府采购竞争性磋商采购方式管理暂行办法》第九条规定，磋商文件应当包括供应商资格条件、采购邀请、采购方式、采购预算、采购需求、政府采购政策要求、评审程序、评审方法、评审标准、价格构成或者报价要求、响应文件编制要求、保证金交纳数额和形式以及不予退还保证金的情形、磋商过程中可能实质性变动的内容、响应文件提交的截止时间、开启时间及地点以及合同草案条款等。

二、谈判文件应当明确可能实质性变动的内容

竞争性谈判采购是否可以对谈判文件作实质性变动，在实务操作中有两种不同的认识和做法：一种观点认为，按照竞争性谈判项目的特点，应当允许在谈判中实质性修改谈判文件才能顺利完成谈判活动，否则谈判失去意义。另外一种观点认为，在谈判中实质性修改谈判文件对供应商不公平。供应商是根据采购公告和谈判文件来决定是否参加竞争性谈判采购项目的，某些供应商认为自己无法满足谈判文件的要求而放弃参加谈判，如果谈判中实质性修改谈判文件使不参加谈判的供应商又满足了谈判文件的要求，此时这些供应商就无法再参加谈判采购活动。综合以上两种观点，《办法》对此折中处理，即规定可以在谈判中实质性修改谈判文件，但可能修改的内容要提前在谈判文件中明确，使得供应商提前预知可能修改的内容。

为了防止谈判中采购人或谈判小组随意改变谈判文件的情况发生，《办法》对采购人或谈判小组在谈判中实质性变动谈判内容的权利做了限制，《办法》第三十二条规定："在谈判过程中，谈判小组可以根据谈判文件和谈判情况实质性变动采购需求中的技术、服务要求以及合同草案条款，但不得变动谈判文件中的其他内容。"把谈判中实质性变动的内容严格限制在谈判文件明确的范围内，如果谈判文件不明确可能实质性变动的内容，则谈判过程中不能对谈判文件进行实质性变动。此举解决了实务操作中采购人或者谈判小组随意改变谈判文件导致响应供应商无所适从，从而吸引更多供应商参加政府采购，也减少了采购代理机构操作竞争性谈判项目的工作量，提高了采购效率。

《政府采购竞争性磋商采购方式管理暂行办法》第二十条中也强调"在磋商过程中，磋商小组可以根据磋商文件和磋商情况实质性变动采购需求中的技术、服务要求以及合同草案条款，但不得变动磋商文件中的其他内容。实质性变动的内容，须经采购人代表确认。对磋商文件作出的实质性变动是磋商文件的有效组成部分，磋商小组应当及时以书面形式同时通知所有参加磋商的供应商。"

【疑难解析】

1. 采购文件描述采购需求应当注意哪些方面？

采购需求描述应当清楚明了、规范表述、含义准确，能够通过客观指标量化的应当量化。但是由于采购人和供应商信息存在不对称，采购人的采购需求有时可能仅仅是一个模糊概念。如采购人提出需要采购办公自动化软件，但该软件的技术参数、边界范围尚不确定。实践中，对于能够详细描述采购需求的项目，在采购活动开始前，采购人必须提出清楚、明确的采购需求（如果是批量集中采购项目，采购需求由集中采购机构负责提出）；对于无法详细描述清楚采购需求的项目，如设计类、信息系统建设等服务项目，就需要参与采购活动的供应商来提供设计方案和解决方案，采购人从供应商提供的方案中获得采购需求。无论何种项目的采购，采购需求必须清楚是前提条件。

2. 采购项目没有预算金额或金额尚不能确定的如何规定保证金？

在政府采购实践中，也有一些采购项目在采购阶段没有预算金额或金额尚不能确定，属于无金额合同或者合同金额不固定项目。这类项目能够估算预算金额且对供应商公平合理的，就用估算的预算金额确定保证金的金额。无法估算的，就不能用保证金的方式规范投标人的行为，可以采取供应商承诺书等方式，并利用供应商诚信体系规范供应商的行为。

第十二条　确定供应商的方式

【条文原文】

第十二条　采购人、采购代理机构应当通过发布公告、从省级以上财政部门建立的供应商库中随机抽取或者采购人和评审专家分别书面推荐的方式邀请不少于 3 家符合相应资格条件的供应商参与竞争性谈判或者询价采购活动。

符合政府采购法第二十二条第一款规定条件的供应商可以在采购活动开始前加入供应商库。财政部门不得对供应商申请入库收取任何费用，不得利用供应商库进行地区和行业封锁。

采取采购人和评审专家书面推荐方式选择供应商的，采购人和评审专家应当各自出具书面推荐意见。采购人推荐供应商的比例不得高于推荐供应商总数的 50%。

【条文主旨】

本条对参加竞争性谈判或询价的供应商的确定方式作出具体规定。

【条文解读】

采取非招标方式采购的，选择参加竞争性谈判或询价的供应商，是政府采购重要的环节。竞争性谈判和询价很容易被操控，因为供应商都是采购人自己选择的。如何公平选择供应商，减少歧视性、排他性做法，增强竞争的公平公正性，扩大竞争，还要确保采购效率，降低采购成本，是立法首要考虑和平衡的问题。《政府采购法》第三十八条规定了竞争性谈判的程序，其中规定"确定邀请参加谈判的供应商名单。谈判小组从符合资格条件的供应商名单中确定不少于3家的供应商参加谈判，并向其提供谈判文件。"第四十条规定了询价采购方式的程序，其中规定："确定被询价的供应商名单。询价小组根据采购需求，从符合相应资格条件的供应商名单中确定不少于3家的供应商，并向其发出询价通知书让其报价。"根据上述规定，邀请参加竞争性谈判、询价活动的供应商的方式只有一种，谈判小组、询价小组首先要根据采购需求，制定参加谈判、询价的供应商资格条件，然后从符合资格条件的供应商名单中确定并邀请不少于3家的供应商参加谈判或确定为询价供应商，向其发出谈判邀请时要提供谈判文件或者向确定的询价供应商发出询价通知书。但没有规定如何选择符合资格条件的供应商。

本条第一款规定了3种供应商来源，将推荐供应商方式多样化：第一种是通过发布公告邀请，类似于公开招标的招标公告。第二种是从省级以上财政部门建立的供应商库中随机抽取。第三种是采购人和评审专家"背靠背"分别书面推荐，不仅给了采购人、采购代理机构较大的选择空间，也是对《政府采购法》的理性细化和灵活应用。

一、通过发布公告邀请供应商

《办法》规定的第一种供应商来源是通过发布公告邀请，类似于公开招标的招标公告，通过公告吸引社会上符合条件的供应商主动提出参加竞争性谈判申请，采购人从中选择合格的供应商。

竞争性磋商供应商的选择方式之一也是公告征集。根据《政府采购竞争性磋商采购方式管理暂行办法》第七条规定，采用公告方式邀请供应商的，采购人、采购代理机构应当在省级以上人民政府财政部门指定的政府采购信息发布媒体发布竞争性磋商公告。竞争性磋商公告应当包括以下主要内容：①采购人、采购代理机构的名称、地点和联系方法；②采购项目的名称、数量、简要规格描述或项目基本概况介绍；③采购项目的预算；④供应商资格条件；⑤获取磋商文件的时间、地点、方式及磋商文件售价；⑥响应文件提交的截止时间、开启时间及地点；⑦采购项目联系人姓名和电话。该规定也可以供竞争性谈判公告内容借鉴参考。

二、从供应商库中随机抽取供应商

第二种供应商来源是从省级以上财政部门建立的供应商库中随机抽取。这是一个具有前瞻性的制度设计。在政府采购中允许随机抽取供应商，兼顾公平与效率。"抽签"是由"运气"或者"机会"决定的，这本质上与政府采购供应商应当通过"竞争"或者"实力"决定相悖，但政府采购也要讲求效率。采取随机抽取的方法确定供应商，前提是有很多家潜在的供应商愿意并且有能力成为供应商。如果不考虑效率和成本，完全可以允许所有的供应商参加竞争，也可以设定资格预审程序确定所需数量的供应商，但这必然要求发布采购公告，且要给采购信息足够的流动时间和合理的传播方法，这些无疑都会大大降低效率、增加成本。在这种情况下，合理运用抽签制度随机抽取供应商，自然成为兼顾公平与效率的有效方法。

但是，有以下几个具体问题需要注意：

（1）建库的主体。《办法》第十二条第一款明确规定了采取竞争性谈判和询价采购方式的项目，需要随机抽取供应商的，只能从省级以上财政部门建立的供应商库中抽取。但是由省级以上财政部门建库，必须确保财政部门本身不参与具体业务的操作；建库之后，由财政部门对其实施动态监管，且可由财政部门将库的使用权授予集采机构。

（2）入库门槛。只要是符合《政府采购法》第二十二条第一款规定条件的供应商，均可入库。那些给供应商入库设定一定条件，包括交纳保证金、CA认证，没有行政机构的认定就无法入库的做法，实际上就是一种行政许可或者行政审批，缺乏法律依据。供应商入库不能设定门槛，也不能将入库作为参与政府采购的基础或者前提，并且此库应当是开放的，即任何供应商都可以随时要求入库。

（3）入库时间。《办法》第十二条第二款规定，供应商可以在采购活动开始前加入供应商库，财政部门不得对供应商申请入库收取任何费用，不得利用供应商库进行地区和行业封锁。这意味着供应商可以随时入库，且入库程序必须简便，不能收费。目前普遍存在的入库手续复杂、乱收费等现象，事实上是阻挠和限制供应商的自由选择权，属于变相的行政审批和区域壁垒，加重企业负担。

（4）供应商库的管理。供应商库最好由省级或者更大的区域共同建立，推动省级以上财政部门建立统一的供应商库。随着电子化采购规模的逐步提高，需要构建庞大的甚至是超越区域限制的供应商库，最终目的是建立全国统一的大库，实现结果的共享。但是由于采购单位的需求千差万别，对供应商的数量、资质等级、参与政府采购的经验等会存在不同的要求，因此，在建大库的过程中应充分发挥大数据的优势，以满足不同地区不同采购人的需求。

三、采购人和评审专家分别推荐供应商

第三种供应商来源是采购人和评审专家"背靠背"分别书面推荐。书面推荐供应商的方式是《办法》根据竞争性谈判、询价采购的特点规定的，一是对有特殊需求的或者潜在供应商较少的采购项目来讲，有利于有足够多的符合条件的供应商参与竞争；二是适当简化采购程序，缩短采购活动所需时间，提高采购效率。同时，为了实现政府采购的公平竞争和公正原则，除了《政府采购法》规定的"符合采购需求且报价最低"为确定成交供应商的原则以外，《办法》还要求在采购过程中符合竞争要求的供应商始终不得少于3家，否则即终止采购活动，并对推荐供应商方式进行了相应限制：一是由采购人和评审专家分别推荐供应商，各自出具书面推荐意见，且采购人推荐的供应商的比例不得高于推荐供应商总数的50%，使供应商的推荐来源尽可能多元化；二是引入了社会监督，规定在公告成交结果时同时公告采购人和评审专家的推荐意见。这些规定的综合运用进一步压缩了采购人和评审专家在评审中的自由裁量空间。

上述三种供应商来源的核心要求只有一个，就是要降低供应商之间、采购人和供应商之间、评审专家和供应商乃至三者之间的"合谋"概率。另外，采取"供应商库随机选取"和"采购人、评审专家书面推荐"供应商后，仍然需要依法公告竞争性谈判或者询价采购信息，这样更符合政府采购透明度要求。

对于参加竞争性磋商的供应商，《政府采购竞争性磋商采购方式管理暂行办法》第六条的规定与本条规定基本一致，规定了与竞争性谈判供应商相同的选择方式，即采购人、采购代理机构应当通过发布公告从省级以上财政部门建立的供应商库中随机抽取或者采购人和评审专家分别书面推荐的方式邀请不少于3家符合相应资格条件的供应商参与竞争性磋商采购活动。符合《政府采购法》第二十二条第一款规定条件的供应商可以在采购活动开始前加入供应商库。财政部门不得对供应商申请入库收取任何费用，不得利用供应商库进行地区和行业封锁。采取采购人和评审专家书面推荐方式选择供应商的，采购人和评审专家应当各自出具书面推荐意见。采购人推荐供应商的比例不得高于推荐供应商总数的 50%。

为方便记忆，政府采购活动的不同采购方式供应商来源见下表。

政府采购活动的不同采购方式供应商来源表

采购方式	公开招标	邀请招标	竞争性谈判	竞争性磋商	询价	单一来源
供应商产生方式	公告方式公开征集	1. 发布资格预审公告征集 2. 省级以上财政部门建立的供应商库中选取 3. 采购人书面推荐	1. 发布公告 2. 省级以上财政部门建立的供应商库中随机抽取 3. 采购人和评审专家分别书面推荐（采购人推荐的比例不超过 50%） 4. 公开招标失败转竞争性谈判，只有两家供应商时，可直接邀请该两家供应商	1. 发布公告 2. 省级以上财政部门建立的供应商库中随机抽取 3. 采购人和评审专家分别书面推荐（采购人推荐的比例不超过 50%）	1. 发布公告 2. 省级以上财政部门建立的供应商库中随机抽取 3. 采购人和评审专家分别书面推荐（采购人推荐的比例不超过 50%）	唯一供应商；经过公开招标只有一家供应商投标或符合要求

【疑难解析】

1. 采用竞争性谈判、竞争性磋商和询价采购方式的，是否必须发布采购公告？

不一定。因为通过发布公告方式邀请供应商，只是《办法》规定的三种供应商来源之一。但如果发布采购公告，应当在省级以上财政部门指定的媒体上发布。《财政部关于做好政府采购信息公开工作的通知》（财库〔2015〕135 号）规定了竞争性谈判公告、竞争性磋商公告和询价公告应当包括的内容，还规定竞争性谈判公告、竞争性磋商公告和询价公告的公告期限为 3 个工作日。

2020 年 3 月 18 日，财政部办公厅印发了《政府采购公告和公示信息格式规范（2020 年版)》（财办库〔2020〕50 号），提供了"竞争性谈判（竞争性磋商、询价）公告"的格式，其内容包括项目概括，项目基本情况，申请人的资格要求，获取采购文件，响应文件提交、开启、公告期限，其他补充事宜，联系方式等。采购单位和采购代理机构可以按照该格式规范编制竞争性谈判（竞争性磋商、询价）公告。

2. 采购人和评审专家各自"背靠背"推荐供应商，会不会形成"合谋"，如何进行控制？

为了控制采购人和评审专家各自"背靠背"推荐供应商可能形成的"合谋"，在《办法》里有两个制约平衡的制度设计：一是要求采购人和专家把推荐意见随成交结果一并公告，既赋予了采购人和专家推荐的权利，又附加了相应法律责任；二是要求把成交结果细化到公示主要成交标的的名称、规格型号、数量、单价、服务要求，主动接受社会监督，防止高价采购后进行利益输送。

3. 采用书面推荐方式确定供应商是否应当报有关部门批准？

《办法》第十二条规定了采购人确定供应商可以采用的三种方式，但未规定采购人选用确定供应商的方式时，应当报财政部门或者其他机构批准。因此，上述三种法定方式如何选择属于采购人的权利，无须经有关部门批准。

第十三条　供应商编制响应文件的要求

【条文原文】

第十三条　供应商应当按照谈判文件、询价通知书的要求编制响应文件，并对其提交的响应文件的真实性、合法性承担法律责任。

【条文主旨】

本条对供应商编制响应文件的要求和责任作出具体规定。

【条文解读】

谈判文件、询价通知书等采购文件是由采购人编制的希望供应商向自己发出要约的意思表示，从《合同法》的意义来讲，采购文件属于要约邀请。采购文件通常应包括如下内容：供应商的资格条件，供应商需要提交的资料，采购项目的技术要求，响应价格，供应商提交响应文件的方式、地点、报价截止的具体日期，对采购保证金的要求，评审标准，与供应商联系的具体地址和人员、合同条款等。供应商在编制响应文件时必须按照采购文件的要求编写响应文件。

一、供应商应按谈判文件、询价通知书编制响应文件

编制响应文件是竞争性谈判、询价采购工作的主要内容。响应文件是采购人选择成交供应商的重要依据，是事关供应商能否被确定成交的关键要件，响应文件中的失误将直接导致竞争失败。因此，供应商必须按照采购文件的要求认真编制响应文件，响应文件应当对采购文件提出的实质性要求和条件作出响应，避免在竞争中失败。供应商只有按照采购文件载明的要求编制自己的响应文件，才有成交的可能。因此，响应文件应当对采购文件提出的要求和条件作出响应，不能存有遗漏或重大的偏离，否则将被视为无效的响应文件，失去被确定为成交供应商的可能。因此，供应商应认真研究、正确理解采购文件的全部内容，并按要求编制响应文件，严格按照采购文件填报，不得对采购文件进行修改，不得遗漏或者回避采购文件中的问题，更不能提出任何附带条件。供应商必须确保其提交的响应文件的完整性、真实性、合法性，不得存在虚假陈述，否则采购人将判定其响应文件无效，供应商还将因其不诚信的行为承担相应法律责任。比如因弄虚作假骗取成交的，采购人将取消其成交资格，财政部门也可能对其进行行政处罚。

二、响应文件的构成

响应文件通常可分为以下几种：

（1）商务文件。这类文件是用以证明供应商具有合格的履约主体资格、履行了合法手续及采购人了解供应商的商业资信、合法性的文件。

（2）技术文件。如果是建设项目，则包括全部施工组织设计内容，用以评价供应商的技术实力和经验。技术复杂的项目对技术文件的编写内容及格式均有详细要求，供应商应当认真按照规定填写。

（3）价格文件。这是响应文件的核心，全部价格文件必须完全按照采购文件的规定格式编制，不允许有任何改动，如有漏填，则视为其已经包含在其他价格报价中。供应商应提高响应文件的编写质量，真正体现出自身整体实力和竞争优势，最大限度地满足采购文件的基本要求。响应文件应逐条响应采购文件的实质性要求，且内容完备、格式准确，防范采购无效情形发生。

《政府采购竞争性磋商采购方式管理暂行办法》第十一条也要求供应商应当按照磋商文件的要求编制响应文件，并对其提交的响应文件的真实性、合法性承担法律责任。

【疑难解析】

1. 非招标采购项目响应文件的有效期设置多长时间比较合适？

响应文件有效期是供应商承诺其响应文件保持有效、受其约束的期限。《政府采购法》《政府采购法实施条例》及《办法》对非招标方式采购活动中响应文件有效期均未作出具体规定，由采购人自行在采购文件中约定，具体时间以保证能在该有效期内完成采购程序并签订合同为宜，不宜过短，也不宜过长。供应商应当在其响应文件中承诺不短于采购文件要求的响应文件有效期。

2. 供应商在响应文件中提供虚假信息参加竞争性谈判，应承担什么法律责任？

诚实信用、公平竞争是政府采购应遵循的基本原则。《政府采购法》第三条规定："政府采购应当遵循公开透明原则、公平竞争原则、公正原则和诚实信用原则。"供应商应当按照诚实信用原则，如实陈述交易背景和交易条件，提供有关资质证明文件和业绩情况。如果提供虚假的资质证明文件和业绩，弄虚作假的，应承担相应的法律责任。《政府采购法》第七十七条规定："供应商有下列情形之一的，处以采购金额千分之五以上千分之十以下的罚款，列入不良行为记录名单，在一至三年内禁止参加政府采购活动，有违法所得的，并处没收违法所得，情节严重的，由工商行政管理机关吊销营业执照；构成犯罪的，依法追究刑事责任：（一）提供虚假材料谋取中标、成交的⋯⋯供应商有前款第（一）至（五）项情形之一的，中标、成交无效。"其目的就在于惩治政府采购弄虚作假行为，维护市场公平竞争秩序。

3. 因供应商提供虚假材料谋取成交，被财政部门作出禁止参加政府采购活动的行政处罚决定，在什么范围内生效？

财政部《关于规范政府采购行政处罚有关问题的通知》（财库〔2015〕150号）明确规定："各级人民政府财政部门依法对参加政府采购活动的供应商、采购代理机构、评审专家作出的禁止参加政府采购活动、禁止代理政府采购业务、禁止参加政府采购评审活动等行政处罚决定，要严格按照相关法律法规条款的规定进行处罚，相关行政处罚决定在全国范围内生效"。也就是说，"一处受罚、处处受限"，因供应商提供虚假材料谋取成交等违法行为，被财政部门作出禁止参加政府采购活动的行政处罚决定，在全国范围内生效，在限定期限内，该供应商在全国范围内禁止参加政府采购活动。此举有利于法制的统一和贯彻执行，有助于建立统一规范、竞争有序的政府采购市场机制，推进政府采购诚信体系建设。[○]

第十四条　保证金的交纳

【条文原文】

第十四条　采购人、采购代理机构可以要求供应商在提交响应文件截止时间之前交纳保证金。保证金应当采用支票、汇票、本票、网上银行支付或者金融机构、担保机构出具的保函等非现金形式交纳。保证金数额应当不超过采购项目预算的2%。

供应商为联合体的，可以由联合体中的一方或者多方共同交纳保证金，其交纳的保证金对联合体各方均具有约束力。

【条文主旨】

本条对保证金的交纳时间、形式、金额及联合体交纳的方式作出具体规定。

【条文解读】

《政府采购法》没有规定政府采购担保制度。《政府采购法实施条例》第三十三条规定："招标文件要求投标人提交投标保证金的，投标保证金不得超过采购项目预算金额的2%。投标保证金应当以支票、汇票、本票或者金融机构、担保机构出具的保函等非现金形式提交。投标人未按照招标文件要求提交投标保证金的，投标无效。采购人或者采购代理机构应当自中标通知书发出之日起5

○　张志军主编，白如银、冯君副主编：《政府采购全流程百案精析》，中国法制出版社，第308～309页。

个工作日内退还未中标供应商的投标保证金,自政府采购合同签订之日起 5 个工作日内退还中标供应商的投标保证金。竞争性谈判或者询价采购中要求参加谈判或者询价的供应商提交保证金的,参照前两款的规定执行。"也就是说,非招标采购活动也可以要求供应商提交保证金。本条则直接具体规定了非招标方式下保证金的形式、金额等具体内容,为非招标采购活动收取保证金提供了直接的法律依据。政府采购担保制度的设立,既限制了没有经济实力的供应商,又对违规行为明确了经济惩罚措施,有利于维护采购人的利益,保障政府采购活动顺利进行。

一、是否收取保证金由采购人决定

采购保证金是供应商向采购人提交的保障供应商依法、诚信参与政府采购项目的担保。依据本条规定,采购人或者采购代理机构可以在竞争性谈判文件和询价通知书中,按照投标保证金的规定,约定竞争性谈判或询价采购保证金的各项要求。谈判文件、询价通知书要求供应商提交保证金,体现了民事合同中平等自愿的原则。交纳保证金也不是谈判文件、询价通知书必须规定的内容,在谈判文件、询价通知书中可以约定交纳,也可以不约定,完全可以视市场成熟度、供应商的诚信度或者采购的项目要求等因素而定。

需要注意以下几点:第一,采购人、采购代理机构要求供应商交纳保证金的,供应商应当在提交响应文件截止时间之前交纳,在提交响应文件截止时间之后交纳的,其响应无效。第二,谈判文件、询价通知书中约定的保证金条款必须符合竞争性谈判或者询价采购文件的规定。例如竞争性谈判中,已提交响应文件的供应商经过谈判,不能满足采购需求,在提交最后报价之前退出谈判,采购人或者采购代理机构应及时退还退出谈判供应商的保证金。对于谈判周期较长的项目,不宜将成交通知书发出时间确定为退出谈判供应商的保证金退还时间,应尽早退还。

二、保证金的数额

保证金数额太高可能会限制规模小的供应商参与竞争的机会,太低又失去了信用保证的作用,因此有必要限制一个合理的比例,本条规定保证金数额应当不超过采购项目预算的2%。在谈判文件、询价通知书中应明确要求供应商提交保证金的数额和形式,既要实施可靠担保,又要尽可能降低交易成本、鼓励交易。

三、保证金的形式

本条规定保证金的提交方式应当是支票、汇票、本票或者金融机构、担保机构出具的保函等非现金形式，交纳形式丰富多样，为供应商提供了更多选择，但不能采取现金（即现钞）形式。

（1）支票。《中华人民共和国票据法》（以下简称《票据法》）第八十一条规定："支票是出票人签发，委托办理支票存款业务的银行或者其他金融机构在见票时无条件支付确定的金额给收款人或者持票人的票据。"支票分为现金支票和转账支票。对于用作保证金的支票，由供应商开出，并由供应商交给采购人，采购人再凭支票支取资金。

（2）汇票。《票据法》第十九条规定："汇票是出票人签发的，委托付款人在见票时，或者在指定日期无条件支付确定的金额给收款人或者持票人的票据。"汇票一般分为商业汇票和银行汇票。对于用作政府采购保证金的汇票，若是银行汇票，则由银行开出，交由供应商递交给采购人，采购人再凭银行汇票兑取汇款。

（3）本票。《票据法》第七十三条规定："本票是出票人签发的，承诺自己在见票时无条件支付确定的金额给收款人或者持票人的票据。本法所称本票，是指银行本票。"对于用作保证金的银行本票，由银行开出，交由供应商人递交给采购人，采购人再凭银行本票兑取资金。

（4）保函。保函，是指银行、保险公司、担保公司或个人，应申请人的请求，向第三方开立的一种书面信用担保凭证，担保在申请人未能按双方协议履行义务时，由担保人代其履行一定金额、一定期限范围内的某种支付责任或经济赔偿责任。对于用作保证金的保函，当供应商不履行义务时，由开具保函的第三方向采购人承担相应的责任。

四、联合体保证金的交纳

供应商为联合体的，可以由联合体中的一方或者多方共同交纳保证金，只要其提交的保证金金额达到谈判文件、询价通知书规定的金额即可，其交纳的保证金对联合体各方均具有约束力。也就是说，当联合体拒绝签订政府采购合同或因存在违法行为导致其保证金被采购人扣留时，该保证金应由联合体成员共同承担、按照其联合体内部约定分担。联合体成员之一承担自身责任比例之外的保证金责任的，可以向联合体其他成员追偿。

《政府采购竞争性磋商采购方式管理暂行办法》第十二条也规定："采购人、采购代理机构可以要求供应商在提交响应文件截止时间之前交纳磋商保证金。磋商保证金应当采用支票、汇票、本票或者金融机构、担保机构出具的保函等非现金形式交纳。磋商保证金数额应当不超过采购项目预算的2%。供应商未按照磋商文件要求提交磋商保证金的，响应无效。供应商为联合体的，可以由联合体中的一方或者多方共同交纳磋商保证金，其交纳的保证金对联合体各方均具有约束力。"

【疑难解析】

1. 政府采购活动中可以设置哪些类型的保证金？

无论是政府采购活动还是其他公共采购活动，保证金类型的设置都不得违反国家现行规定，不得设置没有法律法规依据的保证金。从2016年开始，国务院办公厅印发了《关于清理规范工程建设领域保证金的通知》（国办发〔2016〕49号），工业和信息化部、财政部印发了《关于开展涉企保证金清理规范工作的通知》（工信部联运行〔2016〕355号）要求建立保证金目录清单制度，取消没有法律法规依据或未经国务院批准的保证金，清单之外的保证金一律不得收取（执行）。工业和信息化部、财政部发布《关于公布国务院部门涉企保证金目录清单的通知》，保证金目录中涉及公共采购领域保证金的，只有投标保证金、竞争性谈判、询价等响应保证金以及履约保证金。以往招标采购实践中较为常见的所谓诚信保证金、设备保证金等有关人员自行创设的保证金，均不在其中。

2. 政府采购保证金为什么不能采取现金（即现钞）形式？

规定政府采购保证金不能采取现金（即现钞）形式的主要考虑因素有以下几个：一是依据《现金管理暂行条例》规定，投标保证金不属于采用现金结账的适用范围，故为规避风险应当使用非现金方式提交；二是为了减少采购成本，供应商如果参加多项政府采购项目，保证金需要占用大量资金，对供应商来说无疑是一个沉重的负担，不利于激发市场活力，鼓励交易，故保证金也应当以非现金形式提交⊖。

⊖　李显东、魏昕：《〈政府采购法实施条例释义〉条文理解与案例适用》，电子工业出版社，第13页。

第十五条 响应文件的提交、拒收及补充、修改和撤回

【条文原文】

第十五条 供应商应当在谈判文件、询价通知书要求的截止时间前，将响应文件密封送达指定地点。在截止时间后送达的响应文件为无效文件，采购人、采购代理机构或者谈判小组、询价小组应当拒收。

供应商在提交询价响应文件截止时间前，可以对所提交的响应文件进行补充、修改或者撤回，并书面通知采购人、采购代理机构。补充、修改的内容作为响应文件的组成部分。补充、修改的内容与响应文件不一致的，以补充、修改的内容为准。

【条文主旨】

本条对响应文件的提交、拒收及补充、修改和撤回的程序性要求作出具体规定。

【条文解读】

响应文件是供应商对谈判文件、询价通知书提出的要求和条件作出实质性响应的法律文书。供应商将响应文件提交给采购人时，即产生合同法要约的效力。供应商也可以在提交响应文件截止时间前对响应文件进行修改或撤回不再参与竞争，这都是供应商的权利。

一、响应文件的提交

只有供应商将响应文件按时送达给采购人，才能视为供应商提出了要约，表达了其希望通过参与竞争实现与采购人签约目的的意思表示，采购人才有可能了解供应商的交易意愿，才会考虑是否接受供应商提出的交易条件。考虑到效率问题，供应商应当在采购人确定的时间前、在指定的地点将响应文件递交给采购人。本条第一款规定应当在谈判文件、询价通知书要求的截止时间前，将响应文件密封送达指定地点。在谈判文件、询价通知书中通常就包含有递交响应文件的时间和地点，供应商不能将响应文件送交至谈判文件、询价通知书

规定地点以外的其他地方，否则因此延误递交时间，或者超过递交响应文件截止时间提交的，采购人都将拒收，更不会进入开启、评审阶段。

提交响应文件截止时间是计算供应商准备响应文件时间、采购人对采购文件的澄清或修改行使时间的基准时间，是确定供应商的响应文件是否有效的时间，也是决定供应商是否可以补充、修改和撤回其响应文件的时间界限。响应文件应当在采购文件规定的提交响应文件截止时间之前送达。供应商在递交时间上一定要留有余地，并充分考虑天气、交通等情况，最好提前送达。如果采购人在谈判文件、询价通知书发出后由于其他原因改变了原定的递交响应文件截止时间或送达地点的，送达响应文件的截止时间即为变更后的时间，响应文件应当在该递交截止时间之前送达到谈判文件、询价通知书规定的地点或者变更之后的其他地点。

二、响应文件的拒收

采购人只能在谈判文件、询价通知书规定的提交响应文件截止时间前接收响应文件。采购人可以在采购文件中规定一定期限的响应文件接收时间，该时间应足以保证在提交响应文件截止时间前，采购人能够顺利地接收每一份按时递交的响应文件。对于逾期送达的响应文件，也就是在截止时间后送达的响应文件，为无效文件，谈判小组、询价小组应当拒收。逾期送达是指供应商人将响应文件送达采购文件规定地点的时间超过了谈判文件、询价通知书规定的提交响应文件截止时间。响应文件的逾期送达，无论是因供应商自身原因导致，还是因不可抗力等客观原因导致，采购人都应当拒收。

《政府采购竞争性磋商采购方式管理暂行办法》第十三条第一款也规定，供应商应当在磋商文件要求的截止时间前，将响应文件密封送达指定地点。在截止时间后送达的响应文件为无效文件，采购人、采购代理机构或者磋商小组应当拒收。

三、响应文件的接收

为了保护供应商的合法权益，采购人必须履行完备的签收、登记手续。采购人只能在采购文件规定的递交截止时间前接收响应文件。响应文件的接收地点也应与采购文件规定的地点相一致，采购人不得随意变更。接收时间和地点确实需要变更的，应提前发布变更公告并通知获取谈判文件、询价通知书的所有供应商。采购人收到响应文件后，应当签收，向采购人出具接收凭据。签收人要记录响应文件递交的日期和地点，签收人签名后应将所有递交的响应文件妥善保管，在开启时间前任何人不得开启响应文件。

四、询价响应文件的补充、修改和撤回

本条第二款规定，供应商在提交询价响应文件截止时间前，可以对所提交的响应文件进行补充、修改或者撤回，并书面通知采购人、采购代理机构。补充、修改的内容作为响应文件的组成部分。补充、修改的内容与响应文件不一致的，以补充、修改的内容为准。也就是说，在供应商提交询价响应文件之后，发现该响应文件存在错误、遗漏需要修改、补充或者其响应承诺的条件需要调整修改的，可以在提交询价响应文件截止时间前进行修改、补充。在提交询价响应文件截止时间之后，因要约生效，不允许供应商再撤销其要约（响应文件）。

对于竞争性谈判项目，由于允许供应商在提交响应文件之后，在谈判的过程中、提交最终报价之前可以自主决定修改其响应文件，所以没有专门规定必须要在提交响应文件截止时间之前才可以修改、补充其响应文件。当然，供应商在提交响应文件截止时间之前修改、补充其响应文件也是没有任何问题的。而询价响应文件不同，在提交响应文件截止时间之后，供应商没有机会修改其响应文件，故应当给予其在提交询价响应文件截止时间之前修改响应文件的机会。

《政府采购竞争性磋商采购方式管理暂行办法》第十三条也规定，供应商在提交响应文件截止时间前，可以对所提交的响应文件进行补充、修改或者撤回，并书面通知采购人、采购代理机构。补充、修改的内容作为响应文件的组成部分。补充、修改的内容与响应文件不一致的，以补充、修改的内容为准。

【疑难解析】

1. 响应文件的送达方式有哪些？

《政府采购法》和《办法》没有明确送达响应文件的方式，实务中可以采取专人送达、邮寄送达方式，也可以采取数据电文方式，但供应商必须注意谈判文件、询价通知书中有关送达方式的具体要求。当然递交响应文件的方式最好是直接送达或委托代理人送达，以便获得采购人或采购代理机构已收到响应文件的回执。采购文件允许以邮寄方式送达的，供应商必须留出足够的邮寄时间，

保证响应文件能够在递交截止日期之前送达采购人指定的地点，而不是"以邮戳为准"。供应商由于通过邮寄出现延误或因为其他原因耽搁，未能在递交截止时间前将响应文件递交到指定地点的，采购人一律不得接收其响应文件。对于通过邮寄延误的响应文件，采购人应原封不动地退还给供应商。

2. 非招标采购项目是否需要检查响应文件的密封性？

《办法》并未援用招标投标法律法规中规定的对投标文件进行密封性检查的做法，没有要求采购人对供应商提交的响应文件进行密封性检查。密封性检查是开标前的基本要求，如《政府采购货物和服务招标投标管理办法》第四十条规定"开标时，应当由投标人或者其推选的代表检查投标文件的密封情况。"《办法》第十五条仅规定供应商应当将响应文件密封，但并未规定要对其密封情况进行检查，也没有规定未密封或者未按要求密封的响应文件是无效文件。

在实务操作中，政府采购货物和服务招标采购项目与政府采购非招标采购项目对采购文件的密封要求有所不同，两者不能混淆而谈。供应商对其递交的文件进行密封的目的是为了防止自己的文件内容在截止时间前泄露，从而保护自己的秘密，所以，密封仅仅是供应商的保护措施，不应把密封的作用扩大。严格来说，供应商对其递交的文件不密封，只是放弃了保护自己的措施，不应引起其他后果，国际上通行的招标采购规则中也并没有要求供应商必须对其文件密封。采购人如果照搬招标项目的开标通常程序，对响应文件进行密封情况检查实无必要，反而还将可能引发不必要的争议、质疑或投诉从而导致纠纷，影响项目的采购程序，降低采购效率。

因此，采购人、代理机构均不能以密封问题而拒收响应文件。

第十六条 响应文件的澄清、说明

【条文原文】

第十六条 谈判小组、询价小组在对响应文件的有效性、完整性和响应程度进行审查时，可以要求供应商对响应文件中含义不明确、同类问题表述不一致或者有明显文字和计算错误的内容等作出必要的澄清、说明或者更正。供应商的澄清、说明或者更正不得超出响应文件的范围或者改变响应文件的实质性内容。

谈判小组、询价小组要求供应商澄清、说明或者更正响应文件应当以书面形式作出。供应商的澄清、说明或者更正应当由法定代表人或其授权代表签字或者加盖公章。由授权代表签字的，应当附法定代表人授权书。供应商为自然人的，应当由本人签字并附身份证明。

【条文主旨】

本条对响应文件可澄清、说明的内容及澄清、说明的程序性要求作出具体规定。

【条文解读】

完善无瑕疵的响应文件是供应商的追求，但因工作疏忽、认识偏差、决策失误等原因，响应文件总会存在各种不足。谈判小组、询价小组在对响应文件的有效性、完整性和响应程度进行审查时，遇到响应文件中所载事项内容不清楚、不明确的地方，可以要求供应商对此予以澄清、说明，以便客观地对响应文件进行审查和比较，准确地了解供应商真实的意思表示。供应商应当如实加以澄清或者说明。

一、澄清、说明的必要性

谈判小组、询价小组发现响应文件中有不明确、错误的内容未及时要求澄清和纠正，一旦成交，可能在签约时也难以解决，导致无法签约或者供应商作出让步，最终影响正常履约，也易引发纠纷。因此，有必要要求供应商对响应文件给予必要的澄清、说明，有利于谈判小组、询价小组准确地理解响应文件的内容，把握供应商的真实意思表示，从而对响应文件作出更为公正客观的评价，也有助于消除谈判小组、询价小组对响应文件理解上的偏差，避免在合同履行过程中出现不必要的争议。如果响应文件中有含义不明确、对同类问题表述不一致或者有明显文字和计算错误的内容，且影响采购人实际利益的，应及时要求供应商作出必要的澄清、说明或者补正，以免为签约、履约留下风险隐患。

二、启动澄清、说明程序的主体和时间

只有谈判小组、询价小组可以启动响应文件澄清、说明程序。当响应文件

中有含义不明确的内容、同类问题前后表述不一致、明显文字或者计算错误时，谈判小组、询价小组认为需要供应商作出必要澄清、说明的，可以启动澄清、说明程序。启动投标文件澄清、说明程序，应当在谈判、询价过程中对响应文件的有效性、完整性和响应程度进行审查时开展，评审结束不得启动该程序。要求供应商澄清、说明，只能由谈判小组、询价小组提出，不能由采购人或采购代理机构提出。当然，采购代理机构工作人员可以将谈判小组、询价小组提出的要求供应商澄清、说明的事项向供应商提出来要求其答复。

三、澄清、说明的程序及事项

谈判小组、询价小组可以启动响应文件澄清、说明程序具有一定前提条件，也就是只有当响应文件中出现含义不明、同类问题前后表述不一致、明显文字或者计算错误等内容且谈判小组、询价小组不能准确全面了解供应商的真实意思表示时，谈判小组、询价小组应当启动澄清、说明工作，要求供应商澄清、解释、说明、补充，但谈判小组、询价小组不能滥用澄清、说明机制。对于响应文件中意思表示明确或者根据响应文件的上、下文能够准确判断其含义的内容的，谈判小组、询价小组不得要求供应商进行澄清或者说明。

谈判小组、询价小组要求供应商给予澄清、说明的范围仅限于响应文件中含义不明、明显文字或者计算错误等内容。一些供应商在没有正确和全面地理解谈判文件、询价通知书的要求的情况下准备响应文件，或者因为工作疏忽造成响应文件存在非实质性的细微偏差，致使响应文件没有完全响应谈判文件、询价通知书的实质性要求。因此，谈判小组、询价小组应当区别对待响应文件中存在的问题，恰当、科学地运用澄清、说明机制。要求供应商给予澄清、说明的内容既可能涉及响应文件的实质性内容，也可能涉及响应文件的非实质性内容，但只有谈判小组、询价小组认为存在含义不明、明显文字或者计算错误等内容才可以要求供应商给予澄清、说明或者补正，对于明显背离谈判文件、询价通知书实质性要求的偏差，则不应要求供应商给予澄清或者说明。也就是说，供应商的澄清、说明或者更正不得超出响应文件的范围或者改变响应文件的实质性内容。

四、澄清、说明的形式

澄清、说明应当以书面形式进行。谈判小组、询价小组要求供应商进行澄清、说明的通知和供应商的澄清、说明均应采用书面形式，有利于准确传递信息，保证供应商准确把握和谈判小组、询价小组评审。再者，供应商应谈判小组、询价小组要求所做的澄清、说明对供应商有约束力，等同于响应文件，理应采用书面形式，而且应当由供应商的法定代表人或其授权代表签字或者加盖公章，由授权代表签字的，应当附法定代表人授权书。供应商为自然人的，应当由本人签字并附身份证明。作出如此严格的规定，有利于固定证据，也可以督促供应商郑重其事，慎重承诺。

《政府采购竞争性磋商采购方式管理暂行办法》第十八条也规定，磋商小组在对响应文件的有效性、完整性和响应程度进行审查时，可以要求供应商对响应文件中含义不明确、同类问题表述不一致或者有明显文字和计算错误的内容等作出必要的澄清、说明或者更正。供应商的澄清、说明或者更正不得超出响应文件的范围或者改变响应文件的实质性内容。磋商小组要求供应商澄清、说明或者更正响应文件应当以书面形式作出。供应商的澄清、说明或者更正应当由法定代表人或其授权代表签字或者加盖公章。由授权代表签字的，应当附法定代表人授权书。供应商为自然人的，应当由本人签字并附身份证明。

【疑难解析】

供应商是联合体的，其作出的澄清说明文件如何签字盖章？

联合体作为供应商投标，其按照评审机构要求需要作出澄清、说明或者更正时，应当由联合体各成员方法定代表人共同在澄清说明文件上签字或者加盖公章；也可由其共同委托的授权代表签字。

第十七条　评审报告的内容与签署要求

【条文原文】

第十七条　谈判小组、询价小组应当根据评审记录和评审结果编写评审报告，其主要内容包括：

（一）邀请供应商参加采购活动的具体方式和相关情况，以及参加采购活动的供应商名单；

（二）评审日期和地点，谈判小组、询价小组成员名单；

（三）评审情况记录和说明，包括对供应商的资格审查情况、供应商响应文件评审情况、谈判情况、报价情况等；

（四）提出的成交候选人的名单及理由。

评审报告应当由谈判小组、询价小组全体人员签字认可。谈判小组、询价小组成员对评审报告有异议的，谈判小组、询价小组按照少数服从多数的原则推荐成交候选人，采购程序继续进行。对评审报告有异议的谈判小组、询价小组成员，应当在报告上签署不同意见并说明理由，由谈判小组、询价小组书面记录相关情况。谈判小组、询价小组成员拒绝在报告上签字又不书面说明其不同意见和理由的，视为同意评审报告。

【条文主旨】

本条对谈判小组、询价小组应当编写评审报告及评审报告的内容和签署要求作出具体规定。

【条文解读】

评审报告是谈判小组、询价小组依据谈判文件、询价通知书在认真审阅响应文件的基础上依照充分、有效、确凿的事实依据、评审规则、标准进行评审，在评审工作结束时对评审工作进行全面总结、对供应商进行客观评价并表明评审意见和评审结果的工作总结成果，是采购人决定成交供应商的依据，其内容要求必须对评审工作进行全面真实的描述，对供应商进行客观公正的评价，体现了谈判小组、询价小组的工作成效、质量和成果。

一、评审报告的内容

按照《办法》规定，谈判小组、询价小组应当根据评审记录和评审结果编写评审报告，评审报告的主要内容包括以下几方面：一是邀请供应商参加采购活动的具体方式和相关情况，以及参加采购活动的供应商名单；二是评审日期和地点，谈判小组、询价小组成员名单；三是评审情况记录和说明，包括对供应商的资格审查情况、供应商响应文件评审情况、谈判情况、报价情况等；四是提出的成交候选人的名单及理由。这些是评审报告的最低要求和必备内容，可以在此基础上增加其他内容。根据《政府采购竞争性磋商采购方式管理暂行办法》第二十六条规定，竞争性磋商评审报告应当包括以下主要内容：（一）邀请供应商参加采购活动的具体方式和相关情况；（二）响应文件开启日期和地点；（三）获取磋商文件的供应商名单和磋商小组成员名单；（四）评审情况记录和说明，包括对供应商的资格审查情况、供应商响应文件评审情况、磋商情况、报价情况等；（五）提出的成交候选供应商的排序名单及理由。

二、评审报告的签署要求

评审报告是谈判小组、询价小组进行评审工作的结论性文件，要对评审情况进行阐述，在评审基础上提出成交候选人的名单及理由，这些反映着谈判小组、询价小组的工作成果，体现了谈判小组、询价小组成员的主观判断意见，应由其真实、充分表达自己的意见并签字确认。最终，谈判小组、询价小组的成员也要对自己的评审意见负责。因此，评审报告应当由谈判小组、询价小组全体人员签字认可。

三、谈判小组、询价小组对评审报告有分歧的解决

谈判小组、询价小组所有成员应当在评审报告中独立客观、如实全面地反映自己的意见观点，不受他人影响。在采购实务中，谈判小组、询价小组在评审过程中有时会碰到对实质性问题看法存在分歧的情况，有时双方的观点还截然相反，导致评审无法达成共识、得出结果。对这种情况如何处理，《政府采购法》并没有作出规定。2012 年，财政部发布的《关于进一步规范政府采购评审工作有关问题的通知》（财库〔2012〕69 号）规定存在意见分歧时采用"少数服从多数的原则"处理。《政府采购评审专家管理办法》第十九条也规定："评审专家应当在评审报告上签字，对自己的评审意见承担法律责任。对需要共同认定的事项存在争议的，按照少数服从多数的原则作出结论。对评审报告有异议的，应当在评审报告上签署不同意见并说明理由，否则视为同意评审报告。"

《办法》就谈判小组、询价小组成员评审报告存在的分歧提出如下解决措施：一是关于对谈判小组推荐成交候选人有异议时，按照少数服从多数的原则推荐成交候选人。二是谈判小组、询价小组成员可以以书面形式表达其对评审报告内容的异议。对评审报告有异议的谈判小组、询价小组成员，应当在报告上签署不同意见并说明理由，由谈判小组、询价小组书面记录相关情况。谈判小组、询价小组成员拒绝在报告上签字又不书面说明其不同意见和理由的，视为同意评审报告。作出如此明确细致的规定，就是防止谈判小组、询价小组成员意见不一致影响评审工作的正常进行，打破因评审专家意见不一致而无法确

定成交供应商提交评审报告的僵局，确保采购效率。

《政府采购竞争性磋商采购方式管理暂行办法》第二十七条也规定："评审报告应当由磋商小组全体人员签字认可。磋商小组成员对评审报告有异议的，磋商小组按照少数服从多数的原则推荐成交候选供应商，采购程序继续进行。对评审报告有异议的磋商小组成员，应当在报告上签署不同意见并说明理由，由磋商小组书面记录相关情况。磋商小组成员拒绝在报告上签字又不书面说明其不同意见和理由的，视为同意评审报告。"

【疑难解析】

实践中，评审报告由谁提交给采购人？

《政府采购法实施条例》第四十三条第一款规定："采购代理机构应当自评审结束之日起 2 个工作日内将评审报告送交采购人。"谈判小组、询价小组评审结束，应当编写评审报告并提交给采购代理机构。鉴于谈判小组、询价小组是临时机构，评审结束后即解散，因此向采购人提交评审报告的主体是采购代理机构。为提高采购效率，自评审结束之日起 2 个工作日内，采购代理机构将评审报告送交采购人。

第十八条　成交结果公告

【条文原文】

第十八条　采购人或者采购代理机构应当在成交供应商确定后 2 个工作日内，在省级以上财政部门指定的媒体上公告成交结果，同时向成交供应商发出成交通知书，并将竞争性谈判文件、询价通知书随成交结果同时公告。成交结果公告应当包括以下内容：

（一）采购人和采购代理机构的名称、地址和联系方式；

（二）项目名称和项目编号；

（三）成交供应商名称、地址和成交金额；

（四）主要成交标的的名称、规格型号、数量、单价、服务要求；

（五）谈判小组、询价小组成员名单及单一来源采购人员名单。

采用书面推荐供应商参加采购活动的，还应当公告采购人和评审专家的推荐意见。

【条文主旨】

本条对公告成交结果的时间、媒体及成交结果公告内容作出具体规定。

【条文解读】

《政府采购法实施条例》第四十三条规定："采购代理机构应当自评审结束之日起2个工作日内将评审报告送交采购人。采购人应当自收到评审报告之日起5个工作日内在评审报告推荐的中标或者成交候选人中按顺序确定中标或者成交供应商。采购人或者采购代理机构应当自中标、成交供应商确定之日起2个工作日内，发出中标、成交通知书，并在省级以上人民政府财政部门指定的媒体上公告中标、成交结果，招标文件、竞争性谈判文件、询价通知书随中标、成交结果同时公告。中标、成交结果公告内容应当包括采购人和采购代理机构的名称、地址、联系方式，项目名称和项目编号，中标或者成交供应商名称、地址和中标或者成交金额，主要中标或者成交标的的名称、规格型号、数量、单价、服务要求以及评审专家名单。"该条对确定成交供应商的时间及成交结果公告作出规定。《办法》在总结非招标采购实践经验的基础上，对成交结果的通知及公告作出了规定，有利于规范成交结果公告内容，进一步推动政府采购信息公开透明。

一、公告和通知成交结果

当评审结束，谈判小组、询价小组和单一来源采购协商小组（或专家）提交评审报告之后，采购人或者采购代理机构先按照采购文件规定的确定成交供应商规则和评审报告确定成交供应商，并应当在成交供应商确定后2个工作日内，在省级以上财政部门指定的媒体上公告成交结果，同时向成交供应商发出成交通知书。与《招标投标法》规定依法必须招标项目需要公示中标候选人，定标后直接书面通知中标人和未中标人的制度不同，政府采购活动不需要公示中标候选人或成交候选人，而是定标或确定成交供应商后直接发布中标或成交结果公告，公示成交供应商，同时向成交供应商发出成交通知书，且要求将竞争性谈判文件、询价通知书随成交结果同时公告。

二、成交结果公告的媒体

公布成交结果是落实政府信息公开制度的必然要求，是接受供应商监督和社会监督的前提。《政府采购法》没有规定公示中标候选人的环节，但要求直接公告成交结果。《政府采购法》第六十三条第二款规定："采购人在采购活动完成后，应当将采购结果予以公布"，但没有明确应该公布在什么地方。《政府采购法实施条例》规定，采购人或者采购代理机构应当自成交供应商确定之日起 2 个工作日内，发出成交通知书，发出成交供应商的主体可以是采购人或者采购代理机构，并且应当在省级以上人民政府财政部门指定的媒体上公告成交结果，竞争性谈判文件、询价通知书随成交结果同时公告。对于采用非招标方式的采购项目，《办法》也明确指出成交结果要公布在省级以上财政部门指定的媒体上。采购人应改变原来只公布在本地政府采购（公共资源交易）网站上的习惯做法。

公告成交结果以及竞争性谈判文件、询价通知书，便于成交供应商及时查询到相关的结果信息，为下一步签订政府采购合同提前做好准备，同时其他未成交的供应商，认为公告的成交结果侵害到自身合法权益的，可以依照法律的相关规定在规定的时间内提出质疑。以前，财政部指定的政府采购信息发布媒体包括中国政府采购网（www.ccgp.gov.cn）及《中国财经报》《中国政府采购报》《中国政府采购杂志》《中国财政杂志》等。省级财政部门应当将中国政府采购网地方分网作为本地区指定的政府采购信息发布媒体之一。《政府采购信息发布管理办法》（财政部令第 101 号）第八条规定："中央预算单位政府采购信息应当在中国政府采购网发布，地方预算单位政府采购信息应当在所在行政区域的中国政府采购网省级分网发布。除中国政府采购网及其省级分网以外，政府采购信息可以在省级以上财政部门指定的其他媒体同步发布。"该办法第十三条规定："指定媒体应当及时发布收到的政府采购信息。中国政府采购网或者其省级分网应当自收到政府采购信息起 1 个工作日内发布。"要求指定媒体收到成交结果公告后 1 个工作日内发布，进一步提高了信息发布的时效性。

三、成交结果公告的内容

《政府采购法实施条例》将五种政府采购方式的结果公告内容作了统一，概括起来包含以下几个方面：一是招标或采购人（代理机构）信息（名称、地址、联系方式）；二是项目信息（项目名称和项目编号）；三是中标（成交）人信息（名称、地址和中标或者成交金额，主要中标或者成交标的的名称、规格型号、数量、单价、服务要求）；四是评审专家信息（评审专家名单）。公告信息的全覆盖最大限度地体现了信息披露的要求，力求通过全社会的监督来保障阳光采购。

《办法》对非招标采购方式的成交结果公告内容专门作了规定，即应当包括以下内容：①采购人和采购代理机构的名称、地址和联系方式；②项目名称和项目编号；③成交供应商名称、地址和成交金额；④主要成交标的的名称、规格型号、数量、单价、服务要求；⑤谈判小组、询价小组成员名单及单一来源采购人员名单。《办法》规定的应当公告的信息内容更多、范围更大，更加公开透明，使采购结果信息公开程度大大提高，便于供应商和社会公众的监督。

2020 年 3 月 18 日，财政部办公厅印发了《政府采购公告和公示信息格式规范（2020 年版）》（财办〔2020〕50 号），提供了"中标（成交）结果公告"的格式，其内容包括项目编号、项目名称、中标（成交）信息、主要标的信息、评审专家（单一来源采购人员）名单、代理服务收费标准及金额、公告期限、其他补充事宜、联系方式等。采购单位和采购代理机构可以按照该格式规范编制成交结果公告。

四、公告成交结果同时一并公告竞争性谈判文件、询价通知书

《办法》特别规定在公告成交结果时，同时公告竞争性谈判文件、询价通知书。《政府采购法实施条例》第五十条还规定，采购人应当自政府采购合同签订之日起 2 个工作日内，将政府采购合同在省级以上人民政府财政部门指定的媒体上公告，但政府采购合同中涉及国家秘密、商业秘密的内容除外。通过对竞争性谈判文件、询价通知书、详细采购结果和采购合同的公开，使整个采购过程公开透明，能够促使社会公众更加了解、关心政府采购活动，有效督促采购活动规范开展。这些都是落实政府采购公开透明的重要措施。谈判文件、询价通知书、采购合同载明了采购需求。通过公告竞争性谈判文件和询价通知书以及政府采购合同，完整公开了采购需求，便于将需求与采购结果进行详细对比，评判有没有实现物有所值的价值取向，项目有没有"猫腻"，是否符合采购需求。如果连采购需求都不公开，社会监督就无从谈起。当然，涉及国家秘密和商业秘密的内容不得公开。公众如果认为"成交标的的名称、规格型号、数量、单价、服务要求"不符合竞争性谈判文件、询价通知书的要求，可以通过依法举报来监督政府采购，相关供应商如果认为"成交标的的名称、规格型号、数量、单价、服务要求"不符合竞争性谈判文件、询价通知书的要求，则可以依法提出质疑、投诉，更好地维护自身的合法权益。

五、公开推荐供应商的意见

《办法》第二十条规定"采购人和评审专家分别书面推荐的方式邀请不少于3 家符合相应资格条件的供应商参与竞争性谈判或者询价采购活动"，从而明确规定采购人和评审专家可以推荐参加政府采购的供应商。为了平衡各方权利，也为了对推荐行为进行监督，《办法》在本条中规定"采用书面推荐供应商参加采购活动的，还应当公告采购人和评审专家的推荐意见"，把采购人和评审专家的推荐行为置于公开和可监督的情况下，增强政府采购的透明度和公信力。

《政府采购竞争性磋商采购方式管理暂行办法》第二十九条也规定，采购人或者采购代理机构应当在成交供应商确定后 2 个工作日内，在省级以上财政部门指定的政府采购信息发布媒体上公告成交结果，同时向成交供应商发出成交通知书，并将磋商文件随成交结果同时公告。成交结果公告应当包括以下内容：①采购人和采购代理机构的名称、地址和联系方式；②项目名称和项目编号；③成交供应商名称、地址和成交金额；④主要成交标的的名称、规格型号、数量、单价、服务要求；⑤磋商小组成员名单。采用书面推荐供应商参加采购活动的，还应当公告采购人和评审专家的推荐意见。

【疑难解析】

1. 公告成交结果后，社会公众质疑公告的采购文件的内容的，如何办理？

尽管《办法》要求公告成交结果时一并公告竞争性谈判文件、竞争性磋商文件、询价通知书，但不意味供应商对这些采购文件的质疑期限可以延长。社会公众对公告的采购文件有意见和建议，可以按照《政府采购法》关于政府采购监督检查的规定，通过信访举报的方式反映，也可以借助媒体对采购活动进行监督。

2. 竞争性谈判最终报价是否要在谈判结束后现场公布进行公告？

《办法》第十八条规定，应当公告的成交结果内容只包括"成交供应商名称、地址和成交金额"，并未要求必须要公告所有供应商的最终报价，因此，在谈判结束后，现场可以不公开供应商的最终报价。

3. 采用单一来源采购的政府采购项目，经协商成交后，采购人是否应先对成交供应商进行公示？

除 PPP 项目以外，《政府采购法》及其配套法律规范没有要求采购人或代理机构，在确定成交供应商阶段对预中标、成交供应商进行公示。因此，包括单一来源采购在内的政府采购项目，可以不经公示环节而直接确定成交供应商。当然，在成交供应商确定后，应当在省级以上财政部门指定媒体上公告成交结果，同时向成交供应商发出成交通知书。

第十九条　签订政府采购合同

【条文原文】

第十九条　采购人与成交供应商应当在成交通知书发出之日起 30 日内，按照采购文件确定的合同文本以及采购标的、规格型号、采购金额、采购数量、技术和服务要求等事项签订政府采购合同。

采购人不得向成交供应商提出超出采购文件以外的任何要求作为签订合同的条件，不得与成交供应商订立背离采购文件确定的合同文本以及采购标的、规格型号、采购金额、采购数量、技术和服务要求等实质性内容的协议。

【条文主旨】

本条对采购人和成交供应商签订政府采购合同的时间、内容等要求作出具体规定。

【条文解读】

政府采购合同是依法开展政府采购活动结果的书面确认。《政府采购法》第四十六条规定："采购人与成交供应商应当在成交通知书发出之日起三十日内，按照采购文件确定的事项签订政府采购合同。中标、成交通知书对采购人和中标、成交供应商均具有法律效力。中标、成交通知书发出后，采购人改变中标、成交结果的，或者中标、成交供应商放弃中标、成交项目的，应当依法承担法律责任。"《办法》在《政府采购法》第四十六条基础上对非招标方式下政府采购合同的签订期限及合同内容作出具体规定。

一、政府采购合同的签订期限

在委托集中采购机构或采购代理机构办理有关支付采购事宜的情况下，政府采购的合同当事人是采购人和成交供应商，采购代理机构并没有与成交供应商自行签订政府采购合同的权利，政府采购合同要在成交通知书发出以后，由采购人负责签订或者授权采购代理机构代其签订。采购人依法自行采购的，政府采购合同也要在成交通知书发出后签订。

采购人需要考虑采购效率，供应商也是基于一定的时点来提出报价的，客观上需要确定一个合理的期限签订政府采购合同并得到实际履行，而不宜有过长时间的延误，因此就需要确定政府采购合同的签订期限。当然，考虑到成交通知书发出后，采购人与供应商都需要有一段准备时间，特别是委托采购代理机构代理采购，采购人也需要一定的时间对采购代理机构送交的有关采购文件进行研究、熟悉。《政府采购法》确定采购人与成交供应商应当在成交通知书发出之日起三十日内签订政府采购合同，《办法》也照此执行。

二、政府采购合同的内容

签订政府采购合同，只是采购人和供应商对采购结果的书面确认，有关事项在谈判文件、询价通知书及成交供应商的响应文件中都已具体确定，因此，采购人与中标、成交供应商必须按照谈判文件、询价通知书确定的事项签订政府采购合同。而且，如果不按照谈判文件、询价通知书和成交供应商的响应文件确定的事项签订政府采购合同，而是变更其中实质性内容签订合同，则可能会出现双方串通、一方强迫另一方变更合同等乱象，损害政府采购的公平公正性。对此，《政府采购法》强调成交供应商一旦依法确定，采购人就不能改变成交结果，只能按照成交结果，与成交供应商签订政府采购合同，否则就要承担相应的法律责任。

本条规定采购人应当和成交供应商按照采购文件确定的合同文本以及采购标的、规格型号、采购金额、采购数量、技术和服务要求等事项签订政府采购合同。这些都是合同的实质性内容，直接关系着采购人和成交供应商的权利义务及合同履行，采购人和成交供应商都不得违背上述实质性内容签订政府采购合同。

三、禁止另行签订违背采购文件实质性内容的协议

根据《民法典》第四百七十九条"承诺是受要约人同意要约的意思表示"的规定，成交通知书就是承诺。采购人一旦作出承诺并发出，该承诺即生效，生效的承诺也就是发出的成交通知书，对采购人和成交供应商均具有法律效力。在成交通知书发出后，采购人不得改变成交结果，成交供应商也不应当放弃成交项目。如果采购人改变成交结果，或者成交供应商放弃成交项目，都必须依法承担相应的法律责任。具体来说，就是本条规定的采购人不得向成交供应商提出超出采购文件以外的任何要求作为签订合同的条件，不得与成交供应商订立背离采购文件确定的合同文本以及采购标的、规格型号、采购金额、采购数量、技术和服务要求等实质性内容的协议。当然，成交供应商也不得向采购人提出超出采购文件及其响应文件以外的任何要求作为签订合同的条件，双方也不得串通修改采购文件已经确定的实质性内容另行签订合同。

《政府采购竞争性磋商采购方式管理暂行办法》第三十条也规定，采购人与成交供应商应当在成交通知书发出之日起30日内，按照磋商文件确定的合同文本以及采购标的、规格型号、采购金额、采购数量、技术和服务要求等事项签订政府采购合同。采购人不得向成交供应商提出超出磋商文件以外的任何要求作为签订合同的条件，不得与成交供应商订立背离磋商文件确定的合同文本以及采购标的、规格型号、采购金额、采购数量、技术和服务要求等实质性内容的协议。

【疑难解析】

1. 《办法》第十九条禁止另行签订违背采购文件实质性内容的协议，是否意味着不允许变更合同内容？

《办法》第十九条规定强调的是采购活动完成后，政府采购合同签订时不应同时签订背离采购文件实质性条款的合同，并不意味着不允许采购人与供应商在合同履行过程中签订补充合同。《政府采购法》第四十九条规定，政府采购合同履行中，采购人需追加与合同标的相同的货物、工程或者服务的，在不改变合同其他条款的前提下，可以与供应商协商签订补充合同，但所有补充合同的采购金额不得超过原合同采购金额的10%。据此，合同签订完成后，在履约过程中可以在采购金额10%的范围内依法补签合同。双方还可以在前述实质性内容之外就其他非实质性内容、合同执行中的配合事项进行协商细化完善载入合同，而不是说合同文本任何条款都不得变更。

2. 非招标采购项目能否要求供应商提交履约保证金？

根据《政府采购法实施条例》第四十八条规定，采购文件要求中标或者成交供应商提交履约保证金的，供应商应当以支票、汇票、本票或者金融机构、担保机构出具的保函等非现金形式提交。履约保证金的数额不得超过政府采购合同金额的10%。本条规定了履约保证金制度，对于非招标方式采购活动也是适用的。所谓履约保证金，是指采购人要求成交供应商在接到成交通知后，提交的其保证履行合同各项义务的担保。成交供应商不履行合同义务的，采购人将按照合同约定扣除其全部或部分履约保证金，或由担保人承担担保责任。如果成交供应商违约对采购人造成的损失超过履约保证金的，还应该依法赔偿超过部分的损失。

第二十条　退还保证金

【条文原文】

第二十条　采购人或者采购代理机构应当在采购活动结束后及时退还供应商的保证金，但因供应商自身原因导致无法及时退还的除外。未成交供应商的保证金应当在成交通知书发出后 5 个工作日内退还，成交供应商的保证金应当在采购合同签订后 5 个工作日内退还。

有下列情形之一的，保证金不予退还：

（一）供应商在提交响应文件截止时间后撤回响应文件的；

（二）供应商在响应文件中提供虚假材料的；

（三）除因不可抗力或谈判文件、询价通知书认可的情形以外，成交供应商不与采购人签订合同的；

（四）供应商与采购人、其他供应商或者采购代理机构恶意串通的；

（五）采购文件规定的其他情形。

【条文主旨】

本条对保证金的退还时间和不予退还的情形作出具体规定。

【条文解读】

保证金是供应商向采购人提交的保证依法、诚信参与政府采购活动的担保。一旦因政府采购活动结束或者供应商依法退出政府采购活动（如提前退出竞争性谈判活动），采购人应当在最短时间内退还供应商的保证金。如果出现成交人不签订合同等反悔行为，采购人可以不退还其保证金，以惩戒供应商，弥补给采购人造成的损失。

一、退还供应商保证金的时间

《政府采购法实施条例》第三十三条规定了保证金退还的时间，即："……

采购人或者采购代理机构应当自中标通知书发出之日起 5 个工作日内退还未中标供应商的投标保证金，自政府采购合同签订之日起 5 个工作日内退还中标供应商的投标保证金。竞争性谈判或者询价采购中要求参加谈判或者询价的供应商提交保证金的，参照前两款的规定执行。"参加竞争性谈判或者询价的供应商需提交投标保证金的，参照投标保证金的规定执行，在制度上保证了这两种采购方式的严肃性。为了避免采购人长时间占用供应商的资金，减小供应商的资金压力，保障采购活动的顺利开展，必须严格限制保证金的退还时间。这是采购人、采购代理机构的一项法定义务。本条规定的退还保证金的时限与上述规定是一致的。《办法》也规定："未成交供应商的保证金应当在成交通知书发出后 5 个工作日内退还，成交供应商的保证金应当在采购合同签订后 5 个工作日内退还。"退还保证金的最后一天如果遇到节假日或休息日，应自动顺延。这是对采购人或者采购代理机构的强制性要求。之所以将未成交的供应商和成交的供应商的投标保证金的退还时间作出了区别规定，能够进一步减轻未成交供应商的资金负担，也在很大程度上促使成交供应商及时与采购人签订采购合同。

需要注意的是，上述规定都是退还保证金最长的期限，允许采购人约定或在实践中按照更短的时限来执行，在期限内应当尽快退还保证金，尽量减轻供应商的资金负担和交易成本。采购人或者采购代理机构还应在谈判文件、询价通知书或成交结果公告、成交通知书中履行告知义务，告知相关供应商领回其提交的投标保证金。供应商因自身原因耽搁领取，造成保证金的退还日期超过 5 个工作日的，采购人或者采购代理机构不承担延误退还的责任。

二、保证金不予退还的几种常见情形

（1）供应商在提交响应文件截止时间后撤回响应文件。供应商有权在提交响应文件截止时间之前修改或撤回响应文件，但是在提交响应文件截止时间之后不得修改或撤销其响应文件，否则有失诚信，也影响采购活动正常进行。如果供应商在提交响应文件截止时间后撤销其响应文件，则应当承担失去保证金的责任。

（2）供应商在响应文件中提供虚假材料。在政府采购实务中，供应商在投标文件中提供虚假材料屡见不鲜，其中伪造资质证书、业绩合同的较多，还有伪造审计报告或者变造某个证明文件的复印件等情况。对于此类造假行为，可以报告给财政部门，由财政部门根据《政府采购法》予以罚款、列入黑名单等行政处罚。为了遏制造假行为，本条还规定供应商的保证金不予退还，赋予采购人或者采购代理机构追究供应商造假责任的权利，以增加造假者的违法成本，直接丧失保证金，该制度有助于净化政府采购市场。

（3）除因不可抗力或谈判文件、询价通知书认可的情形以外，成交供应商不与采购人签订合同。按照成交通知书签订政府采购合同既是采购人也是成交供应商的法定义务，一方如有违反，应当承担法律责任，对于成交供应商来说主要责任就是失去其保证金。

（4）供应商与采购人、其他供应商或者采购代理机构恶意串通。供应商与其他政府采购主体恶意串通，损害了其他供应商或采购人的合法权益，应承担失去保证金的责任并予以惩处。

（5）谈判文件、询价通知书规定的其他情形。政府采购活动中收取保证金的目的是约束供应商的行为。为了起到约束的作用，采购人或者采购代理机构在编制谈判文件、询价通知书时，应当在谈判文件、询价通知书中明确规定保证金不予退还的情形。

除了考虑上述所列几种情形外，采购人或者采购代理机构还可以根据采购项目的特点规定其他情形，如向评审专家行贿或给予其他好处以谋取成交等。需要注意的是，要合理确定保证金不予退还的情形，不能列入对供应商不公平的条款。

《政府采购竞争性磋商采购方式管理暂行办法》第三十一条也规定，采购人或者采购代理机构应当在采购活动结束后及时退还供应商的磋商保证金，但因供应商自身原因导致无法及时退还的除外。未成交供应商的磋商保证金应当在成交通知书发出后5个工作日内退还，成交供应商的磋商保证金应当在采购合同签订后5个工作日内退还。有下列情形之一的，磋商保证金不予退还：①供应商在提交响应文件截止时间后撤回响应文件的；②供应商在响应文件中提供虚假材料的；③除因不可抗力或磋商文件认可的情形以外，成交供应商不与采购人签订合同的；④供应商与采购人、其他供应商或者采购代理机构恶意串通的；⑤磋商文件规定的其他情形。

【疑难解析】

1. 当采购文件并未规定保证金不予退还条款但供应商出现《办法》第二十条规定的不予退还情形时，采购人是否有权不退还保证金？

《办法》第二十条及《政府采购竞争性磋商采购方式管理暂行办法》第三十一条从立法角度进行了明确的授权性规定，只要供应商出现了相应的法定不退还保证金情形，采购人就应依法对其保证金不予退还。

2. 政府采购项目不予退还的保证金归谁所有？

财政部《关于明确政府采购保证金和行政处罚罚款上缴事项的通知》（财库〔2011〕15号）规定："在中央政府采购活动中，供应商出现政府采购相关规定和采购文件约定不予退还保证金（投标保证金和履约保证金）的情形，由集中采购机构、采购人按照就地缴库程序，将不予退还的保证金上缴中央国库。"在政府采购实践中，各级地方预算项目一般也参照上述文件精神，将不予退还的投标保证金如数上缴国库。

第二十一条　重新评审和重新采购

【条文原文】

第二十一条　除资格性审查认定错误和价格计算错误外，采购人或者采购代理机构不得以任何理由组织重新评审。采购人、采购代理机构发现谈判小组、询价小组未按照采购文件规定的评定成交的标准进行评审的，应当重新开展采购活动，并同时书面报告本级财政部门。

【条文主旨】

本条对采购人、采购代理机构能否组织重新评审、重新采购作出具体规定。

【条文解读】

采购人收到评审报告后应当从该报告推荐的成交候选人中，根据质量和服务均能满足采购文件实质性响应要求且最后报价最低的原则确定成交供应商。如果是竞争性磋商项目，应当从评审报告提出的成交候选供应商中，按照排序由高到低的原则确定成交供应商。但是，如果发现未按照谈判文件、询价通知书规定评审的，则采购人可以不确定成交人，并根据不同情况决定重新评审或者重新开展采购活动。重新评审也可能会出现评标舞弊的风险，所以应当严格控制重新评审的前提条件，不符合重新评审条件的情形，应当报财政部门处理。采购人在收到评审报告后5个工作日内，从重新编写的评审报告提出的成交候选人中，根据质量和服务均能满足采购文件实质性响应要求且最后报价最低的原则重新确定成交供应商。除法定可以重新评审的情形外，采购人应当重新采购。此时，采购人和采购代理机构应当将重新采购的情况报告同级财政部门。

一、重新评审

所谓重新评审，是指谈判小组、磋商小组和询价小组成员签署了评审报告，评审活动完成后，原谈判小组、磋商小组和询价小组成员对自己评审意见的重新检查的行为。在《政府采购法》中没有有关"重新评审"的规定及条款。"重新评审"一词最早出现在《财政部关于进一步规范政府采购评审工作有关问题的通知》（财库〔2012〕69号）中，即："评审结果汇总完成后，采购人、采购代理机构和评审委员会均不得修改评审结果或者要求重新评审，但资格性检查认定错误、分值汇总计算错误、分项评分超出评分标准范围、客观分评分不一致、经评审委员会一致认定评分畸高、畸低的情形除外"。《政府采购法实施条例》第四十四条规定："除国务院财政部门规定的情形外，采购人、采购代理机构不得以任何理由组织重新评审。采购人、采购代理机构按照国务院财政部门的规定组织重新评审的，应当书面报告本级人民政府财政部门。采购人或者采购代理机构不得通过对样品进行检测、对供应商进行考察等方式改变评审结果。"本条所述"国务院财政部门规定"指的是《财政部关于进一步规范政府采购评审工作有关问题的通知》（财库〔2012〕69号），根据该文件规定，"资格性检查认定错误、分值汇总计算错误、分项评分超出评分标准范围、客观分评分不一致、经评审委员会一致认定评分畸高、畸低的情形"可以进行重新评审；对于其他情形，采购人或者采购代理机构不得以任何理由组织重新评审。

《政府采购竞争性磋商采购方式管理暂行办法》第三十二条规定："除资格性检查认定错误、分值汇总计算错误、分项评分超出评分标准范围、客观分评分不一致、经磋商小组一致认定评分畸高、畸低的情形外，采购人或者采购代理机构不得以任何理由组织重新评审。采购人、采购代理机构发现磋商小组未按照磋商文件规定的评审标准进行评审的，应当重新开展采购活动，并同时书面报告本级财政部门。采购人或者采购代理机构不得通过对样品进行检测、对供应商进行考察等方式改变评审结果。"

综上所述，采购人或采购代理机构应当组织原谈判小组、询价小组、磋商小组按照谈判文件、询价通知书、磋商文件中载明的评审办法和标准，对原评审意见中资格性检查是否正确，分值汇总和政策功能价格计算是否有误、分项评分是否超出评分标准范围、客观分评分是否一致、是否存在评分畸高或畸低现象进行重新评审等。

二、重新开展采购活动

在采购活动中，由于评审组织成员自身或者评审时间、相关资料等主客观原因，都可能造成评审出现错误。采购人或者采购代理机构在评审结束后发现评审存在错误，除法定情形下可以重新评审的情形外，对于其他情况，采购人或者采购代理机构不得以任何理由组织重新评审，避免了采购人或采购代理机构以供应商质疑为由，随意重新组织评审，改变评审结果的做法，用制度限制了采购代理机构或采购人自由裁量权过大的问题。其正确的处理方法是提请本级财政部门依法对评审结果进行监督检查。根据《政府采购法》规定，政府采购监督管理部门应当加强对政府采购活动的监督检查，包括采购范围、采购方式和采购程序的执行情况，以及政府采购人员的职业素质和专业技能等。采购人或者采购代理机构发现评审错误后，应当及时向本级财政部门报告，由财政部门依法审查评审活动，对发现的错误依法予以纠正。

【疑难解析】

1. 发现评委打分畸高或畸低，应如何处理？

实践中，如果评委对某供应商打分畸高或畸低，可能有徇私情形，作为采购人，可予以提醒纠正，如果评委执意如此，采购人或者采购代理机构在专家徇私评审时，有权重新开展采购活动，赋予其救济途径。设计这一制度，也要防范采购人或者采购代理机构以此为借口，取消本来公平但是没有达到其倾向性意见的评审结果，重新开展采购活动，当然财政部门应当通过强化监管来予以杜绝这种行为。

2. 经重新评审认定原评审报告中存在错误时，后续应如何处理？

经重新评审认定原评审报告中存在错误的，应当纠正错误。因重新评审改变原成交结果的，采购人或采购代理机构应当按照《政府采购法实施条例》第四十四条的规定执行，即：除国务院财政部门规定的情形外，采购人、采购代理机构不得以任何理由组织重新评审。采购人、采购代理机构按照国务院财政部门的规定组织重新评审的，应当书面报告本级人民政府财政部门。这里强调的是"书面报告"，财政部门按照《国家行政机关公文处理办法》（国发〔2000〕23 号）规定处理，并不需要审批、审核等。

第二十二条　改变成交结果和拒签政府采购合同

【条文原文】

第二十二条　除不可抗力等因素外，成交通知书发出后，采购人改变成交结果，或者成交供应商拒绝签订政府采购合同的，应当承担相应的法律责任。

成交供应商拒绝签订政府采购合同的，采购人可以按照本办法第三十六条第二款、第四十九条第二款规定的原则确定其他供应商作为成交供应商并签订政府采购合同，也可以重新开展采购活动。拒绝签订政府采购合同的成交供应商不得参加对该项目重新开展的采购活动。

【条文主旨】

本条对采购人改变成交结果和成交供应商拒签政府采购合同如何处理作出具体规定。

【条文解读】

政府采购活动最后结果都是确定成交供应商，并书面通知供应商。成交通知书发出即意味着采购人确定了成交供应商，作出了承诺，对采购人和成交供应商都具有法律约束力。根据《政府采购法》第四十六条规定，采购人与中标、成交供应商应当在中标、成交通知书发出之日起三十日内，按照采购文件确定的事项签订政府采购合同。在成交通知书发出后，采购人不得改变成交结果，成交供应商也不得放弃成交项目。成交通知书发出后，采购人改变成交结果的，或者成交供应商放弃成交项目的，应当依法承担法律责任，如不退还其保证金，并赔偿采购人的其他损失。

一、成交供应商拒签合同的常见表现形式

在政府采购实践中，供应商被确定为成交供应商之后，拒绝与采购人签订合同的现象时有发生。供应商明知拒签合同要承担不予退还保证金的风险，也可能依然选择放弃的原因主要有以下几点：一是因市场行情发生变化或者成交供应商对项目谈判文件、询价通知书或采购需求、合同条件的理解出现偏差或者响应发生失误，响应的报价太低且低于自身企业成本。如果按照响应的方案及报价等签订合同并履约，供应商将无利可图甚至出现亏损，远超过采购保证金的数额，因而宁愿放弃合同。二是成交供应商因受胁迫，不得已放弃合同。例如，采购人对成交供应商不满意或对第二名成交候选人有倾向性，在成交结果公示期间或发出成交通知书后，采用明示或暗示的方式对成交供应商施加影响，利用自身的主动地位或者以签约后不予配合等作为威胁，迫使供应商放弃合同。三是成交供应商与采购人、采购代理机构或者其他成交候选人串通，为了让报价更高的或者采购人所倾向的其他成交候选人能递补成交而主动放弃签订合同。四是因发生了不可抗力导致成交供应商因不能履行合同而放弃签订合同。不可抗力是指不能预见、不能避免并不能克服的客观情况，包括自然灾害和社会突发事件。例如地震、海啸、瘟疫、水灾、骚乱、暴动、战争等[○]。只有因不可抗力因素导致不能签订合同的情形可以免责，其他情形下拒绝签订政府采购合同的，都应当承担相应的法律责任。

除了成交供应商直接而明确地表示其拒绝与采购人签订合同外，供应商拒签合同的常见表现形式还有以下几个：成交供应商在合同签订时向采购人提出非法的附加条件，例如借故要求修改合同标的内容、提高价格、降低质量标准、延长交货期等成交的实质性内容；成交供应商无正当理由而拖延推脱，未在成交通知书要求的签约时间前与采购人签订合同；采购文件要求在合同签订前提交履约保证金，成交供应商无故拖延甚至拒不提交履约保证金等。出现上述任一情形，都可以视为成交供应商拒绝与采购人签订合同[○]。

二、成交供应商拒绝签订政府采购合同的，采购人可以依序递补其他成交供应商，也可以重新开展采购活动

成交供应商拒绝签订合同的，为了确保采购效率，采购人可以依据《办法》有关条款规定的原则，按照评审报告提出的成交候选人名单排序，确定下一候选

○ 财政部国库司、财政部政府采购管理办公室、财政部条法司、国务院法制办公室财金司：《中华人民共和国政府采购法实施条例释义》，中国财政经济出版社，第165页。

○ 财政部国库司、财政部政府采购管理办公室、财政部条法司、国务院法制办公室财金司：《中华人民共和国政府采购法实施条例释义》，中国财政经济出版社，第165～166页。

人为成交供应商，也可以重新开展采购活动。之所以规定给采购人两种选择，没有将"递补成交"作为首选项，是因为实践中成交供应商拒签合同的情形比较复杂。为了防止少数不法供应商恶意利用递补成交这一制度谋取不正当利益（如第一、第二成交候选人报价差距较大，双方相互串通，第一成交候选人主动放弃，然后两供应商分享差价），有必要由采购人区分成交供应商拒签合同的不同情形，酌情进行选择，但这一权利不得滥用。因此，是依次替补还是重新采购由采购人自主决定。排名第一的候选人放弃成交，采购人可以按照评审机构提出的候选人名单排序依次确定其他候选人为成交供应商。依次确定其他候选人与成交供应商预期差距较大，或者对采购人明显不利的，采购人可以重新开展采购[⊖]活动。

三、重新开展采购活动的情形

所谓重新开展采购活动，是指一个采购项目的采购活动失败或其他原因使其采购活动无法按正常的程序进行，该采购项目需要从头再开始采购活动的行为。《政府采购法实施条例》第四十九条、第七十一条规定了重新开展采购活动的情形。《政府采购法实施条例》第四十九条规定："中标或者成交供应商拒绝与采购人签订合同的，采购人可以按照评审报告推荐的中标或者成交候选人名单排序，确定下一候选人为中标或者成交供应商，也可以重新开展政府采购活动。"《政府采购法实施条例》第七十一条规定："有政府采购法第七十一条、第七十二条规定的违法行为之一，影响或者可能影响中标、成交结果的，依照下列规定处理：（一）未确定中标或者成交供应商的，终止本次政府采购活动，重新开展政府采购活动。（二）已确定中标或者成交供应商但尚未签订政府采购合同的，中标或者成交结果无效，从合格的中标或者成交候选人中另行确定中标或者成交供应商；没有合格的中标或者成交候选人的，重新开展政府采购活动。（三）政府采购合同已签订但尚未履行的，撤销合同，从合格的中标或者成交候选人中另行确定中标或者成交供应商；没有合格的中标或者成交候选人的，重新开展政府采购活动。（四）政府采购合同已经履行，给采购人、供应商造成损失的，由责任人承担赔偿责任。政府采购当事人有其他违反政府采购法或者本条例规定的行为，经改正后仍然影响或者可能影响中标、成交结果或者依法被

⊖ 财政部国库司、财政部政府采购管理办公室、财政部条法司、国务院法制办公室财金司：《中华人民共和国政府采购法实施条例释义》，中国财政经济出版社，第166页。

认定为中标、成交无效的，依照前款规定处理。"

《政府采购质疑和投诉办法》（财政部令第94号）也有关于重新开展采购活动的规定，该办法第三十一条规定："投诉人对采购文件提起的投诉事项，财政部门经查证属实的，应当认定投诉事项成立。经认定成立的投诉事项不影响采购结果的，继续开展采购活动；影响或者可能影响采购结果的，财政部门按照下列情况处理：（一）未确定中标或者成交供应商的，责令重新开展采购活动。（二）已确定中标或者成交供应商但尚未签订政府采购合同的，认定中标或者成交结果无效，责令重新开展采购活动。（三）政府采购合同已经签订但尚未履行的，撤销合同，责令重新开展采购活动。（四）政府采购合同已经履行，给他人造成损失的，相关当事人可依法提起诉讼，由责任人承担赔偿责任。"该办法第三十二条规定："投诉人对采购过程或者采购结果提起的投诉事项，财政部门经查证属实的，应当认定投诉事项成立。经认定成立的投诉事项不影响采购结果的，继续开展采购活动；影响或者可能影响采购结果的，财政部门按照下列情况处理：（一）未确定中标或者成交供应商的，责令重新开展采购活动。（二）已确定中标或者成交供应商但尚未签订政府采购合同的，认定中标或者成交结果无效。合格供应商符合法定数量时，可以从合格的中标或者成交候选人中另行确定中标或者成交供应商的，应当要求采购人依法另行确定中标、成交供应商；否则责令重新开展采购活动。（三）政府采购合同已经签订但尚未履行的，撤销合同。合格供应商符合法定数量时，可以从合格的中标或者成交候选人中另行确定中标或者成交供应商的，应当要求采购人依法另行确定中标、成交供应商；否则责令重新开展采购活动。（四）政府采购合同已经履行，给他人造成损失的，相关当事人可依法提起诉讼，由责任人承担赔偿责任。投诉人对废标行为提起的投诉事项成立的，财政部门应当认定废标行为无效。"

《财政部关于进一步规范政府采购评审工作有关问题的通知》（财库〔2012〕69号）也有要求，即：评审委员会发现采购文件存在歧义、重大缺陷导致评审工作无法进行，或者采购文件内容违反国家有关规定的，要停止评审工作并向采购人或采购代理机构书面说明情况，采购人或采购代理机构应当修改采购文件后重新组织采购活动。

政府采购活动是否应从头开始，要具体情况具体分析，目前规定在以下几种情形时，应重新开展采购活动：一是当采购活动"终止"后（非采购任务取消），应重新开展采购活动；二是成交供应商拒绝与采购人签订合同的，也可以重新组织采购活动；三是采购活动中有违法行为影响或者可能影响中标、成交结果的，未确定中标或者成交供应商的，"终止"本次政府采购活动，重新开展政府采购活动。

四、对拒签合同的供应商的制裁措施

根据《政府采购法实施条例》第七十二条规定，中标或成交供应商无正当理由拒不与采购人签订政府采购合同的，将要被依法追究相应的法律责任。上面所列举的成交供应商拒签合同的几种常见情形多数都涉及违法违规行为，显然不能成为成交供应商拒签合同的"正当理由"。《民法典》第五百六十三条规定，因不可抗力致使不能实现合同目的的，当事人可以解除合同。《民法典》第五百九十条规定，因不可抗力不能履行合同的，根据不可抗力的影响，部分或者全部免除责任。可见，不可抗力的影响属于《政府采购法实施条例》第七十二条所规定的成交供应商拒签合同的"正当理由"。

《政府采购竞争性磋商采购方式管理暂行办法》第三十三条也规定，成交供应商拒绝签订政府采购合同的，采购人可以按照本办法第二十八条第二款规定的原则确定其他供应商作为成交供应商并签订政府采购合同，也可以重新开展采购活动。拒绝签订政府采购合同的成交供应商不得参加对该项目重新开展的采购活动。

【疑难解析】

1. 市场行情变化能否作为成交供应商拒签合同的"正当理由"？

对这一问题，情况则较为复杂，需要具体问题具体分析，看是否构成情势变更而减责或免责。市场行情变化或者一般的报价失误等属于政府采购过程中的正常商业风险，并不能成为供应商拒签合同的免责理由。《民法典》第五百三十三条规定："合同成立后，合同的基础条件发生了当事人在订立合同时无法预见的、不属于商业风险的重大变化，继续履行合同对于当事人一方明显不公平的，受不利影响的当事人可以与对方重新协商；在合理期限内协商不成的，当事人可以请求人民法院或者仲裁机构变更或者解除合同。人民法院或者仲裁机构应当结合案件的实际情况，根据公平原则变更或者解除合同。"根据上述法律条款精神，如果市场行情发生重大变化，当事人利益发生重大调整，如果按照原成交结果订立政府采购合同将导致当事人权利义务严重失衡，对一方明显不公平的，构成"情势变更"，视为具有"合理理由"，双方应协商解决，不宜追究供应商拒签合同的法律责任。

2. 成交供应商拒绝签订政府采购合同时，采购人依序递补其他成交供应商成交，还是重新开展采购活动，实务中应考虑哪些因素？

首先，应从递补成交的正当性方面加以考虑，即由下一成交候选人递补成交不违背政府采购公平、公正、诚实信用的基本原则和社会公序良俗。如果下一成交候选人与成交供应商、采购人、采购代理机构之间存在串通行为，或者为了自己能递补成交而恶意进行质疑、投诉，或者在采购活动中存在其他不正当行为，那么采购人就不应当选择由其递补成交。

其次，应从采购的经济性方面加以权衡。采购人应调查采购标的的市场行情，掌握采购标的的真实价格，根据不同情况分别作出处理，对第一成交候选人报价太低，第二成交候选人报价利润空间相对合理，符合市场实际时，可依次替补第二成交候选人；对成交人为达到非法目的而出现拒签合同情况的，应及时查处，并责令重新组织采购，真正实现物有所值的采购目标。如果下一成交候选人的报价（或整体方案的经济性）与原成交供应商相差不大，为了节约采购时间和成本，可以优先选择递补成交。如果下一成交候选人的报价（或整体方案的经济性）与原成交供应商相差较大，由其成交在经济上对采购人明显不利时，采购人应当优先选择重新开展采购活动。

最后，应从采购的效率性方面加以考虑。如果重新采购的时间不能满足采购人需要的，那么应当选择递补成交。如果重新采购的时间能够满足采购人需要的，那么采购人可以综合权衡经济和效率因素，作出对其更有利的选择。

第二十三条　终止采购活动

【条文原文】

第二十三条　在采购活动中因重大变故，采购任务取消的，采购人或者采购代理机构应当终止采购活动，通知所有参加采购活动的供应商，并将项目实施情况和采购任务取消原因报送本级财政部门。

【条文主旨】

本条对当采购活动中因重大变故采购任务取消时终止采购活动作出规定。

【条文解读】

政府采购项目一经确立，原则上应当履行全部采购程序，不能擅自取消。但在特定情况下，已经确立的采购项目或者已经开始采购的采购项目，有合理理由必须要取消，这些特定情况包括：因国家经济政策调整，压缩支出等政策因素导致采购预算调整、规划变更，取消了原定的采购项目；或者因发生不可抗力等原因，导致原采购活动没有必要继续进行或者不可能再按照原计划采购的，只好取消采购任务。再如，某些配套资金项目，涉及部分融资，在采购过程中采购人得知融资部分不能到位时也只能取消。

根据《政府采购法》第三十六条规定，在招标采购活动中，因重大变故，采购任务取消的，应当废标。废标后，采购人应当将废标理由通知所有投标人。在采购实践中，不但是招标活动存在上述情形，在非招标方式的政府采购活动中，因上述原因取消采购任务的情形也是难免，此时采购人或者采购代理机构应当终止采购活动。本条就适应这种情形具体规定了处理办法。

采购人如果取消采购任务、终止采购活动的，应当通知所有参加采购活动的供应商，这是为了保护政府采购当事人的合法权益，同时应当将项目实施情况和采购任务取消原因报送本级财政部门，其中也有接受财政部门对采购人是否滥用废标权或终止采购活动的权利进行监督的考虑。因此，采购人作出终止采购活动的决定必须严格按照《办法》的规定执行，也就是确实有合理的理由不得不取消采购任务时，才可以终止采购活动，必须做到慎重、准确。凡是不属于或者不符合《办法》规定的情形，不能采取终止采购活动处理。对发现超越《办法》规定情形采取终止采购活动措施的，财政部门有权责令有关采购人撤销终止采购活动决定，继续采购，同时依照有关规定予以查处。

《政府采购竞争性磋商采购方式管理暂行办法》第三十五条也规定，在采购活动中因重大变故，采购任务取消的，采购人或者采购代理机构应当终止采购活动，通知所有参加采购活动的供应商，并将项目实施情况和采购任务取消原因报送本级财政部门。

【疑难解析】

非招标采购项目终止采购的，采购人是否应该退还采购文件费用或者保证金？

采购人或者采购代理机构决定终止采购活动的，应当向供应商及时退还收取的采购文件费用或者保证金及其银行利息。《办法》虽然对此没有明确规定，但是根据诚实信用、公开透明等原则，可以参照《政府采购货物和服务招标投标管理办法》（财政部令第 87 号）第二十九条规定办理，该条第二款规定："终止招标的，采购人或者采购代理机构应当及时在原公告发布媒体上发布终止公告，以书面形式通知已经获取招标文件、资格预审文件或者被邀请的潜在投标人，并将项目实施情况和采购任务取消原因报告本级财政部门。已经收取招标文件费用或者投标保证金的，采购人或者采购代理机构应当在终止采购活动后 5 个工作日内，退还所收取的招标文件费用和所收取的投标保证金及其在银行产生的孳息。"

第二十四条　合同履约验收

【条文原文】

第二十四条　采购人或者采购代理机构应当按照采购合同规定的技术、服务等要求组织对供应商履约的验收，并出具验收书。验收书应当包括每一项技术、服务等要求的履约情况。大型或者复杂的项目，应当邀请国家认可的质量检测机构参加验收，验收方成员应当在验收书上签字，并承担相应的法律责任。

【条文主旨】

本条对政府采购合同履行结果如何进行验收作出专门规定。

【条文解读】

政府采购项目的验收是指在政府采购合同执行过程中或执行完毕后，采购人对政府采购合同执行的阶段性结果或最终结果进行检验和评估。履约验收是对供应商履行合同情况的检查和审核，是检验采购质量的关键环节。做好验收工作，可以检验供应商的履约能力和信誉。如果出现质量问题，可以根据合同相关条款的规定，及时处理，从而保护采购人的合法权益。《政府采购法》第四十一条规定，采购人或者其委托的采购代理机构应当组织政府采购供应商履约的验收。《政府采购法实施条例》第四十五条规定，采购人或者采购代理机构应当按照政府采购合同规定的技术、服务、安全标准组织对供应商履约情况进行验收，并出具验收书。验收书应当包括每一项技术、服务、安全标准的履约情况。政府向社会公众提供的公共服务项目，验收时应当邀请服务对象参与并出具意见，验收结果应当向社会公告。《办法》在上述规定基础上，对非招标采购活动的履约验收制度再次进行强调。

一、采购人应当重视对供应商的履约验收

《民法典》第五百零九条第一款规定："当事人应当按照约定全面履行自己的义务。"因此，供应商作为采购合同的当事人，应当按照合同约定的内容来履行自身相应的义务，采购人或者采购代理机构对供应商的履约情况进行验收，实际上起到一种监督管理的作用，督促供应商能够最大程度完成合同约定的事项，也能保证采购合同的顺利履行。实践中依然存在着重采购立项和采购过程、轻合同验收，重资金的申请和支付、轻采购结果评价的现象，造成采购达不到预期效果，甚至纵容供应商提供假货或盗版产品，违背了政府采购的目的。多年的实践提醒我们，履约验收必须成为采购人高度重视的工作。采购人要严格按照《政府采购法》《政府采购法实施条例》和《办法》的规定，依法组织履约验收工作。采购人应当根据采购项目的具体情况，自行组织项目验收或者委托采购代理机构验收。采购人委托采购代理机构进行履约验收的，应当对验收结果进行书面确认。无论是简单的货物项目还是复杂的服务和工程项目，都要将验收作为政府采购的重要和必经环节，认真组织验收，并出具验收书。当采购人将政府采购合同的履约验收委托给采购代理机构时，采购代理机构应当在委托事项范围内，按照法律规定完成合同履约验收工作。

验收应当是对供应商履约情况的实质性验收。采购人或者采购代理机构应当成立验收小组，必要时应聘请专业人员，并根据采购项目实际编制验收方案，按照政府采购合同规定的技术、服务、安全标准等以及供应商的响应文件，组织对供应商履约情况逐项进行验收。验收前要按照合同编制验收程序和验收表格，将所有技术、服务和安全标准条款列入表格中。验收时，应当按照采购合同的约定对每一项技术、服务、安全标准的履约情况进行确认。验收结束后，应当出具验收书，列明各项标准的验收情况及项目总体评价，由验收双方共同签署。验收结果应当与采购合同约定的资金支付及履约保证金返还条件挂钩。履约验收的各项资料应当存档备查。

二、关于验收书

验收完毕后，验收小组应出具验收书。验收书应当包括每一项技术、服务、安全标准的履约情况，这是验收书包含的最基本内容，必须写明。这里的安全标准不仅指的是采购项目本身的安全标准，也要考虑到国家安全、公共安全等。规定验收书法定包含的内容，就是要求采购人、采购代理机构组织验收时，应当对供应商履约情况进行实质性的验收，而不仅仅是形式上的验收[一]。

三、关于验收方成员

根据《政府采购法》规定，大型或者复杂的政府采购项目，应当邀请国家认可的质量检测机构参加验收工作，本条对此规定再次进行重申强调。实践中，不仅质量检测机构参加对验收有益，邀请其他未成交的供应商参与，实行同业监督也能起到很好的作用。相对于采购人，参与采购活动的供应商对采购标的的技术条件、市场情况和合同履行中可能的风险点更加熟悉，参加验收更容易发现履约中存在的问题，监督的作用更直接，效果也更加明显，能促使采购结果更经得起各方检验。需要注意的是，与质量检测机构参与验收不同，供应商不应当是验收方成员，也没有参与项目履约验收的义务。因此，验收时，未成交供应商的意见只能作为验收的参考材料[二]。

还需说明的是，《政府采购竞争性磋商采购方式管理暂行办法》对竞争性磋商项目的履约验收未作出专门规定，但应按照《政府采购法实施条例》的规定进行履约验收。

【疑难解析】

1. 履约验收方案的内容有哪些？

根据《财政部关于进一步加强政府采购需求和履约验收管理的指导意见》

[一] 李显东、魏昕：《〈政府采购法实施条例释义〉条文理解与案例适用》，电子工业出版社，第141页。

[二] 财政部国库司、财政部政府采购管理办公室、财政部条法司、国务院法制办公室财金司：《中华人民共和国政府采购法实施条例释义》，中国财政经济出版社，第152页。

（财库〔2016〕205号）规定，采购人或其委托的采购代理机构应当根据项目特点制定验收方案，明确履约验收的时间、方式、程序等内容。技术复杂、社会影响较大的货物类项目，可以根据需要设置出厂检验、到货检验、安装调试检验、配套服务检验等多重验收环节；服务类项目，可根据项目特点对服务期内的服务实施情况进行分期考核，结合考核情况和服务效果进行验收；工程类项目应当按照行业管理部门规定的标准、方法和内容进行验收。

2. 履约验收结果对合同履行有什么影响？

根据《财政部关于进一步加强政府采购需求和履约验收管理的指导意见》（财库〔2016〕205号）规定，验收合格的项目，采购人应当根据采购合同的约定及时向供应商支付采购资金、退还履约保证金。验收不合格的项目，采购人应当依法及时处理。采购合同的履行、违约责任和解决争议的方式等适用《民法典》。供应商在履约过程中有政府采购法律法规规定的违法违规情形的，采购人应当及时报告本级财政部门。

3. 政府向社会公众提供的公共服务项目采用非招标方式采购的，是否应该邀请服务对象参与验收？

根据《政府采购法实施条例》第四十五条规定，政府向社会公众提供的公共服务项目，不论采用何种采购方式，验收时都应当邀请服务对象参与并出具意见，验收结果应当向社会公告，这是因为向社会公众提供的公共服务项目，不仅涉及面广，往往还涉及普通民众的切身利益，社会的关注程度更高。同时，公共服务项目的验收不同于货物和其他标准服务项目，无法按照每一项技术、服务、安全标准一一对应验收，履约质量的好坏要通过服务受益对象的切身体会来体现。同时，邀请服务受益对象参与验收，也有利于更好地让社会公众参与监督。

《财政部关于进一步加强政府采购需求和履约验收管理的指导意见》（财库〔2016〕205号）要求完善验收方式，对于采购人和使用人分离的采购项目，应当邀请实际使用人参与验收。采购人、采购代理机构可以邀请参加本项目的其他供应商或第三方专业机构及专家参与验收，相关验收意见作为验收书的参考资料。政府向社会公众提供的公共服务项目，验收时应当邀请服务对象参与并出具意见，验收结果应当向社会公告。

《财政部关于推进和完善服务项目政府采购有关问题的通知》 （财库

〔2014〕37号）根据现行政府采购品目分类，按照服务受益对象将服务项目分为三类：第一类为保障政府部门自身正常运转需要向社会购买的服务。如公文印刷、物业管理、公车租赁、系统维护等。第二类为政府部门为履行宏观调控、市场监管等职能需要向社会购买的服务。如法规政策、发展规划、标准制定的前期研究和后期宣传、法律咨询等。第三类为增加国民福利、受益对象特定，政府向社会公众提供的公共服务。包括：以物为对象的公共服务，如公共设施管理服务、环境服务、专业技术服务等；以人为对象的公共服务，如教育、医疗卫生和社会服务等。该通知规定："采购人或者集中采购机构应当按照采购合同规定组织履约验收，并出具验收书，验收书应当包括每一项服务要求的履约情况。第二类服务项目，供应商提交的服务成果应当在政府部门内部公开。第三类服务项目，验收时可以邀请第三方评价机构参与并出具意见，验收结果应当向社会公告。以人为对象的公共服务项目，验收时还应按一定比例邀请服务对象参与并出具意见。"

第二十五条　对评审工作保密

【条文原文】

第二十五条　谈判小组、询价小组成员以及与评审工作有关的人员不得泄露评审情况以及评审过程中获悉的国家秘密、商业秘密。

【条文主旨】

本条对评审人员以及有关人员对评审工作进行保密作出规定。

【条文解读】

参加竞争性谈判、询价的评审工作人员是采购活动中评判供应商的裁判员，具有良好的职业操守是对评审工作人员的基本要求。保密义务是评审工作人员应履行的其中一项最基本的义务，也是对评审工作人员最基本的要求。

一、保密义务

《政府采购法实施条例》第四十条第一款规定："政府采购评审专家应当遵

守评审工作纪律，不得泄露评审文件、评审情况和评审中获悉的商业秘密。"这是对评审专家评审工作的一般义务性规定，要求评审专家在评审过程中必须要遵守评审纪律、保密义务。评审专家在评审工作中，应当遵守评审工作纪律，不能泄露评审文件、评审情况以及在评审中获悉的商业秘密。非但是评审专家，包括谈判小组、询价小组成员中的采购人和采购代理机构派出的代表，以及其他与评审工作有关有可能接触评审工作的人员（如采购代理机构的工作人员）也应遵守保密义务，这是一项评审工作纪律要求，有利于保证评审工作的严肃性、公正性，确保评审专家得出公正客观的评审结果，推动采购工作的顺利进行。

为了维护评审工作严肃性，确保评审专家免受职业风险伤害，采购人或者采购代理机构也应当根据《政府采购法》的相关规定，制定评审纪律，评审专家和其他参加评审的人员都应当遵守。评审纪律包括评审应在严格保密的情况下进行，无关人不得进入评审现场，禁止对外提供与评审有关情况，禁止将评审资料带出评审场所，保守评审中获悉的商业秘密等，要求任何接触了解评审情况以及在评审过程中获悉的商业秘密负有保密责任。同时，评审专家是以个人身份参加评审工作，不仅不能将评审情况向未参加评审的亲朋好友透露，也不能向未参加评审的各级领导透露。

二、评审机构成员不得透露评审的有关情况

（1）对评审过程保密。评审工作人员和参与评审的其他人员由于其工作的特殊性，对评审的有关情况比较了解，尤其要注意遵守保密的规定。如果任由其随意泄露响应文件的评审和比较、候选人的推荐情况等，可能对采购人的评审工作带来被动，也是对其他评审专家的不负责任。

（2）对供应商的响应文件保密。如果将供应商不希望其他竞争对手知道的任何交易资料或者其他资料等（包括响应文件、澄清、解释说明等）泄露给其他供应商，则对被泄密的供应商来讲是不公平的；另外，这也会使评审工作人员滥用评审程序，使供应商失去对评审过程的信任。因此，在未宣布将合同授予成交供应商之前，不可将有关评审、解释以及授标建议有关情况，透露给任何与这些环节无关的单位或个人。

第二十六条　保管采购文件

【条文原文】

第二十六条　采购人、采购代理机构应当妥善保管每项采购活动的采购文件。采购文件包括采购活动记录、采购预算、谈判文件、询价通知书、响应文件、推荐供应商的意见、评审报告、成交供应商确定文件、单一来源采购协商情况记录、合同文本、验收证明、质疑答复、投诉处理决定以及其他有关文件、资料。采购文件可以电子档案方式保存。

采购活动记录至少包括下列内容：

（一）采购项目类别、名称；

（二）采购项目预算、资金构成和合同价格；

（三）采购方式，采用该方式的原因及相关说明材料；

（四）选择参加采购活动的供应商的方式及原因；

（五）评定成交的标准及确定成交供应商的原因；

（六）终止采购活动的，终止的原因。

【条文主旨】

本条对采购人、采购代理机构应当妥善保管采购文件及采购活动记录内容作出规定。

【条文解读】

《政府采购法》第四十二条规定："采购人、采购代理机构对政府采购项目每项采购活动的采购文件应当妥善保存，不得伪造、变造、隐匿或者销毁。采购文件的保存期限为从采购结束之日起至少保存十五年。采购文件包括活动记录、采购预算、招标文件、投标文件、评标标准、评估报告、定标文件、合同文件、验收证明、质疑答复、投诉处理决定及其他有关文件、资料。采购活动记录至少应当包括下列内容：（一）采购项目类别、名称；（二）采购项目预算、资金构成和合同价格；（三）采购方式，采用公开招标以外的采购方式的，应当载明原因；（四）邀请和选择供应商的条件及原因；（五）评标标准及确定中标人的原因；（六）废标的原因；（七）采用招标以外采购方式的相应记载。"《办法》结合非招标方式采购活动的特点和实际，对采购文件的组成及其中采购活动记录的内容进行了明确和细化规定。

一、保管采购文件的目的

采购文件是反映采购活动各类文书的总称，是反映采购活动过程及各项决策的记录。保管采购文件是国际通行做法，如世界贸易组织《政府采购协议》规定，各缔约方采购机构应当将反映采购活动的文件保存三年，目的是便于做好统计工作，以及在供应商提出投诉时向有关机构提供证据。因此，采购人附有完整保管采购文件的义务和责任。完整妥善地保管采购文件，可以为政府采购的统计分析、总结经验教训、接受监督检查、处理纠纷等项工作提供客观依据。

二、保管采购文件的主体

有义务保管采购文件的主体是指采购人和采购代理机构。其中，采购代理机构应当包括集中采购机构和社会采购代理机构。这些主体在每项采购活动结束后，应当对涉及该采购项目所有的已经形成的采购文件进行妥善保管，不得隐匿或者自行销毁。采购文件应当全面、如实保管，不得伪造和变造。如果在采购过程中，应当形成采购文件却因客观原因没有形成的，应当如实记录。总之，采购人和采购代理机构保管的采购文件，要做到完整和真实可靠。

三、采购文件的构成

《政府采购法》规定了应当依法保管的采购文件名录。结合非招标采购方式的实际，《办法》规定采购文件包括采购活动记录、采购预算、谈判文件、询价通知书、响应文件、推荐供应商的意见、评审报告、成交供应商确定文件、单一来源采购协商情况记录、合同文本、验收证明、质疑答复、投诉处理决定以及其他有关文件、资料。采购文件还应包括其他有关文件、资料，如采购人或者集中采购机构制定的采购文件修改、补充材料，采购人与采购代理机构签订的委托代理协议书等。

四、采购文件的形式

传统采用纸质方式的采购活动，其采购文件是纸质形式，但是在广泛推行"互联网＋采购"的电子采购新形势下，越来越多的政府采购活动采用了电子方式，故实施电子采购的采购文件应当以电子档案方式保存。政府采购档案资料内容多，需要保管的时间长，纸质档案保管不便，保管成本高。随着采购活动中电子化水平的不断提高，采购文件以电子档案方式保存变得势在必行。电子档案是指以数据电文形式储存的档案。《政府采购法实施条例》第四十六条规定："政府采购法第四十二条规定的采购文件，可以用电子档案方式保存。"国家档案局也出台了电子档案管理的办法。

五、保管采购文件的期限

《政府采购法》规定，采购文件的保管期限为从采购结束之日起至少保管十五年。规模大、价值高、性能复杂的采购项目，采购文件保管的时间应当更长一些。

六、关于采购活动记录

采购活动记录是指采购人或者采购代理机构在采购活动结束后撰写的采购活动情况报告。《政府采购法》第四十二条规定了采购活动记录中至少应当包括的内容。

本条第二款结合非招标方式采购活动的实际，规定采购活动记录至少包括下列内容：①采购项目类别、名称，即要求说明本采购项目是货物、服务还是工程类别的项目，并完整表述具体项目名称。②采购项目预算、资金构成和合同价格，要求载明采购项目的预算总额、资金来源以及最后确定的合同价格。③采购方式，采用该方式的原因及相关说明材料，要求说明该项目实际采取的采购方式。没有采取公开招标方式的，要说明选择其他采购方式的原因，并附相关说明材料。④选择参加采购活动的供应商的方式及原因。没有采取公开招标采购方式的，要说明邀请供应商的具体方式、供应商应当具备的资格及原因。⑤评定成交的标准及确定成交供应商的原因，要求说明该采购项目采用的评标标准和确定成交供应商的理由。⑥终止采购活动的，终止的原因。如果该采购项目在执行中出现过采购终止情况，应当说明其理由。此外，还可以包括其他记录，比如谈判小组或者询价小组人员构成情况、谈判或者询价过程、无效报价等基本情况。

需要注意的是，为落实本条规定，采购人和采购代理机构应建立采购文件档案管理制度，全面保存每项采购活动的采购文件，要保证采购文件的完整性、安全性和保密性。要加强采购文件的安全管理，防止调换、遗失、损坏等情况的发生。采购文件中的供应商响应文件，因涉及供应商的商业秘密，没有得到有关方面的许可，不得对外提供，同时还要接受财政等部门的监督检查。按照《政府采购法》第七十六条规定，采购人、采购代理机构隐匿、销毁应当保存的采购文件或者伪造、变造采购文件的，由政府采购监督管理部门处以二万元以上十万元以下的罚款，对其直接负责的主管人员和其他直接责任人员依法给予处分；构成犯罪的，依法追究刑事责任。

对于竞争性磋商项目而言，也应按照《政府采购法》第四十二条规定，做好采购文件保管和采购活动记录工作。

【疑难解析】

政府采购活动电子档案应当符合哪些要求？

政府采购活动电子档案应符合《中华人民共和国档案法》，同时还应符合《中华人民共和国电子签名法》的规定，主要包括以下几方面内容：

（1）数据电文满足原件形式要求。《中华人民共和国电子签名法》第五条规定，符合下列条件的数据电文，视为满足法律、法规规定的原件形式要求：能够有效地表现所载内容并可供随时调取查用；能够可靠地保证自最终形成时起，内容保持完整、未被更改。但是，在数据电文上增加背书以及数据交换、储存和显示过程中发生的形式变化不影响数据电文的完整性。

（2）数据电文满足文件保存要求。《中华人民共和国电子签名法》第六条规定，符合下列条件的数据电文，视为满足法律、法规规定的文件保存要求：能够有效地表现所载内容并可供随时调取查用；数据电文的格式与其生成、发送或者接收时的格式相同，或者格式不相同但是能够准确表现原来生成、发送或者接收的内容；能够识别数据电文的发件人、收件人以及发送、接收的时间。

（3）采用电子方式采购的，谈判文件、询价通知书、响应文件、澄清变更文件等采购过程文件的数据电文签名要符合可靠电子签名的条件。可靠的电子签名是指电子签名同时符合下列条件：电子签名制作数据用于电子签名时，属于电子签名人专有；签署时电子签名制作数据仅由电子签名人控制；签署后对电子签名的任何改动能够被发现；签署后对数据电文内容和形式的任何改动能够被发现[一]。

　　[一]　财政部国库司、财政部政府采购管理办公室、财政部条法司、国务院法制办公室财金司：《中华人民共和国政府采购法实施条例释义》，中国财政经济出版社，第154～155页。

第三章　竞争性谈判

第二十七条　竞争性谈判的适用情形

【条文原文】

第二十七条　符合下列情形之一的采购项目，可以采用竞争性谈判方式采购：

（一）招标后没有供应商投标或者没有合格标的，或者重新招标未能成立的；

（二）技术复杂或者性质特殊，不能确定详细规格或者具体要求的；

（三）非采购人所能预见的原因或者非采购人拖延造成采用招标所需时间不能满足用户紧急需要的；

（四）因艺术品采购、专利、专有技术或者服务时间、数量事先不能确定等原因不能事先计算出价格总额的。

公开招标的货物、服务采购项目，招标过程中提交投标文件或者经评审实质性响应招标文件要求的供应商只有两家时，采购人、采购代理机构按照本办法第四条经本级财政部门批准后可以与该两家供应商进行竞争性谈判，采购人、采购代理机构应当根据招标文件中的采购需求编制谈判文件，成立谈判小组，由谈判小组对谈判文件进行确认。符合本款情形的，本办法第三十三条、第三十五条中规定的供应商最低数量可以为两家。

【条文主旨】

本条对竞争性谈判的几种适用情形作出专门规定。

【条文解读】

竞争性谈判是国际上政府采购中普遍运用的采购方式，也是我国《政府采购法》规定的政府采购法定方式之一。根据《政府采购法》规定，政府采购方式有公开招标、邀请招标、竞争性谈判、竞争性磋商、询价采购和单一来源采购。竞争性谈判，是指采购人或代理机构直接邀请多家供应商（不少于三家）就采购事宜进行谈判，最后从中确定成交供应商的一种采购方式。在某些特殊的情况下，源于采购对象的性质或采购形势的要求，采取公开招标并不是实现政府采购经济有效目标的最佳方式，因此需要其他采购方式来予以补充。其中，竞争性谈判具有操作周期短、形式灵活、供需双方可以充分交流、为采购方争取更大优惠等诸多优势，逐渐成为除公开招标、邀请招标外较为常用的采购方式。

一、竞争性谈判的适用情形

公开招标是默认的政府采购方式，其他采购方式在符合法律规定的条件下才可以使用。与公开招标采购方式相比，竞争性谈判具有较强的主观性，评审过程也难以控制，容易导致不公正交易，甚至滋生腐败。因此，必须对这种采购方式的适用条件加以严格限制并对谈判过程进行严格控制。

《政府采购法》第三十条规定了竞争性谈判采购方式及适用情形，即符合下列情形之一的货物或者服务，可以采用竞争性谈判方式采购：①招标后没有供应商投标或者没有合格标的或者重新招标未能成立的；②技术复杂或者性质特殊，不能确定详细规格或者具体要求的；③采用招标所需时间不能满足用户紧急需要的；④不能事先计算出价格总额的。《政府采购法实施条例》第二十六条补充规定："政府采购法第三十条第三项规定的情形，应当是采购人不可预见的或者非因采购人拖延导致的；第四项规定的情形，是指因采购艺术品或者因专利、专有技术或者因服务的时间、数量事先不能确定等导致不能事先计算出价格总额。"对《政府采购法》第三十条第三项、第四项竞争性谈判采购方式适用情形作出细化规定，目的是防止采购人或采购代理机构利用第三项、第四项规定规避公开招标。另外，政府采购工程以及与工程建设有关的货物、服务，采用招标方式采购的，根据招标投标法及其实施条例依法不进行招标的，应当依照政府采购法及其实施条例和《办法》规定的竞争性谈判或者单一来源采购方式采购。

《办法》与《政府采购法》第三十条、《政府采购法实施条例》第二十六条的规定衔接，明确规定了竞争性谈判的具体适用情形。

（1）招标后没有供应商投标或者没有合格标的，或者重新招标未能成立。主要指的是以下公开招标或邀请招标时招标失败的几种情形：①招标后没有供应商参与投标；②招标后参与投标的供应商没有达到法定的三家及以上，或者是投标供应商尽管达到了三家以上，但其中经过评审的合格的投标人不足三家导致竞争性不足而废标；③两次招标失败，再进行重新招标也不会有结果且重新招标不能成立的。上述几种情形下，招标活动已不能正常进行下去，只能改用其他采购方式。

（2）技术复杂或者性质特殊，不能确定详细规格或者具体要求。主要是指由于采购对象的技术含量和特殊性质所决定，采购人不能确定有关货物的详细规格，或者不能确定服务的具体要求的，如电子软件开发与设计，无法编制出具体的采购需求、技术规格，也就导致供应商难以编制出完全符合采购人要求的投标文件，最好的采购策略就是通过谈判来弥补上述不足，对采购需求、技术规格进行谈判沟通达成一致，确保采购人的采购需求得到满足，也能确保采购活动正常进行。

（3）非采购人所能预见的原因或者非采购人拖延造成采用招标所需时间不能满足用户紧急需要。政府采购是为了满足采购人的需求，既要考虑效益，也要考虑效率。招标采购有着严格的程序规定，一些环节规定了最低的时间限制，因而采购周期必然相对较长。由于公开招标采购周期较长，当采购人出现不可预见的因素或执行紧急采购任务急需采购时，无法按公开招标方式规定程序得到所需货物和服务，此时就需要利用竞争性谈判时间机动灵活、没有硬性规定的优势，通过竞争性谈判方式兼顾效益和效率的平衡，满足采购人的需求。

① 非采购人所能预见的原因，主要是指采购人开展有关工作时，无法提前预知可能会发生的情形。如因暴雨而临时损毁、需要紧急进行维修的工程等。如果采用公开招标方式采购，时间上来不及，将影响日常工作的正常运行。

② 非因采购人拖延导致的情形。主要是指紧急需要的产生并不是由于采购人的拖延，而是采购项目受到各方面特殊情况的影响以及项目本身情况发生改变等导致不能如期开展采购活动，但又急需的项目。由于采购人工作不力或故意拖延导致等原因，达到公开招标数额标准的采购项目不得采用公开招标方式

之外的方式实施采购。

与《政府采购法》相比，《办法》与《政府采购法实施条例》第二十六条的规定相同，在"采用招标所需时间不能满足用户紧急需要的"前增加了"非采购人所能预见的原因或者非采购人拖延造成"的限制条件。《办法》规定的上述这两类限制条件，主要是为了避免以招标时间不能满足紧急需要为由规避招标而滥用竞争性谈判方式进行采购，如项目达到公开招标的数额标准，但由于采购人工作不力或故意拖延等原因导致时间紧张，从而采取竞争性谈判等非公开招标以外的方式进行采购。

（4）因艺术品采购、专利、专有技术或者服务时间、数量事先不能确定等原因不能事先计算出价格总额。该条同样与《政府采购法实施条例》第二十六条的规定相同，在《政府采购法》规定的"不能事先计算出价格总额的"前增加了"因艺术品采购、专利、专有技术或者服务的时间、数量事先不能确定等原因"的限制条件。这些法定情形都具有一个共同的特点：没有准确的市场价格可供参照，价格具有不可确定性，因此很难事先计算出具体的价格总额。因服务的时间、数量事先不能确定导致事先不能计算出价格总额的情形，主要是指政府采购服务项目，特别是政府向社会力量购买公共服务的项目，如教育、医疗卫生、文化和社会服务等，往往会因服务的时间、数量等方面的原因，导致价格总额事先难以计算[1]。由于采购对象独特而又复杂，以前较少采购且缺乏成本信息，不易估算出价格总额，如果采用一次性报价的招标方式，根本无法公平地进行价格竞争和评价，反而是采用竞争性谈判方式能够争取到更有利的条件、更优惠的价格。因此，凡是符合上述任何一种情形的，允许不再使用公开招标采购方式，可以依照本条规定采用竞争性谈判方式来采购。

二、招标失败转入竞争性谈判的供应商可以是两家

竞争性谈判也是一种有竞争性的采购方式。采购人应与足够数量即不少于三家供应商进行谈判，以确保适当有效的竞争。实践中，有的项目由于采购预算金额少、竞争不充分或供应商少，容易出现招标过程中有效竞争不足，投标或实质性响应只有两家的情况。对此，本条第二款规定：公开招标的货物、服

---

[1] 李显东、魏昕：《〈政府采购法实施条例释义〉条文理解与案例适用》，电子工业出版社，第83页。

务采购项目，招标过程中提交投标文件或者经评审实质性响应招标文件要求的供应商只有两家时，采购人、采购代理机构事前报经本级财政部门批准后可以与该两家供应商进行竞争性谈判。

同时，招标失败转入竞争性谈判的供应商可以是两家时，由于供应商不足三家，《办法》第三十三条、第三十五条的规定就不能完全适用，应当作出变通处理，允许供应商最低数量可以为两家。一是谈判文件能够详细列明采购标的的技术、服务要求的，谈判结束后，谈判小组应当要求所有继续参加谈判的供应商在规定时间内提交最后报价，提交最后报价的供应商不得少于两家。谈判文件不能详细列明采购标的的技术、服务要求，需经谈判由供应商提供最终设计方案或解决方案的，谈判结束后，谈判小组应当按照少数服从多数的原则投票推荐两家供应商的设计方案或者解决方案，并要求其在规定时间内提交最后报价。二是谈判小组在谈判结束后，应当按照最后报价由低到高的顺序提出两名成交候选人。

根据《政府采购竞争性磋商采购方式管理暂行办法》相关规定，符合下列情形的项目，可以采用竞争性磋商方式开展采购：①政府购买服务项目；②技术复杂或者性质特殊，不能确定详细规格或者具体要求的；③因艺术品采购、专利、专有技术或者服务的时间、数量事先不能确定等原因不能事先计算出价格总额的；④市场竞争不充分的科研项目，以及需要扶持的科技成果转化项目；⑤按照招标投标法及其实施条例必须进行招标的工程建设项目以外的工程建设项目。采购人、采购代理机构应当邀请不少于三家符合相应资格条件的供应商参与竞争性磋商采购活动，提交最后报价的供应商不得少于三家，磋商小组应当根据综合评分情况，按照评审得分由高到低顺序推荐三名以上成交候选供应商。但对于市场竞争不充分的科研项目以及需要扶持的科技成果转化项目，提交最后报价的供应商可以为两家；政府购买服务项目（含政府和社会资本合作项目），在采购过程中符合要求的供应商（社会资本）只有两家的，竞争性磋商采购活动可以继续进行，此时可以推荐两家成交候选供应商。

【疑难解析】

1. 招标失败转入竞争性谈判方式应履行哪些程序？

招标失败转入竞争性谈判方式，要求采购人、采购代理机构按照《办法》

第四条规定向本级财政部门申请批准，并应当根据招标文件中的采购需求编制谈判文件，成立谈判小组，由谈判小组对谈判文件进行确认。该条规定很好地协调了由招标失败到转入竞争性谈判的衔接程序，确保了采购的过程不至于过分拖延。

公开招标失败后，先要发布废标公告，如要转变为竞争性谈判，谈判文件需要按照竞争性谈判的要求重新制定，参加投标的供应商代表的授权需要法定代表人重新出具。《办法》第二十九条"从谈判文件发出之日起至供应商提交首次响应文件截止之日止不得少于3个工作日的"的规定，意味着一些地方实践操作中招标失败，只有两家供应商时现场转竞争性谈判的做法值得商榷。

2. 政府采购货物招标项目技术参数设置有倾向性，两次招标失败后，能否转为竞争性谈判方式采购？

根据《办法》第二十七条第二款规定，对于公开招标的政府采购货物、服务招标项目，招标过程中提交投标文件或者经评审实质性响应招标文件要求的供应商只有两家时，采购人、采购代理机构可以报请本级财政部门批准后与该两家供应商进行竞争性谈判采购。但是也要注意，招标失败向财政部门申请竞争性谈判的前提是招标时间、程序合法且招标文件没有不合理的条款。采购项目招标文件存在倾向性、排斥性条款导致招标失败的，如同意其转为竞争性谈判方式采购，就等同于规避公开招标，在此情形下，财政部门可以责令采购人修改招标文件后重新招标。

3. 招标失败符合要求的供应商只有两家，转为竞争性谈判时还需要发布竞争性谈判采购公告吗？

按照《办法》第二十七条第二款"公开招标的货物、服务采购项目，招标过程中提交投标文件或者经评审实质性响应招标文件要求的供应商只有两家时，采购人、采购代理机构按照本办法第四条经本级财政部门批准后可以与该两家供应商进行竞争性谈判采购"的规定，为提高政府采购效率，招标失败后，采购人可以直接邀请符合要求的两家供应商进行谈判，无须再发布公告。

4. 政府采购项目公开招标失败，能否报经财政部门同意后，即在评审现场将采购方式转为竞争性谈判，直接进入竞争性谈判活动？

在这种情况下，不宜直接进入竞争性谈判，理由如下：

（1）招标失败项目现场转为竞争性谈判法律依据不足。根据《政府采购法》

第三十六条等规定，政府采购招标项目在评审过程中发现实质响应的供应商不足三家时，应当依法予以废标，宣告招标程序结束，并将废标理由通知所有投标人。采购人依法废标后，由3名以上专家论证出具关于招标文件没有不合理条款、招标程序符合规定的论证结论，经财政部门批准才可变更为竞争性谈判方式，实际上是重新开启了另一个采购程序。

（2）招标失败应另行编制采购文件、组建谈判小组开展采购活动。《办法》第二十七条关于采购人"可以与该两家供应商进行竞争性谈判"的规定，只是简化了常规竞争性谈判发布采购公告的程序，直接邀请该两家供应商进行谈判，而非表明招标失败项目无需另行编制采购文件、组建谈判小组。实际上，该条还特别强调"应当根据招标文件中的采购需求编制谈判文件、成立谈判小组"。因此，招标失败后，采购人应当另行编制采购文件、组建谈判小组开展采购活动，而非在评审现场直接转为竞争性谈判采购。此外，《办法》第二十九条还规定"从谈判文件发出之日起至供应商提交首次响应文件截止之日止不得少于3个工作日"，以便于供应商有充足的时间编制谈判响应文件。

（3）将评标委员会直接转为谈判小组的做法涉嫌违法。政府采购项目废标后，意味着原评标委员会也随之解散。实践中，如将原评标委员会直接转为谈判小组，这一做法本质上是采购人直接指定评审专家，不符合《办法》第二十七条要求成立谈判小组的相关规定，也不符合《办法》第七条"评审专家从政府采购评审专家库内相关专业的专家名单中随机抽取"的规定。

（4）招标失败项目直接转为竞争性谈判不具有可操作性。一是评审程序难以转换。工程项目公开招标只允许一次报价，而竞争性谈判项目理论上可以进行多轮报价。二是评审办法难以过渡。公开招标项目可采用综合评分法或最低评标价法，而竞争性谈判项目只有最低价成交法。如原招标文件采用综合评分法，则须修改评审办法后方可进行评审。三是评审依据难以衔接。工程项目招标一般采用有效平均价作为基准价，而竞争性谈判项目采用最低价成交法，如在评标现场转为竞争性谈判，将招标文件视为谈判文件，则评审小组适用最低价成交法推荐供应商时，无采购文件中的直接依据，本质上属于谈判小组未按规定的评审方法和标准进行评审，属于违法行为[⊖]。

⊖ 张志军主编，白如银、冯君副主编：《政府采购全流程百案精析》，中国法制出版社，第233~235页。

第二十八条　申请采用竞争性谈判采购方式应提交的材料

【条文原文】

第二十八条　符合本办法第二十七条第一款第一项情形和第二款情形，申请采用竞争性谈判采购方式时，除提交本办法第五条第一至第三项规定的材料外，还应当提交下列申请材料：

（一）在省级以上财政部门指定的媒体上发布招标公告的证明材料；

（二）采购人、采购代理机构出具的对招标文件和招标过程是否有供应商质疑及质疑处理情况的说明；

（三）评标委员会或者3名以上评审专家出具的招标文件没有不合理条款的论证意见。

【条文主旨】

本条对采购人因招标失败申请采用竞争性谈判采购方式应提交的材料作出规定。

【条文解读】

竞争性谈判是一种灵活高效的采购方式，具有许多优点。但是与公开招标方式相比，竞争性谈判具有较强的主观判断性，评审过程也难以控制，容易滋生腐败，进而导致不公正交易或违规操作。因此，必须对这种采购方式的适用条件加以严格的限制并对谈判程序进行严格的控制。其中一项控制措施就是要求采购人申请采用竞争性谈判采购方式时，应提交完备的申请材料，报本级财政部门审批。本条针对招标失败转竞争性谈判的项目，要求在《办法》第五条基础上补充提交申请材料，主要目的是证明并非由于存在违反法律规定和公开、公平、公正原则的行为而导致招标不成功，防止采购人为采取竞争性谈判方式采购而故意致使招标失败或达到不适合招标的条件，实质上是为了"规避招标"的风险。

申请采用竞争性谈判方式，需要提交以下申请材料：

（1）《办法》第五条规定的三项申请材料，即：①采购人名称、采购项目名称、项目概况等项目基本情况说明；②项目预算金额、预算批复文件或者资金来源证明；③拟申请采用的采购方式和理由。

（2）本条规定的三项申请材料，即：

① 在省级以上财政部门指定的媒体上发布招标公告的证明材料，以证明确实已经进行过招标。

② 采购人、采购代理机构出具的对招标文件和招标过程是否有供应商质疑及质疑处理情况的说明。《政府采购法实施条例》第八条规定，政府采购项目信息应当在省级以上人民政府财政部门指定的媒体上发布。招标公告如未在省级以上人民政府财政部门指定的媒体上发布，将存在招标需求信息没有被社会公众，特别是潜在供应商知悉的可能。因此，要求提交招标公告已在指定媒体发布的证明材料。《政府采购法》第五十二条规定，供应商认为采购文件、采购过程和中标、成交结果使自己的权益受到损害的，可以在知道或者应知其权益受到损害之日起七个工作日内，以书面形式向采购人提出质疑。供应商提出质疑的问题可能也是导致招标未成立的原因。因此，要求采购人、采购代理机构出具的对招标文件和招标过程是否有供应商质疑及质疑处理情况的说明，证明供应商质疑的违法行为不存在或未影响招标的成立，防止错误使用竞争性谈判方式。

③ 评标委员会或者3名以上评审专家出具的招标文件没有不合理条款的论证意见。实践中，出现没有供应商投标、提交投标文件或者经评审实质性响应招标文件要求的供应商只有两家时等情况的原因可能是招标文件在资格条件、评分标准、合同条款等方面存在不合理条款，因此也存在招标人故意设置不合理条款使招标不成立，将本应招标的项目转为竞争性谈判方式采购的可能。鉴于这一情况，《办法》要求提交评标委员会或者3名以上评审专家出具的招标文件没有不合理条款的论证意见。

财政部门在审批政府采购方式时，应严格依据采购人提交的上述材料，评价其竞争性谈判申请的理由是否充足合理、法律依据是否充分，再作出是否同意采用竞争性谈判方式的决定。当然，对于因其他情形申请竞争性谈判方式的项目，仍只提交《办法》第五条规定的相关申请材料即可，不用提交本条规定的证明材料。

【疑难解析】

采购人如果提供虚假材料欺骗财政部门同意采用竞争性谈判方式的，应承担什么责任？

采购人、采购代理机构应当为其所提交的申请材料的真实性负责。对于本应公开招标的项目，采购人、采购代理机构如果通过提供虚假材料骗取申请竞争性谈判方式的，根据《政府采购法》第七十一条规定，"应当采用公开招标方式而擅自采用其他方式采购的""责令限期改正，给予警告，可以并处罚款，对直接负责的主管人员和其他直接责任人员，由其行政主管部门或者有关机关给予处分，并予通报"。根据《政府采购法实施条例》第六十六条规定，前述《政府采购法》第七十一条规定的罚款，数额为10万元以下。

第二十九条　谈判文件的发出与澄清、修改

【条文原文】

第二十九条　从谈判文件发出之日起至供应商提交首次响应文件截止之日止不得少于3个工作日。

提交首次响应文件截止之日前，采购人、采购代理机构或者谈判小组可以对已发出的谈判文件进行必要的澄清或者修改，澄清或者修改的内容作为谈判文件的组成部分。澄清或者修改的内容可能影响响应文件编制的，采购人、采购代理机构或者谈判小组应当在提交首次响应文件截止之日3个工作日前，以书面形式通知所有接收谈判文件的供应商，不足3个工作日的，应当顺延提交首次响应文件截止之日。

【条文主旨】

本条对谈判文件的发售时间及谈判文件的澄清、修改时间等作出规定。

【条文解读】

与招标方式相同的是，竞争性谈判也有严格完备的程序，以程序的规范性

来确保谈判采购活动的公平公正性。其中，编制、发售谈判文件是很重要的环节。财政部门批准可采用竞争性谈判方式后，采购人即可以组织编制谈判文件，并发售给参与竞争性谈判的供应商。供应商根据谈判文件的要求编制响应文件并提交给采购人，以便供应商组织评审专家对其进行谈判、评审比较并最终从中择优确定成交供应商。

一、竞争性谈判的基本程序

《政府采购法》第三十八条规定了竞争性谈判采购应遵循的基本程序，主要包括以下五个步骤：一是成立谈判小组。谈判小组由采购人代表和有关评审专家共三人以上单数组成，其中专家人数不得少于成员总数的三分之二。二是制定谈判文件。谈判文件应当明确谈判程序、谈判内容、合同草案条款以及确定成交的标准等事项。三是确定邀请参加谈判的供应商名单。谈判小组从符合资格条件的供应商名单中确定不少于三家供应商参加谈判，并向其提供谈判文件。四是谈判。谈判小组所有成员集中与单一供应商分别进行谈判。谈判的任何一方不得透露与谈判有关的其他供应商的技术资料、价格和其他信息。谈判文件有实质性变动的，谈判小组应当以书面形式通知所有参加谈判的供应商。五是确定成交供应商。竞争性谈判结束后，谈判小组应当要求所有参加谈判的供应商在规定的时间内进行最后报价，采购人从谈判小组提出的成交候选供应商中，根据符合采购需求、质量和服务相等且报价最低的原则确定成交供应商，并将成交结果通知所有参加谈判的未成交供应商。

本条以及后续的条款都是在《政府采购法》第三十八条的基础上，对竞争性谈判的程序进行了细化和完善，作出具体规定，明确实施竞争性谈判要经过采购方式审批、编制竞争性谈判文件、邀请供应商参加谈判、向供应商提供竞争性谈判文件、对竞争性谈判文件进行澄清和修改、供应商编制并提交首次响应文件、成立谈判小组、对供应商提交的响应文件进行审查、与供应商进行谈判、变动采购需求、供应商重新提交响应文件并提交最后报价、对供应商提交的响应文件和最后报价进行评审、编写评审报告并推荐成交候选人、确定成交供应商、签订采购合同、退还采购保证金、对供应商履行合同的情况进行验收、采购文件资料整理归集等过程。

二、发售谈判文件的时间

谈判文件的提供期限和对谈判文件的澄清、修改，直接关系到采购活动的公平公正性，实践中也容易出现问题，需要加强监督和规制。有的采购项目通过缩短采购文件的提供期限，排斥、限制供应商参与竞争，甚至出现在假期即将到来时开始提供谈判文件，假期结束后一两天就停止提供的现象，程序出现了不公平，结果就可能不公正。因此，要保证公平竞争，就必须为供应商获取谈判文件留出合理的时间。

谈判文件记载了采购人的采购需求，供应商只有及时领取完整的谈判文件，获悉采购需求才可以有的放矢作出响应，有针对性地向采购人提出自己的报价和方案。采购人发售谈判文件的时间应当合理，以保证供应商有充分的时间领取或购买谈判文件并有足够的时间了解采购人的采购意图，编制响应采购人实质内容的响应文件。如果提供谈判文件的时间没有法定期限，该期限过长或者过短，供应商都有可能因获得信息的迟滞性而无法及时获得谈判文件，从而失去参与竞争性谈判的机会，或来不及充分准备而仓促参与竞争性谈判使自己处于劣势[一]。因此，为了确保公平公正性，采购人不得设置过短的发售时间，以达到限制供应商领取谈判文件从而实质上限制竞争的目的。

基于上述原因，本条第一款对发售谈判文件的时间进行了明确规定，就是从谈判文件发出之日起至供应商提交首次响应文件截止之日止不得少于 3 个工作日，这实际上也是给予供应商编制响应文件的时间，俗称供应商"等标期"，在充分体现法律的公平性的同时也兼顾了采购效率，保障了供应商的合法权益。《政府采购竞争性磋商采购方式管理暂行办法》第十条规定了从磋商文件发出之日起至供应商提交首次响应文件截止之日止不得少于 10 日。磋商文件售价应当按照弥补磋商文件制作成本费用的原则确定，不得以营利为目的，不得以项目预算金额作为确定磋商文件售价的依据。磋商文件的发售期限自开始之日起不得少于 5 个工作日。与《政府采购法》第三十五条规定的货物和服务招标项目"等标期"不得少于 20 日规定不同，由于采取非招标采购方式的主要是货物和服务，与工程采购相比一般比较简单，供应商完成响应文件工作量不大，所需的时间也不会太长，因此竞争性谈判等标期为不得少于 3 个工作日，竞争性磋商等标期为不得少于 10 日。

㊀　李显东、魏昕：《〈政府采购法实施条例释义〉条文理解与案例适用》，电子工业出版社，第 96 页。

为防止采购人或者采购代理机构通过在节假日期间提供谈判文件而限制或排斥潜在供应商参加竞争性谈判以及保障劳动者的法定休息休假权利，同时方便潜在供应商、采购代理机构或采购人联系，及时处理谈判文件提供期间中可能出现的情况，《办法》以工作日计算谈判文件的提供期限，这不同于以日历日计算。"3个工作日"的规定应符合《民法典》关于期间的规定，即：按照年、月、日计算期间的，开始的当日不计入，自下一日开始计算。期间的最后一日是法定休假日的，以法定休假日结束的次日为期间的最后一日。期间的最后一日的截止时间为二十四时；有业务时间的，停止业务活动的时间为截止时间。实践中，该时间应根据不同项目的实际进行调整，"3个工作日"只是最短时间，是提供谈判文件期限的下限，采购人或采购代理机构应当根据项目特点和本单位实际情况，按照有利于充分竞争的原则，适当延长提供期限以保证供应商的合法权益，促进充分竞争。

三、谈判文件澄清、修改的内容

谈判文件是采购活动中最重要的文件之一，供应商参与谈判、谈判小组评审、签订合同等都要依据谈判文件。对于已经发出的谈判文件，采购人或采购代理机构可以进行必要的澄清或者修改。若是采购人或采购代理机构确实发现文件中有实质性内容的错误或者文字表述前后不一致、互相矛盾，可以对其进行必要的澄清或者修改。发现谈判文件内容有缺漏的地方，可以补充完善，以便后续采购活动顺利进行。

尽管无论出于何种原因，采购人或采购代理机构都可以对已发出的谈判文件进行澄清或者修改，但对实质性条款的修改或者反复进行修改，也会降低谈判文件的严肃性，引起供应商的猜疑，甚至引发质疑和投诉。因此，采购人或采购代理机构在编制谈判文件阶段必须做到严谨、科学，对不熟悉的专业问题，应当征求专业人员或者相关供应商的意见，尽量避免对已发出的谈判文件进行修改。

四、澄清、修改谈判文件后应给供应商留出合理的响应时间

提交首次响应文件截止之日前，采购人、采购代理机构或者谈判小组可以随时对已发出的谈判文件进行必要的澄清或者修改，澄清或者修改的内容构成谈判文件的组成部分。但是，当澄清或者修改的内容可能影响响应文件编制的，采购人、采购代理机构或者谈判小组应当在提交首次响应文件截止之日3个工作日前，以书面形式通知所有接收谈判文件的供应商。

根据本条第一款规定，供应商"等标期"不少于 3 个工作日，而第二款又规定澄清或修改内容影响响应文件编制的，应提前 3 个工作日提出。实务操作中，采购人、采购代理机构往往出于尽快完成采购任务的考虑，将"等标期"仅设置为 3 个工作日，这意味着澄清或修改制度极有可能在操作中落空。考虑到这一问题，《办法》有针对性地规定，如果作出澄清、修改的时间点距离提交首次响应文件的时间不足 3 个工作日的，应当顺延提交首次响应文件截止时间，以便供应商依据修改后的谈判文件，有足够的时间编制响应文件。这样规定既提高了采购活动的效率，又保证了公平公正。

根据《政府采购竞争性磋商采购方式管理暂行办法》第十条规定，提交首次响应文件截止之日前，采购人、采购代理机构或者磋商小组可以对已发出的磋商文件进行必要的澄清或者修改，澄清或者修改的内容作为磋商文件的组成部分。澄清或者修改的内容可能影响响应文件编制的，采购人、采购代理机构应当在提交首次响应文件截止时间至少 5 日前，以书面形式通知所有获取磋商文件的供应商；不足 5 日的，采购人、采购代理机构应当顺延提交首次响应文件截止时间。

五、澄清、修改文件的形式

澄清、修改的文件也要采用书面形式通知。书面形式通知包括纸质的文件、信件，也包括电报、电传、传真、电子数据交换和电子邮件等，采购人或者采购代理机构应当保证澄清或者修改的通知被供应商接收，必要时应能够提供相应证据。采用电子方式采购的，谈判文件的澄清或者修改，除了可以电子邮件方式通知外，也可以在采购文件中规定，在指定网站上以公告方式通知和下载。

【疑难解析】

1. 谈判文件的编制主体及时间有什么要求？

按照《政府采购法》的规定，在谈判开始前，必须先成立谈判小组，再由谈判小组确认或者制定谈判文件，进而由谈判小组确定邀请参加谈判的供应商名单。因此，对公开招标失败或紧急之需而采用竞争性谈判的项目，因其采购需求是完整、明确的，可以先由采购代理机构代为制定谈判文件，由谈判小组在书面推荐供应商或者从公告邀请来的供应商中确定参加谈判的供应商时一并确认谈判文件，如果采用从供应商库中随机抽取方式选择供应商的，可以在谈判时由谈判小组一并确认采购文件。

在上述两种情形下，采取公告邀请和书面推荐方式作为供应商来源的，专家最少来两次，采取从供应商库中随机抽取作为供应商来源的，专家最少来一次。对其他因无法详细描述需求需要供应商提供设计或者解决方案的项目，谈判小组可以根据采购人对需求的确认情况，进行多轮谈判，直至采购人代表最终确认采购需求为止。

不管何种情形，谈判小组均可以根据谈判文件和谈判情况实质性变动采购需求中的技术、服务要求及合同草案条款，但实质性变动的内容必须经采购人代表确认同意，且在此过程中必须平等地将采购需求的变动通知到每一个参与谈判的供应商，以保证谈判过程的公平公正。

2. 何种内容可能影响响应文件的编制？

修改采购需求和合同条款、增加参与谈判的证明材料等，会影响响应文件的编制；减少参与谈判的证明材料，或对响应文件开启时间、地点的微小调整则不会影响编制响应文件，具体情况需要具体分析⊖。需要注意的是，《办法》第二十九条没有对如何判断"可能影响"的主体、程序作出明确的规定，在实践中，只要采购双方无异议即视为不影响，就可以保证按照原确定的时间提交和开启响应文件。当然，如果供应商认为其内容有影响响应文件编制的可能性，采购人或采购代理机构就应当适当延长提交响应文件的截止时间，满足距离提交响应文件截止时间前 3 个工作日的规定。

3. 竞争性磋商项目的澄清或者修改文件应该在什么时间发出？

《政府采购竞争性磋商采购方式管理暂行办法》第十条规定："……澄清或者修改的内容可能影响响应文件编制的，采购人、采购代理机构应当在提交首次响应文件截止时间至少 5 日前，以书面形式通知所有获取磋商文件的供应商。"《财政部关于做好政府采购信息公开工作的通知》（财库〔2015〕135 号）规定："采购人或者采购代理机构对……采用公告方式邀请供应商参与的……竞争性磋商文件进行必要的澄清或者修改的……澄清或者修改的内容可能影响……响应文件编制的，采购人或者采购代理机构发布澄清公告并以书面形式

⊖ 财政部国库司、财政部政府采购管理办公室、财政部条法司、国务院法制办公室财金司：《中华人民共和国政府采购法实施条例释义》，中国财政经济出版社，第 107 页。

通知潜在供应商的时间，应当在……提交首次响应文件截止之日 3 个工作日前。"

在上述两份文件中，对竞争性磋商文件的补充文件的最迟发出时间，有着不同的规定，确实给政府采购实践带来一定的困惑。由于上述规定均系财政部出台制定的对同一事项的不同规定，应依照《中华人民共和国立法法》第九十二条确立的"新法优于旧法"的原则，执行《财政部关于做好政府采购信息公开工作的通知》（财库〔2015〕135 号）规定的"3 个工作日前"的规定。

第三十条　谈判小组对响应文件的评审

【条文原文】

第三十条　谈判小组应当对响应文件进行评审，并根据谈判文件规定的程序、评定成交的标准等事项与实质性响应谈判文件要求的供应商进行谈判。未实质性响应谈判文件的响应文件按无效处理，谈判小组应当告知有关供应商。

【条文主旨】

本条对谈判小组对响应文件如何评审、如何谈判作出规定。

【条文解读】

供应商在提交响应文件的截止时间前提交了响应文件之后，采购人就应当组织谈判小组，对响应文件进行评审比较，对未实质性响应谈判文件的响应文件按无效处理，评审出实质性响应谈判文件要求的供应商并与之进行谈判、要求报价，最终推荐成交候选人，这是谈判小组的基本职责。

一、竞争性谈判的依据

符合竞争性谈判采购方式的采购项目，一般采购金额较大，具有技术复杂、性质特殊和不确定性等特点，需要由一支专业谈判小组进行谈判采购。谈判小组成员由采购人代表和有关专家 3 人以上单数组成，其中专家人数不得少于成员总数的三分之二。

谈判小组应当按照谈判文件事先规定的谈判程序、评定成交的标准等事项与供应商进行谈判。谈判的依据就是谈判文件规定的评定成交的标准，审查供应商的资格条件是否满足谈判文件规定的供应商资格条件，就技术规格、价格、服务以及合同草案（包括当事人的权利和义务、履约期限和方式、资金支付要求、验收标准）等谈判文件规定内容与供应商进行谈判。谈判文件没有规定的内容，不得作为谈判的依据。

二、无效的响应文件

谈判文件会对采购的关键技术指标、商务条件作出明确的规定，供应商应当对此作出实质性的响应。在谈判过程中，当发现响应文件没有对谈判文件提出的实质性要求和条件作出响应，也就是不满足采购人的采购要求的，谈判小组应直接按照无效的响应文件处理，不再对其进行进一步评审，谈判小组应当告知有关供应商，并终止与其继续谈判，该供应商也就失去成交资格。这相当于《招标投标法实施条例》规定的"否决投标"的情形，都是为了剔除不合格的要约。剔除不合格的响应文件后，谈判小组与实质性响应谈判文件要求的供应商展开多轮谈判，并要求其提交最终的报价。

第三十一条　集中与单一供应商分别谈判

【条文原文】

第三十一条　谈判小组所有成员应当集中与单一供应商分别进行谈判，并给予所有参加谈判的供应商平等的谈判机会。

【条文主旨】

本条对谈判小组成员集中与单一供应商分别谈判作出规定。

【条文解读】

非招标采购方式与招标采购方式最大的不同在于，它不强调给予所有潜在供应商公平竞争的机会，谈判小组、询价小组从符合条件的供应商中选择确定三家以上供应商参加采购活动即可，且无需向其他未被选择的供应商作出解释，这是法律赋予采购人、谈判小组和询价小组的权利。但一旦选定参加采购活动的供应商后，每一轮技术、服务指标的谈判和修改都必须公平地通知所有参加采购活动的供应商，以保证竞争过程的机会公平。因此，正是从这一点上来讲，与招标采购方式相比，非招标采购方式采购周期更短、效率更高，选择供应商的来源和评审过程更为灵活，谈判小组和询价小组自制定谈判文件和询价通知书起即参与采购活动，这有利于更为科学合理地确定采购需求。

《政府采购法》第三十八条第（四）项规定："谈判小组所有成员集中与单一供应商分别进行谈判。在谈判中，谈判的任何一方不得透露与谈判有关的其他供应商的技术资料、价格和其他信息。"本条也再次重申谈判小组所有成员应当集中与单一供应商分别进行谈判。

（1）在谈判活动中，为了维护谈判的公平和公正，谈判小组的所有成员应当集中起来，作为一个集体同时与单个供应商分别进行谈判，以便所有成员全面了解供应商的响应情况，掌握相同的信息，分工合作发挥集体智慧共同与供应商谈判，最终作出的评价结果才更为客观公正，且排除个别谈判小组成员与供应商接触引发的偏袒、倾向个别供应商的风险。参与谈判的任何一方或者谈判小组成员不得透露与谈判有关的其他供应商的资料、价格和其他信息。

（2）竞争性谈判程序必须保证竞争过程的公平，主要表现为在程序上的机会平等，要求给予所有参加谈判的供应商同等的谈判机会，谈判小组与各供应商进行谈判的轮次应当相同，应向各供应商提供同等的信息，如对谈判文件作出实质性变动的，应当通知所有参加谈判的供应商，不能"厚此薄彼"，偏袒部分供应商，给予其更多的谈判机会或告知更多信息。

《政府采购竞争性磋商采购方式管理暂行办法》第十九条也规定，磋商小组所有成员应当集中与单一供应商分别进行磋商，并给予所有参加磋商的供应商平等的磋商机会。

【疑难解析】

1. 竞争性谈判中谈判小组能否同时与多个供应商进行谈判，以提高谈判效率？

按照《办法》第三十一条规定，谈判小组应当与单一供应商分别进行谈判，也就是一对一在相对隔离、保密的环境下进行谈判，而不是一对多谈判且同时与多个供应商在同一谈判场所进行谈判。这主要是为了保守供应商的技术、价格和其他信息等商业秘密，促进谈判的公正性。

2. 竞争性谈判项目，供应商可以不到现场吗？

对于竞争性谈判项目，相关法律法规未规定供应商必须到现场谈判。但由于在谈判过程中，可能会涉及技术、服务和合同条件的变化，一般情况下，供应商应派代表到现场参加谈判。此外，有的竞争性谈判项目需要进行二轮报价，如果供应商代表不到现场，将很难进行报价。竞争性谈判项目如果通过远程视（音）频、电子邮件等方式进行谈判和报价，则供应商可以不到现场。

第三十二条　谈判文件内容实质性变动

【条文原文】

第三十二条　在谈判过程中，谈判小组可以根据谈判文件和谈判情况实质性变动采购需求中的技术、服务要求以及合同草案条款，但不得变动谈判文件中的其他内容。实质性变动的内容须经采购人代表确认。

对谈判文件作出的实质性变动是谈判文件的有效组成部分，谈判小组应当及时以书面形式同时通知所有参加谈判的供应商。

供应商应当按照谈判文件的变动情况和谈判小组的要求重新提交响应文件，并由其法定代表人或授权代表签字或者加盖公章。由授权代表签字的，应当附法定代表人授权书。供应商为自然人的，应当由本人签字并附身份证明。

【条文主旨】

本条对谈判小组实质性变动谈判文件以及供应商对变动内容如何响应作出具体规定。

【条文解读】

适合竞争性谈判的项目，有些采购需求存在不确定性，有些在编制时本身有不合理的地方，这些情况往往会在谈判的过程中随着采购人与供应商的深入谈判逐渐显现出来，如果严格按照原定的谈判文件进行谈判，可能导致采购到的产品或服务不满足采购人的实际需求。如果像招标方式那样，要求修改采购文件之后重新组织竞争性谈判活动，不完全符合竞争性谈判项目的实际需要，也延误了采购效率。因此，允许在谈判过程中对采购文件进行修改，既符合采购需要，也提高了采购的效率。

一、竞争性谈判可以实质性变动的内容

竞争性谈判是要谈得买卖双方均满意才好，如果买不到产品或服务，还不允许修改谈判文件，势必影响采购人的工作。考虑到采购效率，在《政府采购法》第三十八条第四项关于竞争性谈判的程序中，已经明确了"谈判文件有实质性变动的，谈判小组应当以书面形式通知所有参加谈判的供应商"，但没有明确可以修改的实质性内容的具体范围。本条对此法律条款进行了细化，明确规定在谈判过程中，谈判小组可以根据谈判文件和谈判情况实质性变动采购需求中的技术、服务要求以及合同草案条款。进一步明确了谈判小组可以根据谈判文件和谈判情况进行实质性变动的内容，允许实质性变动采购需求中的技术、服务要求以及合同草案的条款，这与招标投标活动中不允许变更招标文件内容，以及评标过程中发现招标文件重大错误只能终止评标、修改招标文件后再重新组织招标的做法截然不同，更突出了效率原则。

由此可知，对于需求难以明确的竞争性谈判项目，采购人在制定方案时可只提供谈判框架，一些实质性条款可由谈判小组在谈判过程中逐步确定，使竞争性谈判更具灵活性，也更符合实际情况，符合竞争性谈判先确立采购需求后竞争报价的交易机制，同时降低了交易的成本，体现了竞争性谈判程序的灵活性和适应采购复杂采购标的的重要特点。

需要注意的是，谈判小组可以变更采购需求中的技术、服务要求以及合同草案条款三项内容，但不得变更谈判文件的其他内容（如供应商资格条件、谈判程序等），其他内容如果有重大错误的，可以修改谈判文件后重新采购。

二、实质性变动的内容须经采购人代表确认

政府采购项目是为了满足采购人的需求而开展的，采购文件应由采购人编制或委托谈判小组、询价小组编制，采购需求也应当符合采购人的实际需求，因此如变更采购文件的内容也应由采购人决定，故本条规定实质性变动的内容须经采购人代表确认。如果采购人代表不予认可，则不得对谈判文件的技术、服务要求以及合同草案条款等实质性内容进行变动。

三、实质性变动的内容须书面告知供应商

供应商根据采购人的谈判文件和采购需求编制响应文件，提出要约。对谈

判文件作出的实质性变动是谈判文件原有内容的变更、替换或修改，是谈判文件的有效组成部分。变更内容后，谈判小组应当及时、平等地将采购需求变动的全部内容完整地通知到每一个参与谈判的供应商，给予所有供应商公平的竞争机会，确保谈判过程的公平公正性，以便供应商根据修改后的谈判文件重新进行响应或修改其响应文件，更充分地满足采购人的采购需求。

四、供应商根据变更后的谈判文件重新提交响应文件

竞争性谈判的过程就是谈判文件不断修正完善的过程，是采购人对自己的采购需求修改、调整、完善和不断确认的过程，是供应商对采购需求不断深入、全面、准确理解把握的过程，也是其提交的响应文件不断优化完善、更加贴近采购需求的过程。在谈判的过程中，供应商在收到修改后的谈判文件和谈判小组的要求后，对该变动和新要求进行评估衡量，可以决定是否继续参加谈判活动，不能满足的，可以放弃谈判；可以满足的，应当对原响应文件相应地进行调整、变更，重新提交响应文件。重新提交的响应文件修改或代替原响应文件，是非常重要的采购法律文件，对其签字盖章的要求和原响应文件的要求是相同的，也要严格执行谈判文件中关于响应文件签字盖章的要求，以确保其法律效力。按照本条规定，对重新提交的响应文件的签字盖章的基本要求是，由其法定代表人或授权代表签字或者加盖公章；由授权代表签字的，应当附法定代表人授权书；供应商为自然人的，应当由本人签字并附身份证明。

《政府采购竞争性磋商采购方式管理暂行办法》第二十条也规定，在磋商过程中，磋商小组可以根据磋商文件和磋商情况实质性变动采购需求中的技术、服务要求以及合同草案条款，但不得变动磋商文件中的其他内容。实质性变动的内容，须经采购人代表确认。对磋商文件作出的实质性变动是磋商文件的有效组成部分，磋商小组应当及时以书面形式同时通知所有参加磋商的供应商。供应商应当按照磋商文件的变动情况和磋商小组的要求重新提交响应文件，并由其法定代表人或授权代表签字或者加盖公章。由授权代表签字的，应当附法定代表人授权书。供应商为自然人的，应当由本人签字并附身份证明。

【疑难解析】

授权代表重新提交响应文件的权限不足如何解决？

实践中一般是授权代表前来参与采购活动，而授权代表很难预料到谈判文件可能发生实质性变动，需要重新提交响应文件，因此不一定随身另外携带法定代表人授权书，而且也不可能预料到谈判文件可能发生几次实质性变动，需要携带几份法定代表人授权书。针对这一情况，可以在谈判文件提供的法定代表人授权书格式中，把针对谈判文件实质性变动重新提交响应文件或修改原响应文件作为授权事项，谈判过程中授权代表重新提交响应文件时，无需另附法定代表人授权书。

第三十三条　谈判结束提交最后报价

【条文原文】

第三十三条　谈判文件能够详细列明采购标的的技术、服务要求的，谈判结束后，谈判小组应当要求所有继续参加谈判的供应商在规定时间内提交最后报价，提交最后报价的供应商不得少于3家。

谈判文件不能详细列明采购标的的技术、服务要求，需经谈判由供应商提供最终设计方案或解决方案的，谈判结束后，谈判小组应当按照少数服从多数的原则投票推荐3家以上供应商的设计方案或者解决方案，并要求其在规定时间内提交最后报价。

最后报价是供应商响应文件的有效组成部分。

【条文主旨】

本条对竞争性谈判活动中要求供应商提交最后报价作出具体规定。

【条文解读】

有的竞争性谈判项目，采购需求在起草谈判文件时已经明确，或在谈判过程中通过修改完善也可以确定。但是也有一些采购项目，在起草谈判文件时采购需求本身不能确定，在谈判过程中仍不能确定采购需求，不能制定出唯一的采购需求方案，或者采购人有意使采购需求不确定，希望供应商提交不同的响应方案或提出更优的方案建议。对此，《政府采购法实施条例》第三十五条和《办法》第三十三条根据谈判文件是否能够详细列明采购标的的技术、服务要求，是否需由供应商提供最终设计方案或解决方案，区分情况相应规定了以下两种不同的谈判程序。

一、采购需求明确的采购项目的报价要求

根据本条第一款规定，对于谈判文件能够详细列明采购标的的技术、服务要求的采购项目，经过多轮次的谈判，采购人与供应商就采购项目的技术规格、商务条件等采购需求进行充分协商交流和探讨沟通之后，供应商对采购项目已经全面掌握，在此基础上提交的技术、商务等响应性承诺更符合项目实际，也应更贴近采购人的采购意愿，此时再进行报价才有了充足固定的条件。因此，报价谈判结束后，谈判小组应当要求所有继续参加谈判的供应商在规定时间内提交最后报价，但不能限定提交最后报价的供应商的数量。提交最后报价的供应商不得少于 3 家，这是常规情况下的操作模式。

二、采购需求不能明确的采购项目可以实行两阶段谈判

依据本条第二款规定，谈判文件不能详细列明采购标的的技术、服务要求，需经谈判由供应商提供最终设计方案或解决方案的，谈判结束后，谈判小组应当按照少数服从多数的原则投票推荐 3 家以上供应商的设计方案或者解决方案，并要求其在规定时间内提交最后报价。这可以理解为两阶段采购，类似《招标投标法实施条例》规定的两阶段招标的采购程序。这种两阶段谈判程序，遵循"先获得明确需求、后竞争报价"的交易机制。第一阶段是确定采购设计方案或解决方案，即先确定采购需求阶段，为此因谈判文件不能详细列明采购标的的技术、服务要求，需经谈判由供应商提供最终设计方案或解决方案。第二阶段是被推荐的供应商进行报价，即后竞争报价阶段。对因无法详细描述需求需要供应商提供设计或者解决方案的项目，谈判小组可以根据采购人对需求的确认情况，进行多轮谈判，直至采购人代表最终确认采购需求为止。《办法》规定了一个"票决制"，即谈判结束后，由谈判小组成员投票，按照少数服从多数的原则推荐三家以上符合采购需求的供应商，然后这三家供应商在规定时间内提交最后报价。

三、最后报价是供应商响应文件的有效组成部分

供应商在提交的初次响应文件中就已经载明了其报价，但由于经过谈判，谈判小组有可能会变动谈判文件中的采购需求，也可能根据谈判实际提出新的要求，这些会变动供应商核算报价的基础，而且供应商也存在根据采购需求变动、采购竞争形势自主决定调整报价的可能。因此，允许采购人和供应商在充分沟通基础上重新提交或确认响应文件，并重新进行报价。此时，提交的最后报价才是对报价进行评审比较的唯一依据，供应商提交的初次报价不具有评审比较的作用。

四、公开招标失败的项目允许与两家供应商谈判的特别规定

一般情况下，参加竞争性谈判的供应商应不少于3家，只有3家以上才能形成有效竞争，这是竞争性谈判的前提。但是公开招标失败的项目转为非招标方式采购时，再要求必须有3家以上供应商参加竞争性谈判，则只会导致竞争性谈判的失败和采购活动的延误。再者，2家谈判与只和1家单一来源采购相比，竞争性要充分一些。对此，《办法》第二十七条第二款规定："公开招标的货物、服务采购项目，招标过程中提交投标文件或者经评审实质性响应招标文件要求的供应商只有两家时，采购人、采购代理机构按照本办法第四条经本级财政部门批准后可以与该两家供应商进行竞争性谈判，采购人、采购代理机构应当根据招标文件中的采购需求编制谈判文件，成立谈判小组，由谈判小组对谈判文件进行确认。符合本款情形的，本办法第三十三条、第三十五条中规定的供应商最低数量可以为两家。"也就是说，公开招标的货物、服务采购项目，投标的供应商或者经评审实质性响应招标文件要求的供应商只有两家时，经财政部门批准可以与该两家供应商继续进行竞争性谈判，此时允许提交最后报价的供应商只有两家也是有效的，这是《办法》里唯一可以和两家供应商直接进行竞争性谈判的例外，主要是考虑到采购效率和采购成本问题。

《政府采购竞争性磋商采购方式管理暂行办法》第二十一条也规定，磋商文件能够详细列明采购标的的技术、服务要求的，磋商结束后，磋商小组应当要求所有实质性响应的供应商在规定时间内提交最后报价，提交最后报价的供应商不得少于3家。磋商文件不能详细列明采购标的的技术、服务要求，需经磋商由供应商提供最终设计方案或解决方案的，磋商结束后，磋商小组应当按照少数服从多数的原则投票推荐3家以上供应商的设计方案或者解决方案，并要求其在规定时间内提交最后报价。最后报价是供应商响应文件的有效组成部分。符合本办法第三条第四项情形的，提交最后报价的供应商可以为2家。另外，根据《财政部关于政府采购竞争性磋商采购方式管理暂行办法有关问题的补充通知》（财库〔2015〕124号）规定，采用竞争性磋商采购方式采购的政府购买

服务项目（含政府和社会资本合作项目），在采购过程中符合要求的供应商（社会资本）只有2家的，竞争性磋商采购活动可以继续进行。采购过程中符合要求的供应商（社会资本）只有1家的，采购人（项目实施机构）或者采购代理机构应当终止竞争性磋商采购活动，发布项目终止公告并说明原因，重新开展采购活动。

【疑难解析】

1. 竞争性谈判是否有谈判轮次限制？

与招标、询价等采购方式不同的是，竞争性谈判、竞争性磋商与单一来源采购等采购程序就是采购人与供应商面对面、多轮次谈判交流博弈的过程，直到采购人满意或者一方退出谈判结束。对谈判过程没有过多限定，只要求有"最后报价"，这无论是对采购人、采购代理机构或供应商都有益处。也就是说，只要不违反《政府采购法》的规定，就可以与供应商进行多轮次的谈判。

2. 竞争性谈判项目可否只进行一轮报价？

根据《政府采购法》第三十条及《政府采购法实施条例》第二十五条的规定，适用竞争性谈判方式的项目归纳起来有四类：一是招标失败转竞争性谈判的项目；二是时间紧急的项目；三是非依法必须招标的建设工程项目；四是复杂标的的项目。

针对复杂标的的项目，因其技术复杂或性质特殊，不能确定详细规格或者具体要求，或不能计算价格总额，需要通过谈判来逐步明确。谈判过程中，随着技术、服务内容的变动，价格也随之变动，所以会有多轮报价。

但是对于招标失败转为竞争性谈判的项目，或者是非依法必须招标的政府采购工程项目，其采购需求准确清晰，技术、服务要求明确，不需要"一边明晰采购需求一边进行采购"，强行要求供应商进行多轮报价反而是不合理的。

但是，由于现行政府采购法体系中，没有根据不同的采购项目特点而设置不同的竞争性谈判程序。实践中，建议还是设置多轮报价更为妥当。

3. 竞争性谈判项目首轮报价需要公开吗？

《政府采购法》及《办法》均有相关规定，谈判小组成员在谈判过程中不得透露供应商的报价等信息。也就是说，供应商的报价（含首轮报价）在谈判结束前都应该保密，不得公开，这一点与投标报价必须公开的要求截然不同。

4. 竞争性谈判报价一定是越谈越低吗？

采用竞争性谈判的采购项目，谈判的最终报价有可能高于第一轮报价。《政府采购法》《政府采购法实施条例》《办法》都没有关于竞争性谈判的最终报价不能高于第一轮报价的规定。一般情况下，价格是谈判的主要对象，供应商第一轮报价会高于其价格底线，为后续轮次谈判留下足够的降价空间，竞争性谈判价格应该是越谈越低，实践中也多为此结果。但竞争性谈判不仅仅是谈价格，"砍价"不是竞争性谈判的唯一目的。采用竞争性谈判方式的，一般是专业复杂的采购项目，而非通用产品。许多情况下，竞争性谈判是基于采购人的采购需求难以在采购文件中准确表述，只有通过对诸多实质性事项进行详细的谈判，才能让采购人与供应商达成共识。因此，竞争性谈判过程中允许经采购人确认实质性变动采购需求中的技术、服务要求以及合同草案条款，就会影响报价基础，比如经谈判后扩大了供货范围、增加了采购内容、提高了技术要求，在这样的情况下，后续谈判中报价也就可能相应提高，最终报价高于初始报价，这属于正常现象。

5. 在竞争性谈判中供应商只剩下 1 家时，如何处理？

如果谈判中有供应商不满足采购文件实质性要求或者有供应商退出谈判，导致实质性响应采购文件要求的供应商只剩下 1 家时，则应当终止竞争性谈判，再考虑单一来源等其他采购方式。但对于询价采购，供应商为 3 家以下的，采购活动失败。

第三十四条　供应商退出谈判

【条文原文】

第三十四条　已提交响应文件的供应商，在提交最后报价之前，可以根据谈判情况退出谈判。采购人、采购代理机构应当退还退出谈判的供应商的保证金。

【条文主旨】

本条对供应商有权退出谈判以及应退还退出谈判供应商的保证金作出规定。

【条文解读】

与招标投标不同，竞争性谈判、竞争性磋商因为进行多轮次谈判、报价，应当允许供应商根据新的情势调整自己的报价策略或响应的条件，如果新的采购条件或者报价要求没有达到其成交意愿或者不再适合其参与竞争，也应允许供应商申明退出谈判，否则对供应商会不公平。

一、在提交最后报价之前供应商可随时退出谈判

本条规定已提交响应文件的供应商，在提交最后报价之前，可以根据谈判情况退出谈判。因此，采购人及采购代理机构不仅不能强制供应商参加采购（如规定凡报名采购的供应商不参加采购则不退还保证金、开启响应文件前退出竞争的不退还保证金等做法都违反了《办法》的上述规定，侵害了供应商的经营自主权，缺乏法律依据），也不能强制供应商必须提交最后报价，而应当允许已经参加谈判的供应商在谈判过程中可以自由退出，并退还该供应商的保证金。

需要注意的是，首先，供应商在采购人要求提交最后报价之前的任何时候都可以提出退出谈判，在提交最后报价之后再提出退出谈判，可能存在知悉他人报价而退出谈判的舞弊行为，有违诚实信用原则，也可能因其延误退出导致采购失败拖延采购人的采购效率。因此，不允许供应商在采购人要求提交最后报价之后退出谈判。第二，供应商退出谈判，应当按照提交响应文件的要求向采购人提交书面的退出谈判申明，或者由供应商授权的受托人在书面申明上签字确认。

二、采购人、采购代理机构应当退还退出谈判的供应商的保证金

保证金是为了制约供应商在政府采购活动中存在的违法违规行为，确保采购行为正常进行，维护采购人利益而设置的担保措施。只有当供应商存在谈判文件所规定的违法行为（如串通谈判、收到成交通知书后拒绝签订政府采购合同）时，采购人才可以不退还保证金，以示对供应商进行制裁，也可以弥补采购人的损失。如果在谈判过程中，已提交响应文件的供应商在提交最后报价之前退出谈判，这种情形属于《办法》允许的做法，供应商不存在违反政府采购法或谈判文件的行为，采购人自然不能扣留供应商的保证金。因此，对于这种情形，采购人、采购代理机构应当退还退出谈判的供应商的保证金。至于退还的时间没有明确规定，但应当在尽可能短的合理时间内退还，并且由于交纳保

证金的时间较短，可以不退还该保证金的利息。

《政府采购竞争性磋商采购方式管理暂行办法》第二十二条也规定，已提交响应文件的供应商，在提交最后报价之前，可以根据磋商情况退出磋商。采购人、采购代理机构应当退还退出磋商的供应商的磋商保证金。

【疑难解析】

1. 谈判文件能否规定供应商在谈判过程中不得退出谈判？

谈判文件不得规定供应商在谈判过程中不得退出谈判。是否参加竞争性谈判是供应商的经营自主权，被邀请参加谈判采购的供应商不是必须参加谈判活动，已经参加谈判的供应商也可以自由退出谈判，这体现了合同自由原则。实践中，业界存在的在采购文件中规定强制参加竞争性谈判的供应商不得退出谈判活动、必须提交最后报价的做法，侵犯了供应商的经营自主权。再者，考虑到谈判过程中对谈判文件实质性的变动可能影响供应商参加谈判的决定，有些供应商因为谈判文件实质性的变动而不能响应时，就应当允许其退出，否则对供应商不公平，这也体现了对供应商经营自主权的尊重。

2. 参加竞争性谈判的供应商退出谈判是否需要承担法律责任？

《办法》第三十四条明确规定了已提交响应文件的供应商，在提交最后报价之前，可以根据谈判情况退出谈判。因此，采购人及采购代理机构不仅不能强制供应商参加采购（如谈判文件规定凡报名采购的供应商不得退出谈判，不参加谈判则不退还保证金、开启响应文件前退出竞争的不退还保证金），也不能强制供应商必须提交最后报价，而应当允许已经参加谈判的供应商在谈判过程中可以自由退出，并退还该供应商的保证金，不得要求供应商承担其他法律责任。

第三十五条　谈判小组推荐成交候选人和编写评审报告

【条文原文】

第三十五条　谈判小组应当从质量和服务均能满足采购文件实质性响应要求的供应商中，按照最后报价由低到高的顺序提出 3 名以上成交候选人，并编写评审报告。

【条文主旨】

本条对谈判小组推荐成交候选人的规则和编写评审报告作出规定。

【条文解读】

谈判小组的任务是与供应商进行谈判，对响应文件进行评审，并推荐成交候选人，编写评审报告提交给采购人，以便采购人根据成交规则和评审报告推荐意见从中确定成交供应商，完成政府采购活动。

一、推荐成交候选人

《政府采购法》第三十八条第五项中规定"采购人从谈判小组提出的成交候选人中根据符合采购需求、质量和服务相等且报价最低的原则确定成交供应商"，成交供应商是从成交候选人中依据成交规则确定的，因此，上述规定也就决定了确定成交候选人的规则。《政府采购法实施条例》第三十七条对"质量和服务相等"进行了解释：供应商提供的产品质量和服务均能满足采购文件规定的实质性要求。因此，质量和服务满足采购文件实质性要求，就是指供应商提交的响应文件对谈判文件作出实质性响应，满足采购人的采购需求，在此基础上按照供应商的最后报价由低到高排序提出成交候选人，不考虑实质性要求以外的其他因素，如增加的功能或增值服务等。

《办法》明确规定"谈判小组应当从质量和服务均能满足采购文件实质性响应要求的供应商中，按照最后报价由低到高的顺序提出3名以上成交候选人"。从中可见，推荐成交候选人的规则如下：第一，供应商响应的质量和服务均能满足采购文件实质性响应要求，也就是完全响应谈判文件中的所有实质性要求，满足采购人提出的采购需求，不存在未实质性响应的情形。第二，经过评审后，对所有合格的供应商按照最后报价由低到高的顺序排序，以此推荐成交候选人。第三，与《招标投标法实施条例》关于中标候选人不超过3名的规定相反，本条规定谈判小组推荐的成交候选人必须为3名以上。但《办法》第二十七条第二款也规定，因合格投标人只有2家、招标失败转为竞争性谈判方式采购的，只有2家供应商。在这种情况下，如果这2家供应商的质量和服务均满足采购文件实质性响应要求，可推荐2名成交候选人；如果只有1家的质量和服务满足采购文件实质性响应要求，只能认定采购失败，不能仅推荐 1 家成交候选人。

二、编写评审报告

评审报告是谈判小组评审工作的全面总结，是采购人决定成交供应商的依据，其内容必须客观、真实、全面，由谈判小组全体成员签字认可。谈判小组成员对评审报告有异议的，谈判小组按照少数服从多数的原则推荐成交候选人。对评审报告有异议的谈判小组成员，应当在评审报告上签署不同意见并说明理由；其拒绝在报告上签字又不书面说明其不同意见和理由的，视为同意评审报告。因此，谈判小组在谈判结束时应当对谈判工作进行全面总结，编制评审报告，这是其基本任务也是其职责所在。

《办法》第十七条规定了评审报告所应具备的主要内容，包括：①邀请供应商参加采购活动的具体方式和相关情况，以及参加采购活动的供应商名单；②评审日期和地点，谈判小组、询价小组成员名单；③评审情况记录和说明，包括对供应商的资格审查情况、供应商响应文件评审情况、谈判情况、报价情况等；④提出的成交候选人的名单及理由。

根据《政府采购竞争性磋商采购方式管理暂行办法》第二十六条、第二十七条规定，竞争性磋商项目评审报告应当包括以下主要内容：①邀请供应商参加采购活动的具体方式和相关情况；②响应文件开启日期和地点；③获取磋商文件的供应商名单和磋商小组成员名单；④评审情况记录和说明，包括对供应商的资格审查情况、供应商响应文件评审情况、磋商情况、报价情况等；⑤提出的成交候选供应商的排序名单及理由。评审报告应当由磋商小组全体人员签字认可。磋商小组成员对评审报告有异议的，磋商小组按照少数服从多数的原则推荐成交候选供应商，采购程序继续进行。对评审报告有异议的磋商小组成员，应当在报告上签署不同意见并说明理由，由磋商小组书面记录相关情况。磋商小组成员拒绝在报告上签字又不书面说明其不同意见和理由的，视为同意评审报告。

三、竞争性磋商评审方法及成交候选供应商的规定

根据《政府采购竞争性磋商采购方式管理暂行办法》第二十三条至第二十五条的规定，竞争性磋商评审方法及成交候选人的规则，与招标项目综合评分法的评审方式有些类似，比竞争性谈判和询价方式要复杂一些。

经磋商确定最终采购需求和提交最后报价的供应商后，由磋商小组采用综合评分法对提交最后报价的供应商的响应文件和最后报价进行综合评分。综合评分法，是指响应文件满足磋商文件全部实质性要求且按评审因素的量化指标评审得分最高的供应商为成交候选供应商的评审方法。综合评分法评审标准中的分值设置应当与评审因素的量化指标相对应。磋商文件中没有规定的评审标准不得作为评审依据。

评审时，磋商小组各成员应当独立对每个有效响应的文件进行评价、打分，然后汇总每个供应商每项评分因素的得分。

综合评分法货物项目的价格分值占总分值的比重（即权值）为30%～60%，服务项目的价格分值占总分值的比重（即权值）为10%～30%。采购项目中含不同采购对象的，以占项目资金比例最高的采购对象确定其项目属性。符合《政府采购竞争性磋商采购方式管理暂行办法》第三条第三项的规定和执行统一价格标准的项目，其价格不列为评分因素。有特殊情况需要在上述规定范围外设定价格分权重的，应当经本级人民政府财政部门审核同意。

综合评分法中的价格分统一采用低价优先法计算，即满足磋商文件要求且最后报价最低的供应商的价格为磋商基准价，其价格分为满分。其他供应商的价格分统一按照下列公式计算：

磋商报价得分＝（磋商基准价/最后磋商报价）×价格权值×100

项目评审过程中，不得去掉最后报价中的最高报价和最低报价。

磋商小组应当根据综合评分情况，按照评审得分由高到低顺序推荐3名以上成交候选供应商，并编写评审报告。符合《政府采购竞争性磋商采购方式管理暂行办法》第二十一条第三款情形（即市场竞争不充分的科研项目，以及需要扶持的科技成果转化项目，提交最后报价的供应商可以为2家），以及根据《财政部关于政府采购竞争性磋商采购方式管理暂行办法有关问题的补充通知》（财库〔2015〕124号）规定采用竞争性磋商采购方式采购的政府购买服务项目（含政府和社会资本合作项目），在采购过程中符合要求的供应商（社会资本）只有2家的，竞争性磋商采购活动可以继续进行的情形下，可以推荐2家成交候选供应商。评审得分相同的，按照最后报价由低到高的顺序推荐。评审得分且最后报价相同的，按照技术指标优劣顺序推荐。

综上所述，竞争性磋商采购方式中确定成交候选人与竞争性谈判方式中在质量和服务均满足采购文件实质性响应要求的基础上按照价格从低到高顺序推荐成交候选人的方式存在较大区别。

【疑难解析】

1. 竞争性谈判成交候选人名单如何推荐产生？

对于成交候选人名单，应当由谈判小组全体成员一致推荐产生；如果谈判小组成员对成交候选人的人选意见不统一的，采取票决的方式产生，也就是由谈判小组全体成员投票，按照少数服从多数的原则推荐成交候选人，如果没有作出须达到 2/3 以上绝对多数等特殊规定，则按照简单多数原则决定，即按照超过谈判小组人数 1/2 的成员的意见办理。

2. 竞争性谈判项目能采用综合评分法评审吗？

根据《政府采购法》第三十八条第五项"谈判结束后，谈判小组应当要求所有参加谈判的供应商在规定时间内进行最后报价，采购人从谈判小组提出的成交候选人中根据符合采购需求、质量和服务相等且报价最低的原则确定成交供应商，并将结果通知所有参加谈判的未成交的供应商"及《办法》第三十五条"谈判小组应当从质量和服务均能满足采购文件实质性响应要求的供应商中，按照最后报价由低到高的顺序提出 3 名以上的成交候选人，并编写评审报告"的规定，竞争性谈判项目的成交原则是经过谈判后，在技术、服务满足谈判文件实质性要求的基础上，价格最低，不得采用综合评分法。

第三十六条 确定成交供应商

【条文原文】

第三十六条 采购代理机构应当在评审结束后 2 个工作日内将评审报告送采购人确认。

采购人应当在收到评审报告后 5 个工作日内，从评审报告提出的成交候选人中，根据质量和服务均能满足采购文件实质性响应要求且最后报价最低的原则确定成交供应商，也可以书面授权谈判小组直接确定成交供应商。采购人逾期未确定成交供应商且不提出异议的，视为确定评审报告提出的最后报价最低的供应商为成交供应商。

【条文主旨】

本条对采购代理机构提交评审报告时间，采购人异议，确定成交供应商的主体、时间、方法及逾期未确定成交供应商的后果作出规定。

【条文解读】

组织竞争性谈判活动，最终的结果就是确定成交供应商。按照《政府采购法》第三十八条第五项的规定，谈判小组应按照谈判文件规定的评定标准，对供应商提交的最后报价进行评审，确定成交候选人名单报采购人。采购人从成交候选人名单中按照符合采购需求、质量和服务相等且报价最低的原则确定成交供应商，并将结果通知所有参加谈判的未成交供应商。本条结合竞争性谈判活动的特点对确定成交供应商作出具体规定。

一、评审报告的送达期限

政府采购活动程序性强，各个环节的程序无缝衔接才可能保证采购活动顺畅、高效。《政府采购法》对于评审报告送达期限并没有规定。为了督促采购代理机构认真履行职责，确保采购活动紧凑高效，《办法》对于竞争性谈判活动送达评审报告的期限提出具体要求，即"采购代理机构应当在评审结束后 2 个工作日内将评审报告送采购人确认"，以防止采购代理机构不及时转交评审报告，从而确保采购人尽快确定成交供应商而不至于过于拖延。

二、确定成交供应商的法律主体

采购活动是为了满足采购人的实际需求开展的，采购结果与采购人的关系最为密切，采购人是采购活动的当事人，因此，确定成交供应商的权力在于采购人。当然，由于竞争性谈判活动是一项民事活动，可以由采购人授权采购代理机构或谈判小组代理从事相关民事活动，比如本条就规定了采购人"也可以书面授权谈判小组直接确定成交供应商"。也就是说，原则上由采购人自己确定成交供应商，也可以授权谈判小组代为确定成交供应商，都是为法律所允许的。

三、确定成交结果的时间

《政府采购法》规定了采购人先确认成交结果，再发出成交通知书，并且在30 天内签订政府采购合同，如果不限定采购人确认成交结果的时限，则会造成在成交结果确认环节拖延，导致采购周期无限期延长，成交供应商因价格具有时效性而最终无法供货的现象。为了防范采购人因意向供应商未成交或对成交结果不满意，故意难为成交供应商，拖沓延长确认时间，造成采购活动无法顺利进行，《办法》为采购人设定了 5 个工作日的确认时限，规定采购人应当在收到评审报告后 5 个工作日内，从评审报告提出的成交候选人中确定成交供应商。

四、采购人异议制度

本条确定了采购人对评审结果的限期确认与异议相结合的制度，采购人在规定时间内有确认采购结果的权利。如果采购人有正当理由认为采购结果不符合成交的要求，则应当在规定时间内提出异议，如果采购人逾期未确定成交供应商且不提出异议的，视为确定评审报告提出的最后报价最低的供应商为成交供应商，这样很好地解决了在实践中存在的采购人长期不确认，使得采购活动长期处于停滞状态，对政府采购造成不良影响的突出问题，为解决此类问题提供了切实可行的依据。

五、确定成交供应商的原则

《政府采购法》第三十八条第（五）项规定"采购人从谈判小组提出的成交候选人中根据符合采购需求、质量和服务相等且报价最低的原则确定成交供应商"，但实践中对如何判断"质量和服务相等"缺乏可操作性的标准，做法也很多，缺乏权威性。为此《办法》明确"谈判小组应当从质量和服务均能满足采购文件实质性响应要求的供应商中，按照最后报价由低到高的顺序提出 3 名以上成交候选人"，采购人"应当在收到评审报告后 5 个工作日内，从评审报告提出的成交候选人中，根据质量和服务均能满足采购文件实质性响应要求且最后报价最低的原则确定成交供应商，也可以书面授权谈判小组直接确定成交供应商"。其中，根据《政府采购法实施条例》第三十七条规定，"质量和服务均能满足采购文件实质性响应要求"就是"质量和服务相等"，"相等"就是指供应商提供的产品质量和服务均能满足谈判文件或者询价通知书规定的实质性要求。也就是说，供应商提交的响应文件对谈判文件、询价通知书作出实质性响应，满足采购需求即可，多余的功能不作为价格考虑因素[一]。"质量和服务相等"的判断标准简化了评审程序和标准，提高了效率，也减少了实践中的操作争议。

[一] 财政部国库司、财政部政府采购管理办公室、财政部条法司、国务院法制办公室财金司：《中华人民共和国政府采购法实施条例释义》，中国财政经济出版社，第 129 ~ 130 页。

六、成交结果公告

根据《政府采购法》第四十三条规定，采购人或者采购代理机构应当自成交供应商确定之日起 2 个工作日内，发出成交通知书，并在省级以上人民政府财政部门指定的媒体上公告成交结果，竞争性谈判文件、询价通知书随成交结果同时公告。成交结果公告内容应当包括采购人和采购代理机构的名称、地址、联系方式，项目名称和项目编号，成交供应商名称、地址和中标或者成交金额，主要成交标的的名称、规格型号、数量、单价、服务要求以及评审专家名单。

《政府采购竞争性磋商采购方式管理暂行办法》第二十八条也规定，采购代理机构应当在评审结束后 2 个工作日内将评审报告送采购人确认。采购人应当在收到评审报告后 5 个工作日内，从评审报告提出的成交候选供应商中，按照排序由高到低的原则确定成交供应商，也可以书面授权磋商小组直接确定成交供应商。采购人逾期未确定成交供应商且不提出异议的，视为确定评审报告提出的排序第一的供应商为成交供应商。

【疑难解析】

1. 竞争性谈判项目出现成交候选供应商最后报价相同时，如何进行排序？

《办法》对此情况没有具体规定。由于竞争性谈判是在质量和服务均能满足采购文件实质性响应要求的基础上确定成交候选人，只进行响应性评审，并不进行具体的技术和商务评分，因此无法参照《政府采购货物和服务招标投标管理办法》（财政部令第 87 号）第五十七条"采用综合评分法的，评标结果按评审后得分由高到低顺序排列。得分相同的，按投标报价由低到高顺序排列。得分且投标报价相同的并列。投标文件满足招标文件全部实质性要求，且按照评审因素的量化指标评审得分最高的投标人为排名第一的中标候选人"的规定，在最后报价相同的情况下，按照评审得分高低确定成交供应商。

可参照招标方式在谈判文件中事先约定处理办法。参照《政府采购货物和服务招标投标管理办法》第五十六条规定"采用最低评标价法的，评标结果按投标报价由低到高顺序排列。投标报价相同的并列。投标文件满足招标文件全部实质性要求且投标报价最低的投标人为排名第一的中标候选人"的规定，可在谈判文件中明确：供应商最后报价相同时，谈判小组的评审报告对该类供应商并列排序。还应当参考该办法第六十八条"采购人应当自收到评标报告之日起 5 个工作日内，在评标报告确定的中标候选人名单中按顺序确定中标人。中标候选人并列的，由采购人或者采购人委托评标委员会按照招标文件规定的方式确定中标人；招标文件未规定的，采取随机抽取的方式确定"的规定，在采购文件中事先约定成交候选人并列时，在确定成交供应商时按技术指标或服务指标优劣排序，或在采购文件中规定以随机抽取方式确定成交供应商。⊖确实没有规定的，由采购人或者谈判小组自主确定成交供应商。

2. 竞争性谈判项目报价最低就应当被确定为成交供应商吗？

根据《政府采购法》第三十八条第（五）项规定，采用竞争性谈判方式采购的，采购人从谈判小组提出的成交候选人中应当根据符合采购需求、质量和服务相等且报价最低的原则确定成交供应商。对于"质量和服务相等"，《政府采购法实施条例》第三十七条解释为"是指供应商提供的产品质量和服务均能满足采购文件规定的实质性要求。"《办法》第三十六条也规定了采购人应当"从评审报告提出的成交候选人中，根据质量和服务均能满足采购文件实质性响应要求且最后报价最低的原则确定成交供应商"。因此，价格不是成交的唯一因素，必须是在供应商提供的产品质量和服务均能满足采购文件规定的实质性要求，不管是否存在优劣高下之分，都视为"质量和服务相等"的情况下，才只考虑比较供应商的价格，也就是相当于采用"最低评标价法"，谁的报价最低（如有符合中小微企业等条件的还需执行政府采购政策考虑调整评标基准价）谁就为成交供应商。因此，有的采购项目尽管某供应商的报价最低，但也可能存在其未满足采购文件实质性要求的情况，也可能还有其他中小微企业因享受价格折扣等优惠政策反而报价占优，这些都可能导致报价最低但不能被确定为成交供应商。

第三十七条　终止竞争性谈判采购活动和重新采购

【条文原文】

第三十七条　出现下列情形之一的，采购人或者采购代理机构应当终止竞

⊖　张志军主编，白如银、冯君副主编：《政府采购全流程百案精析》，中国法制出版社，第 244 页。

争性谈判采购活动，发布项目终止公告并说明原因，重新开展采购活动：

（一）因情况变化，不再符合规定的竞争性谈判采购方式适用情形的；

（二）出现影响采购公正的违法、违规行为的；

（三）在采购过程中符合竞争要求的供应商或者报价未超过采购预算的供应商不足3家的，但本办法第二十七条第二款规定的情形除外。

【条文主旨】

本条对应终止竞争性谈判采购活动、重新采购的适用情形和程序性要求作出具体规定。

【条文解读】

竞争性谈判活动的正常进行以合法合规为前提，当出现不符合竞争性谈判采购方式适用条件等情形时，竞争性谈判活动就不能再正常进行下去，否则就会违反法律规定，导致采购行为或采购结果无效。本条规定了应当终止竞争性谈判采购活动的具体情形及操作程序。

一、应当终止竞争性谈判采购活动的具体情形

（1）因情况变化，不再符合规定的竞争性谈判采购方式适用情形。《办法》第二十七条规定了依法可以适用竞争性谈判采购方式的具体情形，即：①招标后没有供应商投标或者没有合格标的，或者重新招标未能成立的；②技术复杂或者性质特殊，不能确定详细规格或者具体要求的；③非采购人所能预见的原因或者非采购人拖延造成采用招标所需时间不能满足用户紧急需要的；④因艺术品采购、专利、专有技术或者服务时间、数量事先不能确定等原因不能事先计算出价格总额的。只有符合上述情形之一的，才可以适用竞争性谈判采购方式。当情况发生变化（如用户紧急需要的状态解除），不再符合上述情形时，则不满足适用的前提条件，也就不能再使用竞争性谈判采购方式，应依法采用其他采购方式。

（2）出现影响采购公正的违法、违规行为。如果采购人、采购代理机构在竞争性谈判活动中有违法违规行为，如以不合理的条件对供应商实行差别待遇或者歧视待遇，采购人、采购代理机构或其工作人员在采购过程中接受贿赂或者获取其他不正当利益，未按照《政府采购法》和《办法》规定在指定媒体上发布政府采购信息，未依法选择参加竞争性谈判的供应商，未按照《办法》规定组成谈判小组或未按照《政府采购法》和《办法》的规定采用竞争性谈判采购方式等行为，可能影响采购公正性的，应当终止竞争性谈判采购活动，依法纠正该违法违规行为，确保采购活动合法合规，结果公平公正。

（3）在采购过程中符合竞争要求的供应商或者报价未超过采购预算的供应商不足3家的，但《办法》第二十七条第二款规定的情形除外。竞争性谈判要求必须有3家及以上供应商参与方为有效，经过谈判，如果按照《办法》符合竞争要求的供应商不足3家，或者报价未超过采购预算的供应商不足3家，则竞争性不足，应当终止该竞争性谈判活动。但是根据《办法》第二十七条第二款规定，对于公开招标的货物、服务采购项目，因招标过程中提交投标文件或者经评审实质性响应招标文件要求的供应商只有两家时，采购人、采购代理机构经本级财政部门批准后可以与该两家供应商进行竞争性谈判。

二、终止竞争性谈判采购活动的程序

终止竞争性谈判活动，意味着本次采购活动终止，双方不再进行谈判。采购人作出此决定后，应当发布项目终止公告并说明原因，以便及时告知供应商，并方便接受社会的监督，审视采购人作出终止竞争性谈判采购活动的决定是否合法，其理由是否充分。

因上述原因终止竞争性谈判采购活动后，采购项目并没有发生变化，采购人的采购需求也并没有得到满足，只是不再适合采用竞争性谈判方式，采购人可以依法变更采购方式，如重新采用公开招标或询价采购、单一来源谈判等方式采购，以实现采购的目的。

《政府采购竞争性磋商采购方式管理暂行办法》第三十四条也规定，出现下列情形之一的，采购人或者采购代理机构应当终止竞争性磋商采购活动，发布项目终止公告并说明原因，重新开展采购活动：①因情况变化，不再符合规定的竞争性磋商采购方式适用情形的；②出现影响采购公正的违法、违规行为的；③除本办法第二十一条第三款规定的情形外，在采购过程中符合要求的供应商或者报价未超过采购预算的供应商不足3家的。该办法第三十五条还规定，在采购活动中因重大变故，采购任务取消的，采购人或者采购代理机构应当终止采购活动，通知所有参加采购活动的供应商，并将项目实施情况和采购任务取消原因报送本级财政部门。

【疑难解析】

1. 竞争性磋商只有两家供应商提交了最后报价时还可以继续进行采购活动吗？

根据《政府采购竞争性磋商采购方式管理暂行办法》第二十一条规定，提交最后报价的供应商不得少于 3 家，除非是"市场竞争不充分的科研项目，以及需要扶持的科技成果转化项目"允许"提交最后报价的供应商可以为 2 家"，否则竞争性磋商活动失败。

《财政部关于政府采购竞争性磋商采购方式管理暂行办法有关问题的补充通知》（财库〔2015〕124 号）补充规定："采用竞争性磋商采购方式采购的政府购买服务项目（含政府和社会资本合作项目），在采购过程中符合要求的供应商（社会资本）只有 2 家的，竞争性磋商采购活动可以继续进行。采购过程中符合要求的供应商（社会资本）只有 1 家的，采购人（项目实施机构）或者采购代理机构应当终止竞争性磋商采购活动，发布项目终止公告并说明原因，重新开展采购活动。"根据该规定，政府购买服务项目如只有 2 家供应商在规定时间内提交了最后报价，竞争性磋商采购活动还可以继续进行。

2. 第二次竞争性谈判只有两家供应商可否继续进行？

依据政府采购法及其实施条例的相关规定，除《办法》第二十七条第二款规定的"公开招标的货物、服务采购项目，招标过程中提交投标文件或者经评审实质性响应招标文件要求的供应商只有两家时，采购人、采购代理机构按照本办法第四条经本级财政部门批准后可以与该两家供应商进行竞争性谈判采购"这一特殊情形外，在竞争性谈判活动中，参与谈判、递交最后报价和推荐的成交候选人数，都应当为 3 家以上。竞争性谈判失败，重新启动第二次竞争性谈判活动时，出现了供应商只有 2 家的情形，而并非是在招标过程中，出现提交投标文件的供应商只有 2 家的情形，其不属于《办法》第二十七条第二款规定的竞争性谈判活动可以继续进行的情形，故不可以继续开展谈判活动。对此情形，按照《办法》第三十七条"出现下列情形之一的，采购人或者采购代理机构应当终止竞争性谈判采购活动，发布项目终止公告并说明原因，重新开展采购活动：……（三）在采购过程中符合竞争要求的供应商或者报价未超过采购预算的供应商不足 3 家的，但本办法第二十七条第二款规定的情形除外"的规定，采购人应当发布项目终止公告，终止竞争性谈判，并重新开展采购活动。

第四章 单一来源采购

第三十八条 单一来源采购方式审批前公示程序

【条文原文】

第三十八条 属于政府采购法第三十一条第一项情形，且达到公开招标数额的货物、服务项目，拟采用单一来源采购方式的，采购人、采购代理机构在按照本办法第四条报财政部门批准之前，应当在省级以上财政部门指定媒体上公示，并将公示情况一并报财政部门。公示期不得少于5个工作日，公示内容应当包括：

（一）采购人、采购项目名称和内容；

（二）拟采购的货物或者服务的说明；

（三）采用单一来源采购方式的原因及相关说明；

（四）拟定的唯一供应商名称、地址；

（五）专业人员对相关供应商因专利、专有技术等原因具有唯一性的具体论证意见，以及专业人员的姓名、工作单位和职称；

（六）公示的期限；

（七）采购人、采购代理机构、财政部门的联系地址、联系人和联系电话。

【条文主旨】

本条对采购项目拟采用单一来源采购方式在报财政部门批准之前应当进行公示的程序以及公示内容作出具体规定。

【条文解读】

采购项目达到了限额标准和公开招标数额标准，但所购货物和服务的来源渠道单一，或属专利、首次制造、合同追加、原有采购项目的后续扩充和发生了不可预见紧急情况不能从其他供应商处采购等情况时，采购人只能和唯一供应商进行协商。单一来源采购方式的最主要特点之一是没有竞争性，而政府采购实现各种价值目标的手段就是竞争。正是由于单一来源采购具有直接采购、没有竞争的特点，使单一来源采购只同唯一的供应商签订合同。也就是说，采购活动处于一对一的状态。因此，在交易过程中，更容易滋生各种不规范行为和腐败行为，从采购方式审批、项目实施到最后的合同签订都存在各种风险和问题。单一来源采购不是仅仅从唯一供应商处采购那么简单，采购人更为容易借单一来源采购进行"暗箱"操作或倾向采购某一供应商的产品或服务。抑制违规操作的前提必须是全方位地规范这种采购方式。所以，有必要严格限定单一来源采购方式的适用条件，并且对是否符合上述条件加强规制。

一、单一来源采购方式的适用情形

《政府采购法》第三十一条规定了单一来源采购方式及适用情形，即符合下列情形之一的货物或者服务，可以依照《政府采购法》采用单一来源方式采购：①只能从唯一供应商处采购的；②发生了不可预见的紧急情况不能从其他供应商处采购的，这种情形是指由于不可预见的事件或原因（如地震、海啸等）导致从时间等方面难以满足要求，无法从其他供应商处采购，客观上只能从某一供应商处采购；③必须保证原有采购项目一致性或者服务配套的要求，需要继续从原供应商处添购，且添购资金总额不超过原合同采购金额百分之十的。

上述情形可以划分为以下两种类型：

（1）第一类为"一致性或者服务配套"要求下的单一采购，是指采购人为保持与原有项目功能上的有效对接，或对原有项目进行系统升级，受制于原供应商的产品技术要求或规格型号匹配等因素，只能继续从原供应商处采购。关于"只能从唯一供应商处采购"的情形，《政府采购法实施条例》第二十七条规定，是指因货物或者服务使用不可替代的专利、专有技术，或者公共服务项目具有特殊要求，导致只能从某一特定供应商处采购。使用专利或者专有技术的项目采用单一来源方式采购的，需同时满足以下三个方面的条件：一是项目功能的客观定位决定必须使用指定的专利、专有技术或者服务，而非采购人的主观要求。仅因项目技术复杂或者技术难度大，不能作为单一来源采购的理由。二是项目使用的专利、专有技术或服务具有不可替代性。三是因为产品或生产工艺的专利、专有技术或服务具有独占性，导致只能由某一特定供应商提供。此外，在推进政府购买公共服务改革中，可以结合政府职能转变和机构改革情况考虑是否向特定的体制内单位实行"单一"采购，主要是为落实关于大力推进政府购买公共服务改革的政策要求，充分考虑公共服务项目的特殊性并兼顾改革的力度和进度要求，从而允许从某一特定供应商处采购的情形。

（2）第二类为"添加"要求下的单一采购。《政府采购法》第四十九条明确规定："在不改变合同其他条款的前提下，可以与供应商协商签订补充合同，但所有补充合同的采购金额不得超过原合同金额的百分之十"。其中，"不改变合同其他条款的前提"，应同时满足以下六个条件：原有项目须实施政府采购；签订补充合同之前，应报请财政部门核准使用该项目结余资金；补充期限须在原合同履行期内；补充产品须为原项目本身需要；补充产品品目和单价须与原合同相符；补充金额不超过原合同的百分之十，且补充后的项目采购总金额不得突破原项目预算。原项目采购代理机构对原采购文件和合同较为了解，应作为见证方见证补充协议，对其添加内容是否符合上述条件加以核实。

二、单一来源采购方式公示制度

单一来源采购是最缺乏竞争的一种采购方式，其适用条件也最为严格。本条规定的对"单一来源"的理由应当进行公示接受社会监督即是一种很好的制度设计。《政府采购法实施条例》第三十八条也明确规定："达到公开招标数额标准，符合政府采购法第三十一条第一项规定情形，只能从唯一供应商处采购的，采购人应当将采购项目信息和唯一供应商名称在省级以上人民政府财政部门指定的媒体上公示，公示期不得少于 5 个工作日。"该条例将公示环节以行政法规的形式确立了下来。

"只能从唯一供应商处采购"的认定具有很强的专业性，也存在较大的暗箱操作空间的可能。因此，《办法》针对因该原因拟采取单一来源方式采购的，除经财政部门批准外，还设置了公示程序，要求采购人或采购代理机构在省级以上财政部门指定的政府采购信息发布媒体上公示不少于 5 个工作日，无异议者方可采用单一来源方式，改变了以前决定了采购方式后进入采购操作程序时才公示的弊端。

根据本条规定，对于达到公开招标数额的货物、服务采购项目，只能从唯一供应商处采购的，采购人、采购代理机构在按照《办法》第四条报财政部门批准之前，应当在省级以上财政部门指定媒体上公示，并将公示情况一并报财政部门。公示期不得少于 5 个工作日，公示期满无异议者或者虽然提出异议，但经审核该异议不成立者，方可采用单一来源方式进行采购。因此，对于采购人来说，拟采用单一来源采购的项目，应事先进行市场调研，确定技术规格和合理采购预算，同时对单一来源的供应商也要进行鉴别，确认确实只能从唯一供应商处采购，方可以提出申请。是否符合"只能从唯一供应商处采购"的情形，即便有专家论证结果，但论证的专家也可能不够"专业"，审批单一来源采购方式的政府采购监管部门工作人员毕竟不可能是每一类采购项目的技术专家，是否能够准确审查其中各项表述还有待商榷。如果将适用单一来源采购的理由放在网上进行公示，就可以接受社会的监督，更好地接受本行业其他潜在供应商、采购过类似项目的采购人，或业内专家进行审视提出异议。可以说，单一来源采购理由公示是一种"集众家智慧"的方法，公示结束无异议在一定程度上表明使用单一来源方式的准确，避免事后质疑投诉。

三、单一来源采购方式公示程序的注意事项

（1）公示的主体是采购人或采购代理机构。

（2）公示的载体是省级以上财政部门指定的政府采购媒体。其中，中央预算单位应当在财政部指定的媒体上公示；其他预算单位应当在所在地省、自治区或直辖市人民政府财政部门指定的媒体上公示，预算金额达到国务院财政部门规定标准的，应当在财政部指定的媒体上公示。目前，财政部指定的政府采购信息发布媒体包括中国政府采购网及各地方分网。

（3）公示期不得少于 5 个工作日，不包含节假日，如遇到休息日或者节假日，自动顺延至下一工作日截止日期。为使公众有时间评判公示内容，同时又不拖延采购进度，《政府采购法实施条例》规定单一来源的公示期最少为 5 个工作日。采购人在公示中应当明确公示期，并说明如有疑问应当在公示期内提出。

（4）公示应当包括以下几方面内容：①采购人、采购项目名称和内容。采购项目信息不能只言片语，要对采购内容进行详细描述，使公众和潜在供应商知道采购项目的基本情况，不能只是某一方面的内容。②拟采购的货物或者服务的说明。③采用单一来源采购方式的原因及相关说明。④拟定的唯一供应商名称、地址；如果货物的供应商是代理商，为了全面反映供应商的情况，不仅要公示作为供应商的代理商，还要公示货物的制造商。⑤专业人员对相关供应商因专利、专有技术等原因具有唯一性的具体论证意见，以及专业人员的姓名、工作单位和职称。⑥公示的期限。⑦采购人、采购代理机构、财政部门的联系地址、联系人和联系电话。在公示中，联系方式要保持畅通，便于社会监督，使公众有渠道提出异议。采购人、采购代理机构可以按照 2020 年 3 月 18 日财政部办公厅印发的《政府采购公告和公示信息格式规范（2020 年版）》（财办〔2020〕50 号）中的"单一来源采购公示"格式和内容编制公示文本。

根据上述公示内容来看，采购人、采购代理机构在公示之前要对"只能从唯一供应商处采购"的依据"做足功课"，一是应事先进行市场调研，确定符合设定的技术规格、采购需求和合理采购预算的供应商只有一个。二是公示中要有专业人员的意见，应组织专业人员对相应供应商因专利、专有技术等原因出具唯一性的具体论证意见，对"只能从唯一供应商处采购"提出充足、令人信服的理由。

（5）公示的时间是在按照《办法》第四条报财政部门批准单一来源采购方式之前，改变了以前决定采购方式后进入采购操作程序时才公示的时间很短，相关供应商不一定能在第一时间发现，等到发现后，规定的质疑期却已过的弊端。

（6）公示时还应将公示情况一并报财政部门，达到让财政部门已经知悉采购人履行了单一来源采购方式审批前的公示程序的法定义务的情况，以作为后续批准单一来源采购方式的程序性依据之一。

【疑难解析】

1. 采用单一来源采购方式，应履行哪些申请手续？

根据《办法》规定，以"只能从唯一供应商处采购"为由拟采取单一来源方式采购的，应按照以下程序操作：①采购人提出申请，说明原项目内容（或功能）、采购金额、采购时间，现项目所要达到的预期目标，采购预算、单一来源采购理由等。②主管预算单位确认。③专业技术人员认证。项目的专有技术或服务是否具有不可替代性或独占性，前后项目是否必须保持一致性或服务配套，采购人需聘请专业人员作出论证。④公示单一来源采购信息。代理机构在指定媒体发布单一来源采购公示，达到公开招标数额标准的，必须在省级财政部门指定的媒体上公示，接受社会监督，公示期不得少于 5 个工作日。⑤填制表格报送财政部门审批。在实践中，除了邀请技术等方面专家评审外，对于达到公开招标数额标准的采购项目，将公示作为申请单一来源的必备环节，由采购人在指定媒体上公示单一来源的情况，引入社会监督，可以起到良好的作用和效果。

2.《办法》第三十八条要求提交"专业人员对相关供应商因专利、专有技术等原因具有唯一性的具体论证意见"，这里对"专业人员"有什么要求？

这里的专业人员是指熟悉拟采购标的的技术、服务指标和市场情况的人员，既可以是财政部门政府采购专家库内人员，也可以是库外人员，没有人数要求，完全由采购人视项目情况自行确定，不一定必须要从政府采购专家库中抽取。

3. 对于未达到公开招标数额标准且符合只能从唯一供应商处采购情形的政府采购项目，采用单一来源采购方式是否也要进行公示？采购活动开始前是否须经财政部门批准？

对于达到公开招标数额标准且符合只能从唯一供应商处采购的项目，应当将单一来源理由依法公示接受社会监督，但是对于未达到公开招标数额标准且符合只能从唯一供应商处采购的情形的，并没有要求必须公示。财政部办公厅《关于未达到公开招标数额标准政府采购项目采购方式适用等问题的函》（财办库〔2015〕111 号）明确提出，根据《政府采购法》第二十七条规定，未达到公开招标数额标准且符合《政府采购法》第三十一条第一项规定情形只能从唯一供应商处采购的政府采购项目，可以依法采用单一来源采购方式。针对此类项目的具体操作，该函件明确，此类项目在采购活动开始前，无须获得设区的市、自治州以上人民政府采购监督管理部门的批准，也不用按照《政府采购法实施条例》第三十八条规定在省级以上财政部门指定的媒体上公示。对于此类项目，采购人、采购代理机构应当严格按照《办法》的有关规定，组织具有相关经验的专业人员与供应商商定合理的成交价格并保证采购项目质量，做好协商情况记录。

4. 追加采购是否应该执行单一来源采购程序？

《政府采购法》第三十一条规定："符合下列情形之一的货物或者服务，可以依照本法采用单一来源方式采购：……（三）必须保证原有采购项目一致性或者服务配套的要求，需要继续从原供应商处添购，且添购资金总额不超过原合同采购金额百分之十的。"《政府采购法》第四十九条规定："政府采购合同履行中，采购人需追加与合同标的相同的货物、工程或者服务的，在不改变合同其他条款的前提下，可以与供应商协商签订补充合同，但所有补充合同的采购金额不得超过原合同采购金额的百分之十。"从上述两个法律条款的表述来看，合同追加分为以下两种情形：一种情形是合同履行中的追加，也就是《政府采购法》第四十九条的情形。这种情形无须履行单一来源采购程序，直接签订补充协议。另一种情形是原合同已经履行完毕的追加。这种追加就需要履行单一来源采购程序，包括组成采购小组、与供应商协商、确定合同价格、签订采购合同、公示成交结果、合同备案、支付等。

第三十九条　单一来源采购方式异议

【条文原文】

第三十九条　任何供应商、单位或者个人对采用单一来源采购方式公示有异议的，可以在公示期内将书面意见反馈给采购人、采购代理机构，并同时抄送相关财政部门。

【条文主旨】

本条对有关单位和个人可以就单一来源采购方式提出异议的程序作出规定。

【条文解读】

为了避免采购人规避法律规定随意采取单一来源采购方式，违背政府采购公平竞争的原则，《办法》对达到公开招标数额的货物、服务项目，因"只能从唯一供应商处采购"而拟采用单一来源采购方式的，规定了公示制度，目的就是接受社会监督，邀请社会上的单位和个人对公示的拟采用单一来源采购的项目是否符合法律规定的情形，阐述的理由是否充足，专业论证意见是否客观真实，结论是否准确可靠进行审查。如果认为单一来源采购的理由不充分，结论不准确，存在违法行为、虚假阐述、与事实不符等情形时，有权向采购人、采购代理机构提出异议，要求采购人、采购代理机构予以纠正；并同时抄送相关财政部门，以便其对采购人、采购代理机构接受并处理异议的情况实施监督。

落实该条规定，需要注意以下几点：

（1）《办法》对提出单一来源方式异议的主体没有进行限制。任何供应商、单位或者个人对采用单一来源采购方式公示有异议的，都可以在公示期内向采购人、采购代理机构提出书面意见，并同时抄送财政部门，这样的规定有利于公众对这一特殊采购方式进行监督。

（2）考虑到确保采购效率的要求，不能因为异议而导致采购活动过于延误。本条对于异议期进行了限制，要求必须在公示期内提出异议，也就是在省级以上财政部门指定媒体上公示拟采用单一来源采购的信息之日起 5 个工作日内。超出公示期不能再提出异议。

（3）异议人必须以书面形式提出异议。如果是单位提出异议，应当在书面异议书上加盖该单位公章并由法定代表人（负责人）签字；如果是个人提出异议，由该人在书面异议书上签字，并在异议期内按照公示信息所载明的采购人或采购代理机构的联系地址送达到指定地点。

【疑难解析】

供应商对政府采购项目采用单一来源采购方式在公示期间提出异议，是否影响后续再提出质疑？

《办法》第三十九条规定的异议不同于《政府采购法》规定的质疑，不得用此条规定的异议去代替质疑。因此，供应商如对采取单一来源采购有不同意见的，既可以在单一来源采购方式公示期间提出异议，也可以在采购活动开始后根据《政府采购法》第五十二条的规定提出质疑。

第四十条　单一来源采购方式异议处理

【条文原文】

第四十条　采购人、采购代理机构收到对采用单一来源采购方式公示的异议后，应当在公示期满后 5 个工作日内，组织补充论证，论证后认为异议成立的，应当依法采取其他采购方式；论证后认为异议不成立的，应当将异议意见、论证意见与公示情况一并报相关财政部门。

采购人、采购代理机构应当将补充论证的结论告知提出异议的供应商、单位或者个人。

【条文主旨】

本条对单一来源采购方式异议的处理程序以及补充论证结论告知程序作出具体规定。

【条文解读】

单一来源采购信息对外公示，如有供应商、单位或者个人在公示期内对采取单一来源方式采购提出书面异议，采购人、采购代理机构收到异议后，应当在公示期满后 5 个工作日内，组织专家进行补充论证，并且经论证，无论认为异议成立与否，都应当根据论证意见作出相应处理，而不能置之不理。

一、对于单一来源采购方式异议应组织补充论证

根据《办法》第三十八条规定，采购人拟采用单一来源采购方式的，应当先进行公示，此时必要的前提条件之一就是组织专业技术人员进行论证，对相关供应商因专利、专有技术等原因具有唯一性出具具体论证意见，而且该论证意见以及专业人员的姓名、工作单位和职称等信息也要一并公示，接受社会监督。这是单一来源采购活动的第一次论证，目的是为了本采购项目符合单一来源采购的适用条件出具支撑性论证意见。根据本条规定，采购人、采购代理机构收到对采用单一采购方式公示的异议后，应当在公示期满后 5 个工作日内，组织补充论证，这是第二次论证。此次论证的重点是对供应商、单位和个人就单一来源采购方式提出的异议有无道理，其意见能否成立进行论证，为是否接受该异议、是否应该改为其他采购方式出具论证意见，其中免不了对第一次论证意见进行复核、补充论证。前述两次论证的侧重点、目的不同。

二、根据论证意见作出异议成立与否的决定并采取相应措施

经过补充论证、专家论证后认为原定单一来源采购方式理由不足，"只能从唯一供应商处采购"缺乏事实依据，确实不符合《政府采购法》第三十八条的规定，异议人对单一来源采购方式所提出的异议成立的，应当终止单一来源采购活动，依法采取其他采购方式进行采购。经过论证，如果认为单一来源采购理由充足，"只能从唯一供应商处采购"，符合《政府采购法》第三十八条的规

定，异议人对单一来源采购方式所提出的异议不成立的，应当将异议意见、论证意见与公示情况一并报相关财政部门，并且可以继续组织单一来源采购活动。当然，财政部门对于采购人上报的异议意见、论证意见与公示情况也可以进行审查，发现论证意见不充分、不合法的，也可以通过行使行政监督权责令采购人予以纠正。

三、论证结论应当告知异议人

无论论证意见为何、异议是否成立，采购人、采购代理机构都应当将补充论证的结论告知提出异议的供应商、单位或者个人，对其异议予以回复。如提出异议的供应商、单位或者个人在收到第二次论证意见后仍存有异议的，从保证采购效率出发，可以不再组织重复论证，而上报由本级财政部门视具体情况决定是否批准采用单一来源采购方式。供应商对补充论证意见结论不服，或者认为相关人员合谋串通、假公济私，故意将有一定竞争的采购项目定为单一来源采购方式，还可以向财政部门申诉举报，财政部门对该申诉举报也应当进行审查处理。

【疑难解析】

1. 在单一来源采购的公示环节，参与补充论证的人员是否可以是公示前的论证人员，公示前参加第一次论证的人员在第二次补充论证时是否应当回避？

《办法》并未对单一来源采购涉及的专家作来源上的硬性要求。因此，针对提出的异议，论证人员是否回避由采购人根据具体情况决定。但考虑到第一次已经组织专家论证，专家提出同意单一来源采购意见，已经先入为主，如果参与第二次论证，可能并不能客观独立进行论证并实事求是提出论证意见，甚至会使第二次论证流于形式，导致单一来源方式公示及其异议制度失去实践价值等因素，可以要求曾参与论证的专业人员予以回避。当然，第二次补充论证时，邀请原来参加第一次论证的专家在第二次论证时给出解释也无不可，甚至还很有必要，有利于补充论证时能更全面掌握情况，论证意见考虑更全面、结论更客观，故实践中可以由采购人根据具体情况来确定，不能一概禁止。

2. 对于单一来源采购方式补充论证意见，供应商仍然不服有何救济手段？

为了避免采购人、采购代理机构"一手遮天"而使选择单一来源采购方式失去制约，采购人、采购代理机构的补充论证的意见不能构成"终局裁决"，供应商有对补充论证意见进行申诉的权利，而财政部门对该申诉也应当进行审查。该审查一般不应影响单一来源采购谈判的进程，但如果财政部门认为问题严重，有必要暂停采购项目的，可以要求采购人暂停采购活动。如审查认为申诉属实，财政部门有权视情况对采购人、采购代理机构进行相应的处罚并责令改正。

第四十一条　单一来源采购成交原则

【条文原文】

第四十一条　采用单一来源采购方式采购的，采购人、采购代理机构应当组织具有相关经验的专业人员与供应商商定合理的成交价格并保证采购项目质量。

【条文主旨】

本条对单一来源采购活动的成交原则作出具体规定。

【条文解读】

经过单一来源采购方式公示、财政部门审批同意采购方式之后，采购人就可以向供应商发出采购通知，得到供应商的回应之后，就可以选派专业人员或组织协商小组，发出采购通知，进行协商谈判。考虑到单一来源供应商只有一家，采购活动仅限于双方谈判价格等合同条款，因此《办法》对单一来源采购的程序规定也较为简单，要求采购人、采购代理机构应当组织具有相关经验的专业人员与供应商进行谈判，在保证采购项目质量的基础上，商定合理的成交价格。

一、协商小组的组成

关于是否成立协商小组以及如何组成，《政府采购法》《政府采购法实施条例》及《办法》并没有作出明确规定，只是要求是"具有相关经验的专业人员"，该概念出现在单一来源采购规定中，意思是"熟悉拟采购标的的技术、服务指标和市场情况的专业人员"。这表明可以从专家库中抽取专家，也可以是政府采购专家库外的专家，而且没有人数要求，完全由采购人确定。这与其他采购方式中，评标委员会成员及谈判小组、询价小组、磋商小组成员的组成和人数都有明确法律规定的情况存在不同。关于确定"具有相关经验的专业人员"的具体操作方式，采购人、采购代理机构可参照竞争性谈判等采购方式，结合项目特点，从政府采购评审专家库内相关专业的专家名单中随机抽取，也可邀请专家库外相关专业的专家参与价格的商定；技术复杂、专业性强的单一来源采购项目，通过随机方式难以确定合适的专业人员的，可自行选定专业人员。

二、组织协商小组与供应商协商

协商小组直接参加采购活动，有权与供应商协商和确定采购事宜，与供应商协商的内容主要是成交价格、技术规格、采购项目质量等采购需求中的实质性内容，审查供应商的报价，并协商价格和其他事项。《政府采购法》规定：采取单一来源方式采购的，采购人与供应商应当遵循本法规定的原则，在保证采购项目质量和双方商定合理价格的基础上进行采购。鉴于此，《办法》再次强调协商的原则或目标是商定合理的成交价格并保证采购项目质量。也就是说，在这种情况下，只是要求专家就"成交价格和服务质量"与供应商进行协商即可。单一来源采购必须确保采购项目质量在符合采购需求的基础上成交价格合理，但何为"合理"，因没有竞争性也没有其他供应商的报价可供比较，故缺乏客观的衡量标准，只能依据历史价格、供需状况等因素来衡量。协商可能成功也可能失败，协商失败的决定由采购人或采购代理机构作出。如果终止协商，涉及保证金的应及时退还。协商成功的，采购人应当发出成交通知书，并将成交结果进行公告。

【疑难解析】

1. 单一来源采购项目有无必要编制采购文件？

由于单一来源采购的特殊性，采购人更关注最终商定的价格，采购文件似乎不像其他采购方式中的那么重要。从《政府采购法》以及《办法》等相关法律的规定来看，采购人采用单一来源采购方式采购时，可以不编制采购文件，也无文件发售期和响应期等方面的规定。因此，采购人可以直接与单一供应商进行面谈。

当然，如果不编制采购文件，采购标的的数量、技术标准、交货时间等就无法作出详细规定，采购专业人员也无法有针对性地与供应商商定产品质量等内容。因此，建议编制单一来源采购项目的采购文件，当然该采购文件的内容相对来说可以比较简单，包括采购项目的需求、采购数量、技术规格、功能描述、质量要求、供货期限等主要内容即可。即使不编制采购文件，也应发出采购通知书，在该通知书中载明采购项目的主要内容。

2. 单一来源采购项目协商谈判中，需要注意哪些问题？如何确定价格谈判的底线？

《政府采购法》第三十一规定："符合下列情形之一的货物或者服务，可以依照本法采用单一来源方式采购：（一）只能从唯一供应商处采购的；（二）发生了不可预见的紧急情况不能从其他供应商处采购的；（三）必须保证原有采购项目一致性或者服务配套的要求，需要继续从原供应商处添购，且添购资金总额不超过原合同采购金额百分之十的。"根据《政府采购法》的规定，单一来源采购方式的适用情形可归纳为"来源唯一""紧急情况"和"功能配套"三种。结合《办法》第四十一条规定，因单一来源采购项目在协商谈判时，采购人相对处于不利地位，容易受到供应商的牵制，故采购人应事先做好充分的市场调研，并根据不同项目的特点，选择合适的方式确定价格谈判底线。对于"来源唯一"采购项目，采购人可设法了解到该供应商提供给其他客户的同一货物或服务售价，以制定价格协商底线；对于"紧急情况"和"功能配套"采购项目，采购人可事先从市场上了解近期同类产品或服务的成交价格，以制定价格协商底线，进而确定合理的成交价格。

3. 单一来源采购项目是否也存在质疑和投诉？

《政府采购质疑和投诉办法》（财政部令第94号）第十条第一款规定，供应商认为采购文件、采购过程、中标或者成交结果使自己的权益受到损害的，可以在知道或者应知其权益受到损害之日起7个工作日内，以书面形式向采购人、采购代理机构提出质疑。该办法第十一条规定，提出质疑的供应商应当是参与所质疑项目采购活动的供应商。潜在供应商已依法获取其可质疑的采购文件的，可以对该文件提出质疑。对采购文件提出质疑的，应当在获取采购文件或者采购文件公告期限届满之日起7个工作日内提出。由于单一来源采购方式面对特定的供应商，一般没有采购文件，采购过程为价格协商过程，所以提供产品或服务的特定供应商很少会对项目提出质疑，除非采购人侵害其合法权益。

那么，其他供应商能否进行质疑呢？根据《政府采购质疑和投诉办法》（财政部令第94号）第十一条规定，其他供应商因为不是参与采购活动的供应商，缺乏质疑资格。而质疑是投诉的前置程序，其他供应商也不能向财政部门提出投诉。其他供应商想要维护自己的合法权益，可在单一来源采购公示期间提出异议，同时抄送财政部门。在得到采购人或采购代理机构的补充论证意见后，若认为采购人或采购代理机构的补充论证意见依然存在问题，可以继续以异议、申诉或举报的形式向财政部门提供书面材料。单一来源采购项目完成后，也可就采购过程中存在的违法违规问题向财政部门进行举报，由财政部门对该项目实施监督检查。

第四十二条　编写协商情况记录

【条文原文】

第四十二条　单一来源采购人员应当编写协商情况记录，主要内容包括：

（一）依据本办法第三十八条进行公示的，公示情况说明；

（二）协商日期和地点，采购人员名单；

（三）供应商提供的采购标的成本、同类项目合同价格以及相关专利、专有技术等情况说明；

（四）合同主要条款及价格商定情况。

协商情况记录应当由采购全体人员签字认可。对记录有异议的采购人员，应当签署不同意见并说明理由。采购人员拒绝在记录上签字又不书面说明其不同意见和理由的，视为同意。

【条文主旨】

本条对单一来源采购人员应当编写协商情况记录以及协商情况记录的内容、签字要求作出具体规定。

【条文解读】

采用单一来源采购方式的，采购人、采购代理机构应当组织具有相关经验的专业人员与供应商商定合理的成交价格并保证采购项目质量，在协商结束后，协商小组应编写协商情况记录。从报财政部门批准之前的公示到单一来源采购结束时编写协商情况记录，从采购源头和终端尽最大可能地杜绝了造成采购项目质量、合理价格难以保证及滋生腐败的因素。

一、协商情况记录的内容

根据本条第一款规定，单一来源采购结束时应编写协商情况记录，主要内容包括：①依据《办法》第三十八条（具备"只能从唯一供应商处采购"的情形时拟采用单一来源采购方式）进行公示的，公示情况说明，应当包括公示内容、时间、媒体、异议及其处理情况等；②协商日期和地点，采购人员名单；③供应商提供的采购标的成本、同类项目合同价格以及相关专利、专有技术等情况说明；④合同主要条款及价格商定情况。

上述第①、②项内容是对采购相关客观信息进行记录备查。第③项内容相较此前的采购实践，《办法》对单一来源采购制度的一项重大变化是引入了成本核算的概念，即要求采购人员编写的协商情况记录中应当包含供应商提供的采购标的成本、同类项目合同价格以及相关专利、专有技术等情况说明。第④项内容是单一来源采购结果的最终体现，应当在协商情况记录中加以记载。

二、协商情况记录的签字确认

协商情况记录是协商小组与供应商进行协商工作的如实记录，是采购人决定成交供应商的依据，其内容必须客观、真实、全面，应当由采购全体人员签字认可。采购人员对协商情况记录有异议的，应当在协商情况记录上签署不同意见并说明理由；其拒绝在协商情况记录上签字又不书面说明其不同意见和理由的，视为同意协商情况记录上所记载的信息。

采购人根据协商情况记录确认成交供应商并向其发出成立通知，明确要求签订合同相关事宜。

【疑难解析】

1. 单一来源采购协商情况记录内容为什么要包含"供应商提供的采购标的成本、同类项目合同价格"的内容？

单一来源采购成交价格往往比较高，基本上是"贴"着采购预算成交的。《办法》之所以作出上述要求，主要考虑以下几点：一是增加一项可查询的信息记录，方便审计和财政部门事后监督；二是保证成交价格的合理性。如果该产品市场在售，那么同等条件下政府采购价不能高于市场价；如果该产品没有形成市场价格，那么供应商就要告知该产品的成本。

2. 单一来源采购协商结果是否应当公示？

除 PPP 项目以外，《政府采购法》及其配套法律规范没有要求采购人或采购代理机构，在确定成交供应商阶段对预中标、成交供应商进行公示。因此，不仅仅是单一来源采购方式，其他诸如招标、竞争性谈判、竞争性磋商和询价等采购方式，也可以不经公示环节而直接确定中标、成交供应商。

3. 单一来源采购成交结果是否需要公告？

单一来源采购方式的成交结果是否需要公告，相关法律一直没有明确规定，而《办法》第十八条关于成交结果公告的规定中提及了单一来源采购方式，因此采购人或者采购代理机构应当在成交供应商确定后 2 个工作日内，在省级以上财政部门指定媒体上公告单一来源采购的成交结果。《政府采购信息发布管理办法》（财政部令第 101 号）规定的应当公开的政府采购信息中的"中标（成交）结果公告"也包括单一来源采购成交结果。采购人发布的成交结果公告中，应当包括以下几方面内容：①采购人和采购代理机构的名称、地址和联系方式；②项目名称和项目编号；③成交供应商名称、地址和成交金额；④主要成交标的的名称、规格型号、数量、单价、服务要求；⑤单一来源采购人员名单。2020 年 3 月 18 日，财政部办公厅印发的《政府采购公告和公示信息格式规范（2020 年版）》（财办〔2020〕50 号），提供了"中标（成交）结果公告"的格式，采购单位和采购代理机构可以按照该格式及内容编制单一来源采购成交结果公告。

第四十三条　终止单一来源采购活动和重新采购

【条文原文】

第四十三条　出现下列情形之一的，采购人或者采购代理机构应当终止采购活动，发布项目终止公告并说明原因，重新开展采购活动：

（一）因情况变化，不再符合规定的单一来源采购方式适用情形的；

（二）出现影响采购公正的违法、违规行为的；

（三）报价超过采购预算的。

【条文主旨】

本条对终止单一来源采购活动的情形以及重新采购的程序性要求作出具体规定。

【条文解读】

单一来源采购活动的正常进行以合法合规为前提，当出现不符合单一来源采购方式适用法定条件等情形时，单一来源采购活动就不能再正常进行下去，否则就会违反法律规定，导致采购行为或采购结果无效。本条规定了应当终止单一来源采购活动的具体情形及操作程序。

一、应当终止单一来源采购活动的三种情形

（1）因情况变化，不再符合规定的单一来源采购方式适用情形。单一来源采购是一种针对唯一供应商的采购方式，基本不存在竞争性，因此《政府采购法》第三十一条规定了依法可以适用单一来源采购方式的具体情形仅限于：①只能从唯一供应商处采购的；②发生了不可预见的紧急情况不能从其他供应商处采购的；③必须保证原有采购项目一致性或服务配套要求，需继续从原供应商处添购，且添购总额不超过原合同采购金额百分之十的。只有符合上述情形之一的，才可以适用单一来源采购方式。《办法》也对因只有唯一供应商等原因采取单一来源方式采购的项目规定了公示程序。鉴于采取单一来源方式采购必须满足法律规定的严格条件，当情况发生变化（如用户紧急需要的状态解除、需求变更导致添购总额超过原合同采购金额百分之十的），不再符合上述情形时，则不满足适用的前提条件，也就不能再使用单一来源采购方式，应终止单一来源采购活动并依法采用其他采购方式。

（2）出现影响采购公正的违法、违规行为。如果采购人、采购代理机构在单一来源采购活动中有违法、违规行为，如未按照《政府采购法》和《办法》规定对"只能从唯一供应商处采购"的情形拟采用单一来源采购方式在指定媒体上进行公示，公示中对于其他供应商提出的异议未予以处理，申请单一来源采购方式时提供虚假材料等，可能影响采购公正性的，应当终止单一来源采购活动，依法纠正该违法、违规行为，确保采购活动合法合规，结果公平公正。

（3）报价超过采购预算。《政府采购法》第六条和第三十三条规定，政府采购应当严格按照批准的预算执行，因此政府采购项目不得突破预算额度，批准的政府采购项目预算是采购支付的最高限额。如报价超过了采购预算，就超过了采购人的支付能力，采购人不能签订政府采购合同，该项目就无法实施。因此，当最终供应商的报价超过采购预算的，只能终止单一来源采购活动。

需要注意的是，《办法》规定了应当终止单一来源采购活动的三种情形。实践操作中，不能以供应商的技术响应方案过于简单、保证金缴纳有问题等为由将项目采购终止，而应通过商议、补充材料等方式使双方达成一致，从而保证采购的时效性。

二、终止单一来源采购活动的程序

终止单一来源采购活动，意味着本次采购活动终止，双方不再进行协商。采购人作出此决定后，应当发布项目终止公告并说明原因，以便及时告知供应商，并方便接受社会的监督。因上述原因终止单一来源采购活动后，采购项目并没有发生变化，采购人的采购需求也并没有得到满足，只是不再适合采用单一来源采购方式，采购人可以依法变更采购方式，如重新采用公开招标或询价采购等方式采购，也可以调整采购需求或者采购预算，重新进行单一来源采购，以实现采购的目的。

第五章　询　　价

第四十四条　询价采购需求描述

【条文原文】

第四十四条　询价采购需求中的技术、服务等要求应当完整、明确，符合相关法律、行政法规和政府采购政策的规定。

【条文主旨】

本条对询价采购需求如何描述的要求作出规定。

【条文解读】

询价也是政府采购方式之一，被询价供应商只有一次报价机会，故对合同条款十分关注。《政府采购法实施条例》第三十六条规定：询价通知书应当根据采购需求确定政府采购合同条款。在询价过程中，询价小组不得改变询价通知书所确定的政府采购合同条款。因此，采购需求决定了不得变更的合同条款，采购需求的完整、明确对于采购活动是否成功十分关键，本条对采购需求提出了相关要求。

一、询价的适用情形

为了减少采购成本，提高采购效率，《政府采购法》第三十二条规定"采购的货物规格、标准统一、现货货源充足且价格变化幅度小的政府采购项目，可以依照本法采用询价方式采购。"询价采购方式只适用于货物类采购项目，而且规格标准统一、现货货源充足且价格变化幅度小，这三个条件应当同时具备。说明询价采购货物的对象是定型产品或标准产品，即对产品（或零件）的类型、性能、规格、质量、所用原材料、工艺装备和检验方法等规定统一标准而生产的产品，如交通工具、电器等。

二、询价的程序

《政府采购法》第四十条规定了询价采购的基本程序，即：①成立询价小组。询价小组由采购人代表和有关专家共三人以上的单数组成，其中专家的人数不得少于成员总数的三分之二。询价小组应当对采购项目的价格构成和评定成交的标准等事项作出规定。②确定被询价的供应商名单。询价小组根据采购需求，从符合相应资格条件的供应商名单中确定不少于三家的供应商，并向其发出询价通知书让其报价。③询价。询价小组要求被询价的供应商一次报出不得更改的价格。④确定成交供应商。采购人根据符合采购需求、质量和服务相等且报价最低的原则确定成交供应商，并将结果通知所有被询价的未成交的供应商。

在此基础上，《办法》对询价程序进一步作出详细的规定，具体如下：

（1）成立询价小组，询价小组确认或者制定询价通知书。从现实情况来看，由采购人、采购代理机构先成立询价小组，再由询价小组制定或确认询价通知书、确定参加询价的供应商，该程序很难适应现状，不具有操作性，势必造成评审费用增加，加大采购成本，而且先成立询价小组使评审专家信息提前被公布，也将加大评审工作的监管难度。因此，实践中由采购人或采购代理机构先行编制询价通知书，待询价时由成立的询价小组进行确认比较可行。

（2）采购人、采购代理机构通过发布公告，从省级以上财政部门建立的供应商库中随机抽取或者采购人和评审专家分别书面推荐的方式邀请不少于3家符合相应资格条件的供应商参与询价采购活动。询价小组从上述符合相应资格条件的供应商名单中确定不少于3家的供应商参加询价。

（3）在询价开始前，必须有详细的书面询价通知书，用以告知参加询价的供应商采购项目的基本情况和报价注意事项，以及项目评审和确定成交的原则、办法等。从询价通知书发出之日起至供应商提交响应文件截止之日止不得少于3个工作日。供应商在询价通知书要求的截止时间前，将响应文件送达指定地点。在响应文件中供应商应当按照询价通知书的规定一次报出不得更改的价格。采购人在规定的时间内接收供应商递交的响应文件，并组织询价小组集中审阅响应文件，对报价进行评审。

（4）询价小组在对响应文件的有效性、完整性和响应程度进行审查时，可以要求供应商对响应文件中含义不明确、同类问题表述不一致或者有明显文字和计算错误的内容等作出必要的澄清、说明或者更正。供应商的澄清、说明或者更正不得超出响应文件的范围或者改变响应文件的实质性内容。询价小组在询价过程中，不得改变询价通知书所确定的技术和服务等要求、评审程序、评定成交的标准和合同文本等事项。

（5）询价小组应当在评审基础上，按照询价采购确定成交的原则以及询价文件的规定从质量和服务均能满足采购文件实质性响应要求的供应商中，按照报价由低到高的顺序提出 3 名以上成交候选人，并编写评审报告。

（6）采购人应当在收到评审报告后 5 个工作日内，从评审报告提出的成交候选人中，根据质量和服务均能满足采购文件实质性响应要求且报价最低的原则确定成交供应商，也可以书面授权询价小组直接确定成交供应商。采购人逾期未确定成交供应商且不提出异议的，视为确定评审报告提出的最后报价最低的供应商为成交供应商，并向成交供应商发出成交通知书，组织供需双方履行合同，并对合同履行情况进行检查验收。

在实践中，询价采购应严格遵守以上基本程序，并确保在每个环节都有完整的书面采购文件资料及其记录，而且所有的资料必须完整、齐备。在这些资料中，最为重要的就是询价通知书及询价采购活动记录，不仅要确保采购文件及其采购活动记录的完整性，还要在询价采购活动实施结束后，对询价采购文件及其询价采购活动记录、资料进行妥善保管。

三、询价采购项目的采购需求

询价并非只是找几家供应商问问价格。如果不事先审查供应商资质、制定详细的产品技术规格和商务需求，很有可能买到便宜的产品但售后服务却不尽人意，也有可能买到的根本就是不合格的产品。《政府采购法实施条例》第十五条规定："采购人、采购代理机构应当根据政府采购政策、采购预算、采购需求编制采购文件。采购需求应当符合法律法规以及政府采购政策规定的技术、服务、安全等要求。政府向社会公众提供的公共服务项目，应当就确定采购需求征求社会公众的意见。除因技术复杂或者性质特殊，不能确定详细规格或者具体要求外，采购需求应当完整、明确。必要时，应当就确定采购需求征求相关供应商、专家的意见。"本条也明确规定："询价采购需求中的技术、服务等要求应当完整、明确，符合相关法律、行政法规和政府采购政策的规定。"

1. 采购需求应当合规、完整、明确

采购人应当发出询价通知书，采购需求是其必备内容。根据采购需求编制采购文件是实现采购目标和"物有所值"的基础。采购需求是指采购人对拟采购的货物、工程和服务的技术、规格和性能、功能以及质量要求等。采购需求的编制是否准确、详细，功能、性能指标是否全面，是实现采购目标和"物有所值"的判断标准。合规、完整、明确是编制采购需求的三个基本要求。其中，合规是指政府从事采购管理时，代表国家履行管理职责，必须严格执行国家法律法规，在制定采购需求时要将国家利益和公共利益放在首位，确定的采购需求必须符合国家法律法规以及政府采购政策规定的技术、服务、安全等要求，促进供应商依法合规生产，发挥政府采购导向作用，维护国家利益和公共利益。完整是指采购需求应全面包括供应商需具备的资格条件及满足政府所需或公共服务的全部要求，特定情况下还需包括技术保障或服务人员组成方案等要求。明确是指采购需求应当准确明了、规范，不能模棱两可，似是而非。制定完整、明确的采购需求在采购实践中至关重要：一是保证评审工作顺利开展，以及实现采购目标和"物有所值"目标的前提条件；二是有利于提高供应商编制投标和响应文件的科学性和有效性，保证政府采购活动的公平公正。询价通知书的采购需求要符合上述要求，才能确保询价采购活动依法合规开展，确保过程规范、结果公正。

2. 询价通知书应体现政府采购政策

《政府采购法》第九条规定了政府采购政策，"政府采购应当有助于实现国家的经济和社会发展政策目标，包括保护环境，扶持不发达地区和少数民族地区，促进中小企业发展等。"《政府采购法实施条例》第六条也规定："国务院财政部门应当根据国家的经济和社会发展政策，会同国务院有关部门制定政府采购政策，通过制定采购需求标准、预留采购份额、价格评审优惠、优先采购等措施，实现节约能源、保护环境、扶持不发达地区和少数民族地区、促进中小企业发展等目标。"根据政府采购政策编制采购文件是实现政府需求目标和社会目标的要求，实现国家的经济和社会发展目标，包括保护环境、扶持不发达地区和少数民族地区、促进中小企业发展等政策。在开展政府采购活动中如何落实政府采购政策，是采购人和采购代理机构编制询价通知书时必须考虑的内容，关系到国家宏观调控目标和社会目标的实现。询价采购项目同样也应注重发挥政府采购应有的政策功能和作用。目前，国家出台的有关政府采购政策的文件主要有：《政府采购促进中小企业发展管理办法》（财库〔2020〕46号）、《关于政府采购支持监狱企业发展有关问题的通知》（财库〔2014〕685号）、《关于印发〈节能产品政府采购实施意见〉的通知》（财库〔2004〕185号）、《关于环境标志产品政府采购实施的意见》（财库〔2006〕90号）、《关于促进残疾人就业政府采购政策的通知》（财库〔2017〕141号）及《关于调整优化节能产品、环境标志产品政府采购执行机制的通知》（财库〔2019〕9号）等。

询价通知书编制中应明确载明政府采购政策要求。如采购人或采购代理机构根据《国务院办公厅关于建立政府强制采购节能产品制度的通知》（国办发〔2007〕51号）文件精神，应在政府采购询价通知书中载明对产品的节能要求、对节能产品的优惠幅度，以及评审标准和方法等，以体现优先采购的政策导向。再如财政部、民政部、中国残疾人联合会印发《关于促进残疾人就业政府采购政策的通知》（财库〔2017〕141号）规定了政府采购支持残疾人福利性单位的主要措施如下：一是享受政府采购促进中小企业发展相关政策。在政府采购活动中，残疾人福利性单位视同小型、微型企业，享受预留份额、评审中价格扣除、鼓励联合体投标、鼓励分包等促进中小企业发展的政府采购政策。但残疾人福利性单位本身属于小型、微型企业的，不重复享受政策。二是非招标方式采购。采购人采购公开招标数额标准以上的货物或者服务，因落实促进残疾人就业政策的需要，依法履行报批程序后可以采用公开招标以外的采购方式。三是鼓励采购人优先选择残疾人福利性单位的产品。残疾人福利性单位的产品满足协议供货或者定点采购要求的，可直接入围。政府采购电子卖场、电子商城、网上超市等设立残疾人福利性单位产品专栏。询价通知书中未按规定载明有关产品的优惠幅度，以及评审标准和方法的，财政部门有权责令采购人或采购代理机构改正。

【疑难解析】

1. 对于印刷服务等采购需求明确、技术简单的服务项目能否采用询价方式采购？

目前，服务项目不能采用询价方式进行采购。《政府采购法》第三十二条规定："采购的货物规格、标准统一、现货货源充足且价格变化幅度小的政府采购项目，可以依照本法采用询价方式采购。"《办法》第三条规定："采购人、采购代理机构采购以下货物、工程和服务之一的，可以采用竞争性谈判、单一来源采购方式采购；采购货物的，还可以采用询价采购方式……"依据上述相关法律条款规定，询价方式仅适用于货物采购，且仅适用于规格标准统一、现货货源充足且价格变化幅度小的特殊货物的采购活动。因此，印刷服务等服务采购项目不能采用询价方式采购。也有个别地方已开始探索同意内容简单、标准统一的服务项目采用询价方式。

2. 实务中询价应把握哪几个原则？

采用询价方式实施政府采购项目时，首先必须遵循政府采购的一般原则，即公开透明、公平竞争、公正和诚实信用，同时还必须注意把握和遵循以下几个原则：

（1）确保竞争。即参与报价的供应商至少有三家，以确保询价采购过程中的充分竞争。在邀请供应商参与询价时，必须遵循公开原则，要公开采购信息，以确保"货比三家"。

（2）公平对待。在询价过程中，应公平对待每个参与报价的供应商，让每个潜在供应商都能充分了解询价项目的基本情况和相关信息，并获取等同的询价采购文件。同时，在接受报价和对报价进行评审时，要公平对待参与报价的每一家供应商以及每一家供应商递交的报价文件。

（3）"一口报价"。即要求参与报价的供应商，只能提供一个报价，而且这个报价报出后就不能更改，采购人、采购代理机构也不得与其就价格进行协商、谈判，这是询价与招标投标方式相同而与其他非招标方式不同的显著特点。这样做，一方面是为了保证公平竞争，另一方面是为了对采购项目及其所有报价进行公平评审，确保采购过程的公正性。

（4）报价最低。询价采购的成交原则，是符合采购需求、质量和服务相等且报价最低。这里需明确的是，这种最低报价必须是在符合采购需求、质量和服务满足询价文件实质性要求前提下的最低报价才是合格的。

第四十五条　询价通知书的发出及澄清和修改

【条文原文】

第四十五条　从询价通知书发出之日起至供应商提交响应文件截止之日止

不得少于 3 个工作日。

提交响应文件截止之日前，采购人、采购代理机构或者询价小组可以对已发出的询价通知书进行必要的澄清或者修改，澄清或者修改的内容作为询价通知书的组成部分。澄清或者修改的内容可能影响响应文件编制的，采购人、采购代理机构或者询价小组应当在提交响应文件截止之日 3 个工作日前，以书面形式通知所有接收询价通知书的供应商，不足 3 个工作日的，应当顺延提交响应文件截止之日。

【条文主旨】

本条对询价通知书的发售时间及询价通知书的澄清和修改时间及程序性要求作出具体规定。

【条文解读】

财政部门审批询价采购方式后，采购人即可以组织编制询价通知书，并发送给参与询价的供应商。供应商根据询价通知书的要求编制响应文件并提交给采购人，以便采购人组织评审专家对其进行评审比较并最终从中择优确定成交供应商。询价通知书的提供期限和对询价通知书的澄清和修改，直接关系到采购活动的公平公正，实践中也容易出现问题，需要进一步规范，如有的采购项目通过缩短询价通知书的提供期限或者突击修改询价通知书，排斥、限制供应商参与竞争，甚至出现在假期即将到来时开始提供询价通知书，假期结束后一两天就停止提供的现象。因此，要保证公平竞争，就必须为供应商获取询价通知书留出合理的时间。

一、发出询价通知书的时间

采购人发出询价通知书的时间应当合理，以保证供应商有充分的时间领取询价通知书并有足够的时间了解采购人的采购意图、采购需求，有针对性地编制响应采购人实质内容的响应文件，提出自己的报价和方案。如果发出询价通知书的时间没有法定期限，该期限过长或者过短，供应商都有可能由于获得信息的迟滞性而无法及时获得询价通知书，从而可能失去参与竞争性谈判的机会，这实质上也限制了竞争。因此，本条第一款对发出询价通知书的时间进行了明确规定。考虑到询价采购主要是提交报价，对技术、服务响应只进行合格性评审，供应商完成响应文件工作量不大，所需的时间也不是太长，因此本条规定从询价通知书发出之日起至供应商提交响应文件截止之日止不得少于 3 个工作日，与竞争性谈判要求一致。这实际上也是给予供应商编制响应文件的时间，俗称供应商等标期，在充分体现法律公平性的同时也兼顾了采购效率，保障了供应商的合法权益。

采购人或采购代理机构发出询价通知书期限以工作日计算，这不同于以日历日计算。为防止采购人或者采购代理机构通过在节假日期间发出询价通知书而限制或排斥潜在供应商参加询价采购，同时方便潜在供应商与采购代理机构或采购人联系，及时处理询价通知书提供期间可能出现的问题，《办法》以工作日计算询价通知书的提供期限。"3 个工作日"只是最短时间，是发出询价通知书期限的下限，实践中采购人或采购代理机构应当根据不同项目的实际进行调整，按照有利于充分竞争的原则，适当延长提供期限以保证供应商的合法权益。"3 个工作日"的规定要符合《民法典》关于期间的规定，即：按照年、月、日计算期间的，开始的当日不计入，自下一日开始计算。期间的最后一日是法定休假日的，以法定休假日结束的次日为期间的最后一日。期间的最后一日的截止时间为二十四时；有业务时间的，停止业务活动的时间为截止时间。

二、询价通知书的澄清、修改

询价通知书是询价采购活动中最重要的文件之一，供应商参与谈判、评审机构评审、签订合同等都要依据询价通知书。采购人或采购代理机构在编制询价通知书阶段必须做到严谨、科学，对不熟悉的专业问题，应当征求专业人员或者相关供应商的意见，尽量避免对已发出的询价通知书进行修改。询价通知书发出之后，原有内容有错误、矛盾或者不明确的地方，可以对此澄清、补充或修改，以便后续采购活动顺利进行。针对已经发出的询价通知书，若是采购人或采购代理机构自行发现或者接到供应商提出的质疑之后发现该文件中有影响文件实质性内容的错误或者文字表述，可以对其进行必要的澄清或者修改，澄清或者修改要做到依法和公正。

1. 澄清、修改的时间要求

澄清或者修改已发出的询价通知书要给供应商留出一定的响应时间。提交响应文件截止之日前，采购人、采购代理机构或者询价小组可以对已发出的询价通知书进行必要的澄清或者修改，澄清或者修改的内容属于询价通知书的组成部分。当澄清或者修改的内容可能影响响应文件编制的，采购人、采购代理机构或者询价小组应当在提交响应文件截止之日 3 个工作日前，以书面形式通知所有接收询价通知书的供应商，这也与竞争性谈判的规定一致。

本条第一款规定供应商等标期不少于 3 个工作日，第二款又规定澄清或修改内容影响响应文件编制的，应提前 3 个工作日提出。这样，如果将"等标期"仅设置为 3 个工作日，就意味着澄清或修改制度极有可能在操作中落空。如果规定澄清或修改采购文件必须在供应商提交响应文件 3 天之前，那遇到"距提交响应文件只有一两天时间，仍须修改或澄清"情况时，采购人或采购代理机构就会很被动。为了使供应商在准备报价文件时有合理的时间考虑询价通知书的修改内容，采购代理机构可酌情推迟递交响应文件的截止时间，并以书面形式通知所有询价通知书收受人。因此，还规定如果作出澄清、修改的时间点距离响应文件的时间不足 3 个工作日的，应当顺延提交响应文件截止之日，以便供应商根据修改后的询价通知书有足够的时间编制响应文件。

2. 澄清、修改的形式要求

对询价通知书的澄清或修改将对采购活动产生根本性的影响，因此，询价通知书的澄清或修改必须要有形式上的要求。采购代理机构必须以书面形式通知到所有参与询价的供应商，如在询价公告中就明确"询价通知书的修改将以书面形式发给所有询价通知书收受人，该修改通知书将构成询价通知书的一部分，对供应商有约束力"。注意澄清、修改的文件也要采用书面形式通知。书面形式通知包括纸质的文件、信件，也包括电报、电传、传真、电子数据交换和电子邮件等数据电文形式，采购人或者采购代理机构应当保证澄清或者修改的通知被供应商接收，必要时应能够提供相应证据。采用电子方式采购的，询价通知书的澄清或者修改，除了可以电子邮件方式通知外，也可以在采购文件中规定，从指定网站上以公告方式通知和下载。

【疑难解析】

对询价通知书澄清或者修改的内容"可能影响响应文件编制"，判断的主体、程序有无规定？

《办法》没有对如何判断"可能影响"的主体、程序作出明确的规定。在实践中，只要采购双方无异议即视为不影响，就可以保证按照原确定的时间开启响应文件。当然，如果供应商为澄清或者修改的内容有影响响应文件编制的可能性，采购人或采购代理机构就应当适当延长提交响应文件的截止时间，满足距离提交响应文件截止时间前 3 个工作日的规定，以保证供应商有足够的时间根据修改后的询价通知书编制响应文件。

第四十六条　禁止改变询价通知书实质性内容

【条文原文】

第四十六条　询价小组在询价过程中，不得改变询价通知书所确定的技术和服务等要求、评审程序、评定成交的标准和合同文本等事项。

【条文主旨】

本条对询价小组在询价过程中不得改变询价通知书实质性内容作出规定。

【条文解读】

询价采购方式适用于货物规格、标准统一、现货货源充足且价格变化幅度小的政府采购项目。对这类货物，供应商对技术、服务要求等影响价格变动的因素都十分敏感，"比价格"是询价方式最典型的特征。依据《政府采购法》规范的采购程序，供应商收到询价通知书后，依据询价通知书所确定的技术和服务等要求、评审程序、评定成交的标准和合同文本等事项（包括供货的时间要求、支付办法、质量要求、验收方法、包装、交货地、保险支付等条款）一次性地报出不可更改的价格。显然上述要求、参数的任何变动将影响报价。因此，为了确保在询价采购过程中供应商的报价不再发生变动，《办法》对询价采购方式采取与招标方式相同的规定，禁止改变询价通知书所确定的技术和服务等要求、评审程序、评定成交的标准和合同文本等事项，因为询价通知书中的技术和服务等要求、评定成交的标准以及合同文本特别是其中与支付有关的条款，都是供应商报价的重要考虑因素。

《政府采购法实施条例》第三十六条也规定："询价通知书应当根据采购需求确定政府采购合同条款。在询价过程中，询价小组不得改变询价通知书所确定的政府采购合同条款。"该条明确规定了询价过程中询价小组不能修改合同条款。因为询价采购中供应商的报价与合同条款密不可分，询价过程中如果询价小组修改合同条款，会动摇报价的基础，严重背离《政府采购法》关于"被询价的供应商一次报出不得更改的价格"的规定，损害供应商公平参与竞争的权利。

如果允许对这些因素进行变动，法律又强制要求"参加询价采购活动的供应商，应当按照询价通知书的规定一次报出不得更改的价格"，禁止在询价采购过程中变更报价，则会在提高采购需求时对供应商不公平，或者在降低采购需求时对采购人又不公平。因此，必须规定询价小组在询价过程中，不得改变询价通知书所确定的技术和服务等要求、评审程序、评定成交的标准和合同文本等事项，这些内容对供应商的报价都有影响，因此询价过程中不得改变的事项范围也扩大到上述内容。这与《办法》第三十二条针对竞争性谈判方式规定的"在谈判过程中，谈判小组可以根据谈判文件和谈判情况实质性变动采购需求中的技术、服务要求以及合同草案条款，但不得变动谈判文件中的其他内容"截然不同。

【疑难解析】

在询价采购过程中，才发现采购需求等实质性内容确实需要调整修改的，如何处理？

如果在询价采购过程中发现采购需求等实质性内容存在重大遗漏、错误，如果按照原内容进行采购，可能与采购人的实际需求不符，达不到采购目的，《办法》第四十六条又不允许对询价通知书的实质性内容进行变更后让供应商重新提交响应文件，此时确实存在调整修改询价通知书实质性内容的必要性，故应当终止本次采购活动，在修改询价通知书后重新组织询价采购活动。

第四十七条　询价供应商一次报价

【条文原文】

第四十七条　参加询价采购活动的供应商，应当按照询价通知书的规定一次报出不得更改的价格。

【条文主旨】

本条对供应商只能提交一次性报价作出规定。

【条文解读】

根据《政府采购法》第三十二条规定，货物规格、标准统一、现货货源充足且价格变化幅度小的政府采购项目，可以采用询价采购方式。正因为货物规格、标准统一、现货货源充足，说明只要供应商的响应符合采购需求、质量和服务相等（也就是供应商所提供的产品质量和服务均能满足采购文件规定的实质性要求即可，不区分其优劣），对其质量、服务不再是采购考量的重要因素甚至可以忽略，只要比较供应商的报价即可。因此，供应商的报价尤为重要，是确定成交供应商的唯一因素。故本条着重强调"参加询价采购活动的供应商，应当按照询价通知书的规定一次报出不得更改的价格"。也就是说，实行一次性报价机制，被询价的供应商只能一次性报价，报价提交给询价小组后，就不能再更改，采购人、采购代理机构也不得与其就价格进行协商、谈判。这样做，一方面是为了保证公平竞争，另一方面是为了对采购项目及其所有报价进行公平评审比较，确保采购过程的公正性。

对于被询价的供应商而言，在询价采购中，被询价的供应商在确定报价时，一定要慎重，因为价格是一次性报价，没有更改的机会，这一点与招标方式比较相像，其实从《政府采购法》第三十二条规定的询价采购方式适用条件来看，采购人完全可以采取公开招标采购方式开展采购活动，既有利于增强竞争性，又可以保证其规范性，只是考虑到采购效率、采购成本问题，才决定是否采用询价采购方式。

【疑难解析】

1. 询价与竞争性谈判、单一来源采购等方式最大的区别是什么？

询价采购一次性报出不可更改的报价的要求，与竞争性谈判、单一来源采购等方式在采购过程还有机会调整修改其报价截然不同。竞争性谈判和询价采购在采购程序、规则上有很多相似之处。但最大的不同在于，询价要求供应商一次性报出不可更改的价格，不存在多轮价格谈判的问题，而竞争性谈判可以要求供应商进行多轮报价。当然，询价采购不可以指定品牌，原因在于政府采购制度的核心是有效竞争，而有效竞争的基础就是品牌竞争，这一点也是与单一来源采购方式最大的不同。

2. 在询价采购过程中，供应商代表是否必须到现场参加集中报价活动？如果供应商代表未到现场，是否影响响应文件的有效性？

现行政府采购法律法规中，没有关于要求参与询价的供应商必须到现场的规定。就具体项目而言，参与询价采购的供应商是否必须到现场集中报价，应当看该项目的采购文件是否有这方面的要求。一般认为，如果采购文件没有特别规定，供应商代表是否到现场集中报价，并不影响响应文件的有效性。采购文件中如有关于"供应商必须到现场，否则响应文件作无效处理"等类似规定，属于不合理的规定。

3. 询价采购项目价格最低的两个供应商报价相同的，能否让供应商进行二轮报价以便询价小组对供应商进行排序？

根据《政府采购法》第四十条第三项"采取询价方式采购的，应当遵循下列程序：……（三）询价。询价小组要求被询价的供应商一次报出不得更改的价格"以及《办法》第四十七条的规定，询价采购项目只能报出一次不得更改的价格，不允许在询价过程中进行二次报价，不得对价格进行谈判。

第四十八条　询价小组推荐成交候选人和编写评审报告

【条文原文】

第四十八条　询价小组应当从质量和服务均能满足采购文件实质性响应要求的供应商中，按照报价由低到高的顺序提出 3 名以上成交候选人，并编写评审报告。

【条文主旨】

本条对询价小组经评审推荐成交候选人的原则和编写评审报告作出规定。

【条文解读】

询价小组的主要任务就是对被询价的供应商提交的响应文件进行评审，对其报价进行核实排序，并推荐成交候选人，编写评审报告提交给采购人，采购人根据成交规则确定成交供应商。

一、推荐成交候选人

询价采购和竞争性谈判推荐成交候选人、最终确定成交供应商的规则是相同的。《政府采购法》第四十条第四项规定："采购人根据符合采购需求、质量和服务相等且报价最低的原则确定成交供应商"，成交供应商是从成交候选人中依据成交规则确定的。因此，上述规则也就决定了确定成交候选人的规则。为此，《办法》明确规定"询价小组应当从质量和服务均能满足采购文件实质性响应要求的供应商中，按照报价由低到高的顺序提出 3 名以上成交候选人"。从中可见，推荐成交候选人的规则如下：①供应商响应的质量和服务均能满足采购文件实质性响应要求，也就是完全响应谈判文件中的所有实质性要求，满足采购人提出的采购需求即可，不存在未实质性响应的情形；②经过评审后，对所有合格的供应商按照报价由低到高的顺序排序，以此为依据推荐成交候选人，不考虑实质性要求以外的其他因素，如增加的功能或增值服务等；③成交候选人的人数是 3 名及以上。由此可见，询价采购活动推荐成交候选人的规定与竞争性谈判推荐成交候选人的规定一致。

二、编写评审报告

评审报告是询价小组评审工作的全面总结，是采购人决定成交供应商的依据，其内容必须客观、真实、全面，由询价小组全体成员签字认可。对评审报告有异议的询价小组成员，应当在报告上签署不同意见并说明理由；其拒绝在报告上签字又不书面说明其不同意见和理由的，视为同意评审报告。因此，询价小组在谈判结束时应当对谈判工作进行全面总结，编制评审报告，并推荐成交候选人，提交给采购人，以便采购人从中确定成交供应商。

【疑难解析】

1. 询价采购能否采用综合评分法进行评审？

根据《政府采购法》第四十条规定，询价采购项目确定成交供应商的原则是"符合采购需求、质量和服务相等且报价最低"，即在符合采购需求和质量服务相等（质量和服务相等，是指供应商提供的产品质量和相关服务均能满足采购文件规定的实质性要求）的前提下，报价最低的供应商应当被推荐为成交供应商。由此表明，询价采购项目应使用最低价成交法。《财政部关于加强政府采购货物和服务项目价格评审管理的通知》（财库〔2007〕2号）明确规定："采购人或其委托的采购代理机构采用竞争性谈判采购方式和询价采购方式的，应当比照最低评标价法确定成交供应商，即在符合采购需求、质量和服务相等的前提下，以提出最低报价的供应商作为成交供应商。"依据此规定，采用询价方式和竞争性谈判方式的政府采购项目，应当采用最低价成交法，不得采用综合评分法[一]。

2. 询价采购项目价格最低的两个供应商报价相同时，如何对供应商进行排序？

对此问题，目前相关法律尚未作出规定。从采购项目的竞争目的出发，建议请评审小组对两个报价最低的供应商所提供的货物质量性能参数和相关服务方案进行比较后，推荐货物质量、供货方案和售后服务更优者为第一成交候选供应商。

第四十九条　确定成交供应商

【条文原文】

第四十九条　采购代理机构应当在评审结束后2个工作日内将评审报告送采购人确认。

采购人应当在收到评审报告后5个工作日内，从评审报告提出的成交候选人中，根据质量和服务均能满足采购文件实质性响应要求且报价最低的原则确定成交供应商，也可以书面授权询价小组直接确定成交供应商。采购人逾期未确定成交供应商且不提出异议的，视为确定评审报告提出的最后报价最低的供应商为成交供应商。

【条文主旨】

本条对采购代理机构提交评审报告和确定成交供应商的规则、主体及逾期

[一]　张志军主编，白如银、冯君副主编：《政府采购全流程百案精析》，中国法制出版社，第301页。

未确定成交供应商的后果作出具体规定。

【条文解读】

组织询价采购活动，最终的结果就是确定成交供应商。本条结合询价采购活动的特点对确定成交供应商作出具体规定。按照《政府采购法》第四十条第四项的规定，询价小组完成询价工作后，要形成评审报告，提交给采购人，由采购人确定成交供应商。采购人在确定成交供应商时，必须严格执行事先确定的成交供应商评定标准，从评审报告提出的成交候选人中，根据符合采购需求、质量和服务相等且报价最低的原则确定成交供应商。采购人确定成交供应商后，要将结果通知所有被询价的未成交供应商。

一、明确评审报告送达期限

《政府采购法》对于评审报告送达期限并没有规定。为了督促采购代理机构认真履行职责，确保采购活动紧凑高效，提高采购效率，《办法》对于询价活动送达评审报告的期限提出具体要求，即"采购代理机构应当在评审结束后2个工作日内将评审报告送采购人确认"，以防止采购代理机构不及时转交评审报告，从而确保采购人确定成交供应商不至于过于拖延。

二、确定成交供应商的法律主体

采购活动是为了满足采购人的实际需求开展的，采购结果与采购人的关系最为密切，采购人是采购活动的当事人，因此，确定成交供应商的职权在于采购人。当然，由于竞争性谈判、询价活动是一项民事活动，可以由采购人授权采购代理机构或询价小组代理从事相关民事活动，比如本条就规定了采购人"也可以书面授权询价小组直接确定成交供应商"。也就是说，原则上由采购人自己确定成交供应商，也可以授权询价小组代为确定成交供应商，都为法律所允许。

三、采购人确定成交供应商的时间

由于《政府采购法》规定了采购人先确认成交结果，再发出成交通知书的操作流程，并且签订政府采购合同有30天的时限，但如果不规定采购人确认成交结果的时限，则会造成在成交结果确认环节进行拖延，采购周期将可能无限期延长，成交供应商因价格具有时效性而最终无法供货。为了防范采购人因意向供应商未成交或对成交结果不满意，故意为难成交供应商，拖沓延长确认时间，造成采购活动无法顺利进行，《办法》为采购人设定了 5 个工作日的确认时限，规定采购人应当在收到评审报告后 5 个工作日内从评审报告提出的成交候选人中，根据质量和服务均能满足采购文件实质性响应要求且报价最低的原则确定成交供应商，也可以书面授权询价小组直接确定成交供应商。采购人逾期未确定成交供应商且不提出异议的，视为确定评审报告提出的最后报价最低的供应商为成交供应商，为解决此类问题提供了切实可行的依据。

《办法》规定了采购人对评审结果的限期确认与异议相结合的制度，采购人在规定时间内有确认采购结果的权利，如果采购人有正当理由认为采购结果不符合成交的要求，则应当在规定时间内提出异议，否则视为确定评审报告提出的最后报价最低的供应商为成交供应商。这样很好地解决了在实践中存在的采购人长期不确认，使得采购活动长期处于停滞状态，对政府采购造成不良影响的突出问题。

四、确定成交供应商的规则

《政府采购法》第四十条第四项对询价采购项目确定成交供应商的规则作出明确规定，即：采购人根据符合采购需求、质量和服务相等且报价最低的原则确定成交供应商，并将结果通知所有被询价的未成交的供应商。这里所称"质量和服务相等"更多是指按照统一的尺度衡量供应商。但实践中对如何判断"质量和服务相等"缺乏可操作性的标准。采购人或者采购代理机构根据实践经验提出了很多判断标准，如合格法、评分法、表决法等，各有利弊，认定标准不统一。在采购实践中，供应商自身的条件不同，对竞争性谈判文件或者询价通知书的理解不同，响应文件中关注的内容也会不同，很少出现质量和服务完全相等的情况。而《办法》规定：根据质量和服务均能满足采购文件实质性响应要求且报价最低的原则确定成交供应商。前者以"符合采购需求、质量和服务相等且报价最低"的原则确定成交供应商；而后者以"质量和服务均能满足采购文件实质性响应要求且报价最低"的原则确定成交供应商，文字表述有所不同，使得实践中产生两者规定不一致的争议。为此，《政府采购法实施条例》第三十七条细化了"质量和服务相等"的含义，规定《政府采购法》第四十条第四项所称"质量和服务相等"，是指供应商提供的产品质量和服务均能满足询价通知书规定的实质性要求，该解释就将《政府采购法》第四十条和《办法》的规定统一了起来。也就是说，"质量和服务均能满足采购文件实质性响应要求"就是"质量和服务相等",供应商提供的产品质量和服务均能满足谈判文件或者询价通知书规定的实质性要求即可。换句话说,就是供应商提交的响应文件对谈判文件、询价通知书做了实质性响应,满足采购人的采购需求即可,多余的功能不作为价格考虑因素。这与《办法》所规定的"质量和服务均能满足采购文件实质性响应要求"意思相同。这样规定标准明确,也更易于执行。"质量和服务相等"的判断标准简化了评审程序和标准,提高了效率。可以说,"满足采购需求"是底线,"质量和服务相等"是"通过性"条件,不具备选拔的功能,而跟随其后的"报价最低"则是"选拔性"条件。

【疑难解析】

1. 竞争性谈判文件或询价通知书中规定的实质性条款,决定着竞争性谈判或询价采购的成败,那么实务中制定这些实质性条款应注意哪些方面?

根据《办法》的相关规定,在竞争性谈判和询价采购中,在符合采购需求、产品质量和服务均能满足竞争性谈判文件或询价通知书规定的实质性要求的前提下,报价最低的供应商应当确定为成交供应商。这样的规定对采购人和采购代理机构提出了更高的要求。为此,采购人和采购代理机构在编制竞争性谈判文件或询价通知书时,必须明确采购需求、质量和服务的合格标准,将实质性条款落实在具体指标中。评审时,没有列为实质性条款的指标不能作为认定响应无效的因素。实质性条款既要符合实际采购需求,也不能随意提高造成实质性响应的供应商数量不足。评审专家的评审重心就是供应商提供的产品质量和服务是否能够满足采购文件的实质性要求。当满足了竞争性谈判文件或询价通知书规定的实质性要求后,就视为"质量和服务相等",此时只需要对供应商按照价格从低到高排序,最后将报价最低的供应商确定为成交供应商。

2. 询价采购项目两家供应商报价相同且最低,该如何确定成交供应商?

《政府采购法》第四十条规定:"……采购人根据符合采购需求、质量和服务相等且报价最低的原则确定成交供应商,并将结果通知所有被询价的未成交的供应商。"依据《政府采购法》的相关规定,询价采购项目成交供应商的选择适用低价优先法,即在符合采购需求、质量和服务相等的前提下,采购人应当选择报价最低的供应商为成交供应商。当报价最低的供应商有两家,相关法律没有直接对应的法律条款规定该如何处理。结合《政府采购法》第一条的规定,询价项目出现两家供应商报价相同且最低时，以选择货物性能更优的供应商为成交供应商为宜。这一做法可以在预算资金相同的前提下，采购到质量更优的产品，符合《政府采购法》第一条规定的"提高政府采购资金的使用效益"的立法目的。

第五十条 终止询价采购活动和重新采购

【条文原文】

第五十条 出现下列情形之一的，采购人或者采购代理机构应当终止询价采购活动，发布项目终止公告并说明原因，重新开展采购活动：

（一）因情况变化，不再符合规定的询价采购方式适用情形的；

（二）出现影响采购公正的违法、违规行为的；

（三）在采购过程中符合竞争要求的供应商或者报价未超过预算的供应商不足 3 家的。

【条文主旨】

本条对终止询价采购活动的情形和重新采购的程序性要求作出规定。

【条文解读】

询价采购活动的正常进行以合法合规为前提，当出现不符合询价采购方式适用法定条件等情形时，询价采购活动就不能再正常进行下去，否则就会违反法律规定，导致采购行为或采购结果无效。本条规定了应当终止询价采购活动的具体情形及操作程序。

一、应当终止询价采购活动的三种情形

（1）因情况变化，不再符合规定的询价采购方式适用情形。《政府采购法》第三十二条规定了依法可以适用询价采购方式的具体情形，即：采购的货物规格、标准统一、现货货源充足且价格变化幅度小的政府采购项目。只有符合上述条件的货物采购项目，才可以适用询价采购方式。当情况发生变化（如因货物供求关系发生重大变化导致现货货源紧缺，市场价格突然发生大幅度的调整，价格水平不稳定），不再符合上述适用询价采购的前提条件，也就不能再采用询价采购方式，应依法采用其他采购方式。

（2）出现影响采购公正的违法、违规行为。如果采购人、采购代理机构在询价采购活动中有违法、违规行为，如申请询价采购方式时虚构事实、提供虚假材料等，可能影响采购公正性的，应当终止询价采购活动，依法纠正该违法、违规行为，确保采购活动合法合规，结果公平公正。

（3）在采购过程中符合竞争要求的供应商或者报价未超过预算的供应商不足3家。政府采购项目要求成交价格不得超过预算，否则该项目就无法实施。询价采购要求必须有3家及以上供应商参与方为有效，如果提交报价的供应商少于3家，也就是按照《办法》符合竞争要求的供应商不足3家，或者报价未超过采购预算的供应商不足3家，则竞争性不足，应当终止该询价采购活动。

二、终止询价采购活动的程序

终止询价采购活动，意味着本次采购活动终止。采购人作出此决定后，应当发布项目终止公告并说明原因，以便及时告知供应商，并方便接受供应商和社会的监督。因上述原因终止询价采购活动后，采购项目并没有发生变化，采购人的采购需求也并没有得到满足，只是不再适合采用询价采购方式，采购人可以依法变更采购方式，如重新采用公开招标或竞争性谈判、单一来源谈判等方式开展采购，以实现采购的目的。

第六章　法律责任

第五十一条　采购人、采购代理机构未依法采购的法律责任

【条文原文】

第五十一条　采购人、采购代理机构有下列情形之一的，责令限期改正，给予警告；有关法律、行政法规规定处以罚款的，并处罚款；涉嫌犯罪的，依法移送司法机关处理：

（一）未按照本办法规定在指定媒体上发布政府采购信息的；

（二）未按照本办法规定组成谈判小组、询价小组的；

（三）在询价采购过程中与供应商进行协商谈判的；

（四）未按照政府采购法和本办法规定的程序和要求确定成交候选人的；

（五）泄露评审情况以及评审过程中获悉的国家秘密、商业秘密的。

采购代理机构有前款情形之一，情节严重的，暂停其政府采购代理机构资格3至6个月；情节特别严重或者逾期不改正的，取消其政府采购代理机构资格。

【条文主旨】

本条对采购人、采购代理机构未依法进行采购活动应承担的法律责任作出具体规定。

【条文解读】

对于采购人、采购代理机构违法行为的法律责任，《政府采购法》《政府采购法实施条例》有详尽的规定。

177

《政府采购法》第七十一条规定："采购人、采购代理机构有下列情形之一的，责令限期改正，给予警告，可以并处罚款，对直接负责的主管人员和其他直接责任人员，由其行政主管部门或者有关机关给予处分，并予通报：（一）应当采用公开招标方式而擅自采用其他方式采购的；（二）擅自提高采购标准的；（三）以不合理的条件对供应商实行差别待遇或者歧视待遇的；（四）在招标采购过程中与投标人进行协商谈判的；（五）中标、成交通知书发出后不与中标、成交供应商签订采购合同的；（六）拒绝有关部门依法实施监督检查的。"第七十二条规定："采购人、采购代理机构及其工作人员有下列情形之一，构成犯罪的，依法追究刑事责任；尚不构成犯罪的，处以罚款，有违法所得的，并处没收违法所得，属于国家机关工作人员的，依法给予行政处分：（一）与供应商或者采购代理机构恶意串通的；（二）在采购过程中接受贿赂或者获取其他不正当利益的；（三）在有关部门依法实施的监督检查中提供虚假情况的；（四）开标前泄露标底的。"第七十八条规定："采购代理机构在代理政府采购业务中有违法行为的，按照有关法律规定处以罚款，可以在一至三年内禁止其代理政府采购业务，构成犯罪的，依法追究刑事责任。"

《政府采购法实施条例》第六十六条规定："政府采购法第七十一条规定的罚款，数额为10万元以下。政府采购法第七十二条规定的罚款，数额为5万元以上25万元以下。"第六十七条规定："采购人有下列情形之一的，由财政部门责令限期改正，给予警告，对直接负责的主管人员和其他直接责任人员依法给予处分，并予以通报：（一）未按照规定编制政府采购实施计划或者未按照规定将政府采购实施计划报本级人民政府财政部门备案；（二）将应当进行公开招标的项目化整为零或者以其他任何方式规避公开招标；（三）未按照规定在评标委员会、竞争性谈判小组或者询价小组推荐的中标或者成交候选人中确定中标或者成交供应商；（四）未按照采购文件确定的事项签订政府采购合同；（五）政府采购合同履行中追加与合同标的相同的货物、工程或者服务的采购金额超过原合同采购金额10%；（六）擅自变更、中止或者终止政府采购合同；（七）未按照规定公告政府采购合同；（八）未按照规定时间将政府采购合同副本报本级人民政府财政部门和有关部门备案。"第六十八条规定："采购人、采购代理机构有下列情形之一的，依照政府采购法第七十一条、第七十八条的规定追究法律责任：（一）未依照政府采购法和本条例规定的方式实施采购；（二）未依法在指定的媒体上发布政府采购项目信息；（三）未按照规定执行政府采购政策；（四）违反本条例第十五条的规定导致无法组织对供应商履约情况进行验收或者国家财产遭受损失；（五）未依法从政府采购评审专家库中抽取评审专家；（六）非法干预采购评审活动；（七）采用综合评分法时评审标准中的分值设置未与评审因素的量化指标相对应；（八）对供应商的询问、质疑逾期未作处理；（九）通过对样品进行检测、对供应商进行考察等方式改变评审结果；（十）未按照规定组织对供应商履约情况进行验收。"

　　本条结合非招标采购方式的特点，对采购人、采购代理机构违反政府采购法律、行政法规规定实施采购活动的法律责任作出具体规定。本条有五项违法情形，采购人或者采购代理机构可能单独实施也可能共同实施违法行为。这里的采购代理机构包括集中采购机构和集中采购机构以外的其他采购代理机构。

一、本条规定的违法行为

1. 未按照《办法》规定在指定媒体上发布政府采购信息

　　此情形违反了《政府采购法》第十一条以及《政府采购法实施条例》第八条的规定。《政府采购法》第十一条规定，政府采购的信息应当在政府采购监督管理部门指定的媒体上及时向社会公开发布。《政府采购法实施条例》第八条规定，政府采购项目信息应当在省级以上人民政府财政部门指定的媒体上发布。采购项目预算金额达到国务院财政部门规定标准的，政府采购项目信息应当在国务院财政部门指定的媒体上发布。此处有两层含义：一是政府采购项目信息公告媒体只能由省级以上财政部门指定；二是采购项目预算金额达到国务院财政部门规定标准的，政府采购项目信息应当在国务院财政部门指定的媒体上发布。实践中存在的问题如下：一是采购人或者采购代理机构不在财政部门指定的媒体上公告政府采购项目信息；二是采购人或者采购代理机构不在省级以上财政部门指定的媒体上公告政府采购项目信息。对于第二种情况，在地市级以下表现得尤为明显，采购人或者采购代理机构往往只在本级财政部门指定的媒体上发布公告，使得信息的公告范围受到限制，影响了项目信息公告的广度和项目的竞争性[⊖]。

　　⊖　财政部国库司、财政部政府采购管理办公室、财政部条法司、国务院法制办公室财金司：《中华人民共和国政府采购法实施条例释义》，中国财政经济出版社，第231~232页。

除在指定媒体上公告政府采购信息外，采购项目信息公告的内容也应当符合《政府采购法》和《政府采购法实施条例》的相关规定。《政府采购信息发布管理办法》（财政部令第101号）第三条规定了公开的"政府采购信息"包括公开招标公告、资格预审公告、单一来源采购公示、中标（成交）结果公告、政府采购合同公告等政府采购项目信息，以及投诉处理结果、监督检查处理结果、集中采购机构考核结果等政府采购监管信息。

《财政部关于做好政府采购信息公开工作的通知》（财库〔2015〕135号）规定了应予公开的内容有：①公开招标公告、资格预审公告、竞争性谈判公告、竞争性磋商公告和询价公告；②采购项目预算金额；③中标、成交结果；④采购文件；⑤更正事项；⑥采购合同；⑦单一来源公示；⑧采购活动终止公告；⑨政府购买公共服务事项的采购需求和验收结果。

《办法》第十八条规定："采购人或者采购代理机构应当在成交供应商确定后2个工作日内，在省级以上财政部门指定的媒体上公告成交结果，同时向成交供应商发出成交通知书，并将竞争性谈判文件、询价通知书随成交结果同时公告。成交结果公告应当包括以下内容：（一）采购人和采购代理机构的名称、地址和联系方式；（二）项目名称和项目编号；（三）成交供应商名称、地址和成交金额；（四）主要成交标的的名称、规格型号、数量、单价、服务要求；（五）谈判小组、询价小组成员名单及单一来源采购人员名单。采用书面推荐供应商参加采购活动的，还应当公告采购人和评审专家的推荐意见。"第三十八条规定："属于政府采购法第三十一条第一项情形，且达到公开招标数额的货物、服务项目，拟采用单一来源采购方式的，采购人、采购代理机构在按照本办法第四条报财政部门批准之前，应当在省级以上财政部门指定媒体上公示，并将公示情况一并报财政部门。公示期不得少于5个工作日，公示内容应当包括：（一）采购人、采购项目名称和内容；（二）拟采购的货物或者服务的说明；（三）采用单一来源采购方式的原因及相关说明；（四）拟定的唯一供应商名称、地址；（五）专业人员对相关供应商因专利、专有技术等原因具有唯一性的具体论证意见，以及专业人员的姓名、工作单位和职称；（六）公示的期限；（七）采购人、采购代理机构、财政部门的联系地址、联系人和联系电话。"

采购人或者采购代理机构应当严格执行法律、行政法规和规章有关政府采购信息公告的规定。

2. 未按照《办法》规定组成谈判小组、询价小组

《办法》第七条规定："竞争性谈判小组或者询价小组由采购人代表和评审专家共 3 人以上单数组成，其中评审专家人数不得少于竞争性谈判小组或者询价小组成员总数的 2/3。采购人不得以评审专家身份参加本部门或本单位采购项目的评审。采购代理机构人员不得参加本机构代理的采购项目的评审。达到公开招标数额标准的货物或者服务采购项目，或者达到招标规模标准的政府采购工程，竞争性谈判小组或者询价小组应当由 5 人以上单数组成。采用竞争性谈判、询价方式采购的政府采购项目，评审专家应当从政府采购评审专家库内相关专业的专家名单中随机抽取。技术复杂、专业性强的竞争性谈判采购项目，通过随机方式难以确定合适的评审专家的，经主管预算单位同意，可以自行选定评审专家。技术复杂、专业性强的竞争性谈判采购项目，评审专家中应当包含 1 名法律专家。"这是对谈判小组、询价小组的组成方式的明确要求。

实践中存在违反上述规定的情形，如竞争性谈判小组或者询价小组人数为双数、采购人代表超过 1/3、评审专家不足 2/3，采购人以评审专家身份参加本部门或本单位采购项目的评审，采购代理机构人员参加本机构代理的采购项目的评审、评审专家由采购人指定等典型问题，导致谈判小组、询价小组缺乏权威性，影响评审的公正性。

3. 在询价采购过程中与供应商进行协商谈判

《办法》第四十六条规定："询价小组在询价过程中，不得改变询价通知书所确定的技术和服务等要求、评审程序、评定成交的标准和合同文本等事项。"第四十七条规定："参加询价采购活动的供应商，应当按照询价通知书的规定一次报出不得更改的价格。"

也就是说，在询价采购过程中，询价小组不得对询价通知书所确定的技术和服务等要求、评审程序、评定成交的标准和合同文本等事项与供应商进行协商谈判，询价通知书所确定的技术和服务等要求、评审程序、评定成交的标准和合同文本等事项也是"一次性"的，不得随意变更，否则会破坏询价的公正性，也会影响询价采购的效率。供应商提交的响应文件载明的报价是一次性的，不得通过协商谈判进行变更，这也是询价与其他非招标方式最大的不同，即"一次性报价"不得变更。上述规定是针对实践中常有的采购人随意变更采购要求、允许供应商变更报价等协商谈判行为等典型问题有针对性地作出的禁止性

规定。

4. 未按照《政府采购法》和《办法》规定的程序和要求确定成交候选人

成交供应商是从成交候选人中确定的，成交候选人是谈判小组、询价小组通过严格的程序推荐的，如果未按照《政府采购法》和《办法》规定的程序和要求确定成交候选人，则采购活动就不可能是公正的。《政府采购法》《政府采购法实施条例》和《办法》都对确定成交候选人作出了规定。《办法》第三十五条进一步对确定成交候选人规则作出明确规定："谈判小组应当从质量和服务均能满足采购文件实质性响应要求的供应商中，按照最后报价由低到高的顺序提出 3 名以上成交候选人，并编写评审报告。"第四十八条规定："询价小组应当从质量和服务均能满足采购文件实质性响应要求的供应商中，按照报价由低到高的顺序提出 3 名以上成交候选人，并编写评审报告。"谈判小组、询价小组不得违反上述规定评审并推荐成交候选人。

5. 泄露评审情况以及评审过程中获悉的国家秘密、商业秘密

评审专家泄露评审文件、评审情况的情形违反了《政府采购法实施条例》的规定。该条例第四十条第一款规定："政府采购评审专家应当遵守评审工作纪律，不得泄露评审文件、评审情况和评审中获悉的商业秘密。"《办法》第二十五条也规定："谈判小组、询价小组成员以及与评审工作有关的人员不得泄露评审情况以及评审过程中获悉的国家秘密、商业秘密。"对评审情况以及评审过程中获悉的国家秘密、商业秘密，评审专家负有保密责任。评审专家是以个人身份参加评审工作的，不仅不能将评审情况向亲朋好友透露，也不能向未参加评审的各级领导透露。这有利于评审专家客观公正评审，也有利于采购工作的顺利进行。

二、本条规定的法律责任

采购人、采购代理机构在政府采购活动中有上述违法行为的，由财政部门责令限期改正，给予警告；《政府采购法》《政府采购法实施条例》规定处以罚款的，并处罚款；涉嫌犯罪的，依法移送司法机关处理。具体要求如下：

（1）责令限期改正。责令限期改正是财政部门依法要求采购人在一定期限内停止违法行为，并予以纠正。这就说明采购人的行为具有可纠正性。严格来说，责令改正，作为一种常用的重要行政管理手段，具有灵活性、可操作性强等特点，其本身不是制裁，只是要求违法行为人履行法定义务，停止违法行为，

消除不良后果，恢复原状。也就是说，是督促采购人对违法行为进行自我纠正的一种补救性行政措施，强制要求采购人履行法定义务，是对违法行为及违法后果的纠正。本条规定的责令限期改正，是指财政部门对于存在上述违法行为的采购人要求其按照法律规定在指定媒体上发布政府采购信息，按照《办法》规定重新组成谈判小组、询价小组，按照《政府采购法》和《办法》规定的程序和要求确定成交候选人等。

（2）警告。即给予采购人警告处罚。这里的警告属于行政处罚的范畴，是一项处罚力度相对较轻的处罚方式，是行政机关对违反行政管理秩序的行为给予申诫性质的一种行政处罚。本条规定的警告与行政处分中的警告虽然名称相同，但是性质完全不同。

（3）罚款。根据《中华人民共和国行政处罚法》第八条规定，罚款是行政处罚措施之一，是一种经济处罚，是对违法行为人的一种经济制裁措施。财政部门根据采购人违法情节的轻重、影响大小等因素决定罚款与否和罚款金额，但处罚结果应当与违法行为相适应。"并处罚款"，是指在责令限期改正、给予警告的同时予以罚款处罚。是否处以罚款由《政府采购法》或者《政府采购法实施条例》规定。如《政府采购法》第七十一条规定："采购人、采购代理机构有下列情形之一的，责令限期改正，给予警告，可以并处罚款……：（一）应当采用公开招标方式而擅自采用其他方式采购的……"《政府采购法实施条例》第六十六条进一步规定："政府采购法第七十一条规定的罚款，数额为10万元以下。政府采购法第七十二条规定的罚款，数额为5万元以上25万元以下。"

（4）构成犯罪的追究刑事责任。如本条规定的"泄露评审情况以及评审过程中获悉的国家秘密、商业秘密的"，根据《中华人民共和国保守国家秘密法》《中华人民共和国刑法》规定，可能构成故意泄露国家秘密罪、过失泄露国家秘密罪、侵犯商业秘密罪等。

本条第二款规定，采购代理机构存在第一款规定的违法行为之一，情节严重的，暂停其政府采购代理机构资格3至6个月；情节特别严重或者逾期不改正的，取消其政府采购代理机构资格。由于我国已经取消政府采购代理机构资格，故上述规定实际已经失效。

第五十二条　采购人违反政府采购制度的法律责任

【条文原文】

第五十二条　采购人有下列情形之一的，责令限期改正，给予警告；有关法律、行政法规规定处以罚款的，并处罚款：

（一）未按照政府采购法和本办法的规定采用非招标采购方式的；

（二）未按照政府采购法和本办法的规定确定成交供应商的；

（三）未按照采购文件确定的事项签订政府采购合同，或者与成交供应商另行订立背离合同实质性内容的协议的；

（四）未按规定将政府采购合同副本报本级财政部门备案的。

【条文主旨】

本条对采购人违反政府采购法律制度的一些行为应承担的法律责任作出具体规定。

【条文解读】

采购人是政府采购的主要当事人，采购人的活动贯穿政府采购活动的始终，即从采购项目预算和计划的编制到采购合同的履行、验收和款项支付。《政府采购法》和《政府采购法实施条例》以及《办法》对相关程序都作出了规定，采购人必须按照法律、行政法规的规定执行，违反相关规定应承担相应的法律责任。《政府采购法实施条例》第六十七条规定"采购人有下列情形之一的，由财政部门责令限期改正，给予警告，对直接负责的主管人员和其他直接责任人员依法给予处分，并予以通报：（一）未按照规定编制政府采购实施计划或者未按照规定将政府采购实施计划报本级人民政府财政部门备案；（二）将应当进行公开招标的项目化整为零或者以其他任何方式规避公开招标；（三）未按照规定在评标委员会、竞争性谈判小组或者询价小组推荐的中标或者成交候选人中确定中标或者成交供应商；（四）未按照采购文件确定的事项签订政府采购合同；（五）政府采购合同履行中追加与合同标的相同的货物、工程或者服务的采购金额超过原合同采购金额 10%；（六）擅自变更、中止或者终止政府采购合同；（七）未按照规定公告政府采购合同；（八）未按照规定时间将政府采购合同副本报本级人民政府财政部门和有关部门备案。"本条对采购人违法行为的法律责任进行了补充规定。

一、本条规定的违法行为

1. 未按照《政府采购法》和《办法》的规定采用非招标采购方式

按照《政府采购法》《政府采购法实施条例》及财政部《政府采购竞争性磋商采购方式管理暂行办法》的规定，目前法定的采购方式包括公开招标、邀请招标、竞争性谈判、竞争性磋商、单一来源采购和询价六种。其中，竞争性谈判、单一来源采购、询价以及竞争性磋商为非招标采购方式。采购人、采购代理机构进行政府采购只能采取其中一种采购方式。除此之外，不允许采用其他的采购方式实施采购。

实践中在适用采购方式方面存在的问题如下：应当公开招标的未经财政部门审批采取非公开招标方式；公开招标数额标准以下的采购项目未依据政府采购法律制度规定的适用情形选择合适的采购方式，如不符合单一来源采购适用情形而采取单一来源方式采购；采用《政府采购法》规定的五种采购方式以外且未经国务院财政部门认定的采购方式开展采购（如采用所谓的"跟标"采购、议标等方式）。另外，《政府采购法》第四条规定，政府采购工程进行招标投标的，适用《招标投标法》。但对工程项目采用招标以外的采购方式未作明确规定，导致在实践中工程项目采用非招标采购无法可依，大量采用了直接发包，严重违背了政府采购公开透明和公平竞争的原则。政府采购工程依法不进行招标的，应当按照《政府采购法》和《政府采购法实施条例》第二十五条以及《政府采购竞争性磋商采购方式管理暂行办法》的规定，采用竞争性谈判、竞争性磋商或者单一来源采购方式开展采购。

政府采购的每一种方式都有相应的采购程序，如竞争性谈判程序包括成立谈判小组、制定谈判文件、确定邀请参加谈判的供应商名单、谈判、确定成交供应商等环节。竞争性磋商程序包括成立磋商小组、制定磋商文件、确定邀请参加磋商的供应商名单、磋商、综合评分、确定成交供应商等环节。询价程序包括成立询价小组、确定被询价的供应商名单、询价、确定成交供应商等环节。单一来源采购程序包括邀请专业人士、协商谈判、成本核查、采购情况记录等环节。采购人或者采购代理机构在选择所适用的采购方式后，还要严格执行相应的采购程序。

2. 未按照《政府采购法》和《办法》的规定确定成交供应商

主要是指采购人未按照规定在竞争性谈判小组或者询价小组推荐的中标或者成交候选人中确定中标或者成交供应商。《政府采购法实施条例》第四十三条第一款规定："采购人应当自收到评审报告之日起 5 个工作日内在评审报告推荐的中标或者成交候选人中按顺序确定中标或者成交供应商。"也就是说，采购人确定成交供应商的要求有以下几点：一是在收到评审报告 5 个工作日内确定；二是在评审报告推荐的成交候选人中按顺序确定成交供应商。实践中存在的问题如下：采购人在规定的时间内拒不确认，或者要求重新评审以推荐采购人满意的供应商，或者未在推荐的成交候选人中按顺序确定成交供应商。上述行为都属于违法行为，采购人应当承担相应的法律责任。

3. 未按照采购文件确定的事项签订政府采购合同，或者与成交供应商另行订立背离合同实质性内容的协议

《政府采购法》第四十六条第一款规定："采购人与中标、成交供应商应当在中标、成交通知书发出之日起三十日内，按照采购文件确定的事项签订政府采购合同。"该条明确规定，采购人与成交供应商应当按照采购文件确定的事项签订政府采购合同。在非招标方式采购活动中，这里的采购文件是指竞争性谈判文件、竞争性磋商文件、询价通知书、响应文件等。采购文件确定的事项主要包括采购标的、数量、质量、价款或者报酬、履行期限、地点和方式、合同文本或合同草案等。采购合同不得改变采购文件所确定的实质性要件，谈判、磋商、询价、单一来源采购，其目的是为了缔结采购合同，为保证采购的严肃性，保证采购当事人的合法权益，应当依据采购文件确定事项签订采购合同。为了保证采购合同的顺利签订，保障采购当事人的合法权益，采购人与成交供应商应当按照采购文件确定的事项签订政府采购合同，不得超出采购文件和成交供应商的响应文件的实质性内容而另行订立背离合同实质性内容的其他协议。如不依据采购文件确定事项或者擅自变更采购文件确定的事项签订合同，采购将会流于形式，背离了公平竞争的原则。

4. 未按规定将政府采购合同副本报本级财政部门备案

《政府采购法》和《政府采购法实施条例》确立了政府采购合同备案制度。

《政府采购法》第四十七条明确规定："采购人应当在采购合同签订之日起 7 个工作日内，将政府采购合同副本报本级人民政府财政部门和有关部门备案。"政府采购合同是采购人与供应商履行合同权利、义务的依据，是采购人申请资金支付的依据，也是政府采购监督管理部门依法对采购人的采购行为进行监督管理的依据。政府采购监督管理部门和有关部门可以据此检查采购人和供应商是否根据采购文件确定的事项签订政府采购合同，是否根据合同的规定履行合同义务，以及是否擅自变更合同内容等。因此，有必要对政府采购合同的副本进行备案管理，采购人应当在采购合同签订之日起 7 个工作日内，将合同副本报同级政府采购监督管理部门和有关部门备案。这里的有关部门是指与监督合同履行有关的部门，如政府采购工程项目的采购合同应当报建设行政主管部门备案。采购人未按照上述规定时间和要求执行备案的，将依法承担法律责任。

二、本条规定的法律责任

采购人有上述违法行为之一的，财政部门作为政府采购执法主体，依法可以责令限期改正，给予警告，有权责令限期改正，给予警告；有关法律、行政法规规定处以罚款的，并处罚款。具体要求如下：

（1）责令限期改正。本条规定的责令限期改正，是指财政部门对于存在上述违法行为的采购人要求其按照法律规定的情形分别采取竞争性谈判、询价、单一来源采购、竞争性磋商等非招标方式采购；按照规定在竞争性谈判小组或者询价小组推荐的中标或者成交候选人中确定成交供应商；按照采购文件确定的事项签订政府采购合同；在规定时间内将政府采购合同副本报同级财政部门和有关部门备案等。

（2）警告。本条规定的警告属于行政处罚，与行政处分中的警告虽然名称相同，但是性质完全不同。

（3）罚款。《政府采购法》第七十一条规定"采购人、采购代理机构有下列情形之一的，责令限期改正，给予警告，可以并处罚款……：（一）应当采用公开招标方式而擅自采用其他方式采购的……（六）中标、成交通知书发出后不与中标、成交供应商签订采购合同的……"《政府采购法实施条例》第六十六条解释"政府采购法第七十一条规定的罚款，数额为 10 万元以下。政府采购法第七十二条规定的罚款，数额为 5 万元以上 25 万元以下。"

第五十三条　采购人、采购代理机构工作人员的法律责任

【条文原文】

第五十三条　采购人、采购代理机构有本办法第五十一条、第五十二条规定情形之一，且情节严重或者拒不改正的，其直接负责的主管人员和其他直接责任人员属于国家机关工作人员的，由任免机关或者监察机关依法给予处分，并予通报。

【条文主旨】

本条对采购人、采购代理机构工作人员的违法行为应承担的法律责任作出具体规定。

【条文解读】

采购人、采购代理机构直接负责政府采购活动的主管人员和其他直接责任人员中属于国家机关工作人员的，如果从事违法行为的，应当按照《中华人民共和国公务员法》和《中华人民共和国监察法》来追究相关责任人的行政责任。

一、本条规定的违法行为

本条是针对采购人、采购代理机构有《办法》第五十一条、第五十二条规定的违法行为制定的法律责任，具体的违法行为有：①未按照《办法》规定在指定媒体上发布政府采购信息的；②未按照《办法》规定组成谈判小组、询价小组的；③在询价采购过程中与供应商进行协商谈判的；④未按照《政府采购法》和《办法》规定的程序和要求确定成交候选人的；⑤泄露评审情况以及评审过程中获悉的国家秘密、商业秘密的；⑥未按照《政府采购法》和《办法》的规定采用非招标采购方式的；⑦未按照《政府采购法》和《办法》的规定确定成交供应商的；⑧未按照采购文件确定的事项签订政府采购合同，或者与成交供应商另行订立背离合同实质性内容的协议的；⑨未按规定将政府采购合同副本报本级财政部门备案的。

二、本条规定的法律责任

采购人、采购代理机构实施了《办法》第五十一条、第五十二条规定的违

法行为之一，且情节严重或者拒不改正的，其直接负责的主管人员和其他直接责任人员属于国家机关工作人员的，由任免机关或者监察机关依法给予处分，并予通报。

根据《中华人民共和国公务员法》第五十九条规定，公务员应当遵纪守法，不得有下列行为：不担当，不作为，玩忽职守，贻误工作；拒绝执行上级依法作出的决定和命令；弄虚作假，误导、欺骗领导和公众；贪污贿赂，利用职务之便为自己或者他人谋取私利；违反财经纪律，浪费国家资财；滥用职权，侵害公民、法人或者其他组织的合法权益；泄露国家秘密或者工作秘密等。第六十一条规定，公务员因违纪违法应当承担纪律责任的，依照本法给予处分或者由监察机关依法给予政务处分；违纪违法行为情节轻微，经批评教育后改正的，可以免予处分。对同一违纪违法行为，监察机关已经作出政务处分决定的，公务员所在机关不再给予处分。第六十二条规定，处分分为：警告、记过、记大过、降级、撤职、开除。第六十三条强调，对公务员的处分，应当事实清楚、证据确凿、定性准确、处理恰当、程序合法、手续完备。公务员违纪违法的，应当由处分决定机关决定对公务员违纪违法的情况进行调查，并将调查认定的事实以及拟给予处分的依据告知公务员本人。公务员有权进行陈述和申辩；处分决定机关不得因公务员申辩而加重处分。处分决定机关认为对公务员应当给予处分的，应当在规定的期限内，按照管理权限和规定的程序作出处分决定。处分决定应当以书面形式通知公务员本人。可见，《中华人民共和国公务员法》对国家工作人员的纪律、惩戒有明确的规定。

《中华人民共和国监察法》明确各级监察委员会是行使国家监察职能的专责机关，依照本法对所有行使公权力的公职人员进行监察，调查职务违法和职务犯罪，开展廉政建设和反腐败工作，维护宪法和法律的尊严。《中华人民共和国监察法》第十一条规定"监察委员会依照本法和有关法律规定履行监督、调查、处置职责：（一）对公职人员开展廉政教育，对其依法履职、秉公用权、廉洁从政从业以及道德操守情况进行监督检查；（二）对涉嫌贪污贿赂、滥用职权、玩忽职守、权力寻租、利益输送、徇私舞弊以及浪费国家资财等职务违法和职务犯罪进行调查；（三）对违法的公职人员依法作出政务处分决定；对履行职责不力、失职失责的领导人员进行问责；对涉嫌职务犯罪的，将调查结果移送人民检察院依法审查、提起公诉；向监察对象所在单位提出监察建议。"第十五条规定监察机关进行监察的对象包括人民政府的公务员，法律、法规授权或者受国家机关依法委托管理公共事务的组织中从事公务的人员，国有企业管理人员，公办的教育、科研、文化、医疗卫生、体育等单位中从事管理的人员以及基层群众性自治组织中从事管理的人员等依法履行公职的人员。第四十五条第一款规定"监察机关根据监督、调查结果，依法作出如下处置：（一）对有职务违法行为但情节较轻的公职人员，按照管理权限，直接或者委托有关机关、人员，进行谈话提醒、批评教育、责令检查，或者予以诫勉；（二）对违法的公职人员依照法定程序作出警告、记过、记大过、降级、撤职、开除等政务处分决定；（三）对不履行或者不正确履行职责负有责任的领导人员，按照管理权限对其直接作出问责决定，或者向有权作出问责决定的机关提出问责建议；（四）对涉嫌职务犯罪的，监察机关经调查认为犯罪事实清楚，证据确实、充分的，制作起诉意见书，连同案卷材料、证据一并移送人民检察院依法审查、提起公诉；（五）对监察对象所在单位廉政建设和履行职责存在的问题等提出监察建议。"第四十六条还规定监察机关经调查，对违法取得的财物，依法予以没收、追缴或者责令退赔；对涉嫌犯罪取得的财物，应当随案移送人民检察院。

《中华人民共和国公务员法》《中华人民共和国监察法》对采购人、采购代理机构中直接负责的主管人员和其他直接责任人员属于国家机关工作人员，从事上述违法违纪行为且情节严重或者拒不改正的将如何处理，作出了明确的规定。至于"情节严重"根据个案来认定。所谓"拒不改正"，就是当行政机关责令其纠正违法行为时其拒绝纠正的行为。符合上述条件的，由任免机关或者监察机关依法视不同情节给予警告、记过、记大过、降级、撤职、开除处分，并予以通报。

《中华人民共和国公职人员政务处分法》根据《中华人民共和国监察法》，就监察机关对违法的公职人员给予政务处分的活动作出了具体详细的规定。

第五十四条　成交供应商的法律责任

【条文原文】

第五十四条　成交供应商有下列情形之一的，责令限期改正，情节严重的，列入不良行为记录名单，在 1 至 3 年内禁止参加政府采购活动，并予以通报：

（一）未按照采购文件确定的事项签订政府采购合同，或者与采购人另行订立背离合同实质性内容的协议的；

（二）成交后无正当理由不与采购人签订合同的；

（三）拒绝履行合同义务的。

【条文主旨】

本条对成交供应商的违法行为应承担的法律责任作出具体规定。

【条文解读】

供应商是政府采购活动的主要当事人，供应商参加政府采购活动的目的是希望能够成交，以获得经济利益。政府采购的目的就是采购人与成交供应商签订合同并全面履约。供应商参加政府采购活动应当诚实守信，依法签订、履行政府采购合同。成交通知书对采购人和成交供应商均具有法律效力。成交通知书发出后，采购人改变成交结果的，或者成交供应商放弃成交项目的，应当依法承担法律责任。签约、履约是采购人和供应商的法律义务，如果以各种理由拒绝签订合同或存在违约行为的，有违诚实信用原则，自应承担相应法律责任。《政府采购法》第七十七条规定"供应商有下列情形之一的，处以采购金额千分之五以上千分之十以下的罚款，列入不良行为记录名单，在一至三年内禁止参加政府采购活动，有违法所得的，并处没收违法所得，情节严重的，由工商行政管理机关吊销营业执照；构成犯罪的，依法追究刑事责任：（一）提供虚假材料谋取中标、成交的；（二）采取不正当手段诋毁、排挤其他供应商的；（三）与采购人、其他供应商或者采购代理机构恶意串通的；（四）向采购人、采购代理机构行贿或者提供其他不正当利益的；（五）在招标采购过程中与采购人进行协商谈判的；（六）拒绝有关部门监督检查或者提供虚假情况的。供应商有前款第（一）至（五）项情形之一的，中标、成交无效。"《政府采购法实施条例》第七十二条规定"供应商有下列情形之一的，依照政府采购法第七十七条第一款的规定追究法律责任：（一）向评标委员会、竞争性谈判小组或者询价小组成员行贿或者提供其他不正当利益的；（二）中标或者成交后无正当理由拒不与采购人签订政府采购合同；（三）未按照采购文件确定的事项签订政府采购合同；

（四）将政府采购合同转包；（五）提供假冒伪劣产品；（六）擅自变更、中止或者终止政府采购合同。供应商有前款第一项规定情形的，中标、成交无效……"以上对供应商的违法行为的法律责任作出规定。

一、本条规定的违法行为

本条规定了供应商在签约履约中的三种违法行为，具体如下：

（1）未按照采购文件确定的事项签订政府采购合同。该项情形违反了《政府采购法》第四十六条第一款的规定。《政府采购法》第四十六条第一款规定"采购人与中标、成交供应商应当在中标、成交通知书发出之日起 30 日内，按照采购文件确定的事项签订政府采购合同。"法律明确规定，采购人与中标、成交供应商应当按照采购文件确定的事项签订政府采购合同。《办法》第十九条也规定："采购人与成交供应商应当在成交通知书发出之日起 30 日内，按照采购文件确定的合同文本以及采购标的、规格型号、采购金额、采购数量、技术和服务要求等事项签订政府采购合同。采购人不得向成交供应商提出超出采购文件以外的任何要求作为签订合同的条件，不得与成交供应商订立背离采购文件确定的合同文本以及采购标的、规格型号、采购金额、采购数量、技术和服务要求等实质性内容的协议。"按照采购文件确定的事项签订政府采购合同是采购人、供应商双方当事人必须履行的法律义务。《政府采购法实施条例》第六十七条规定了采购人未按照采购文件确定的事项签订政府采购合同的法律责任。所以，采购合同不得改变采购文件所确定的实质性要件，采购人、供应商都应当依据采购文件确定事项签订采购合同，如不依据采购文件确定事项或者擅自变更采购文件确定的事项签订合同，将会损害国家利益、社会公共利益和其他当事人的合法权益，违背政府采购公平竞争制度。实践中，供应商常常以产品更新换代为由擅自变更中标、成交产品的规格型号，或者与采购人协商变更标的数量、履约时间等采购文件实质性要件。这些都属于违反本条规定的情形，应当承担相应的法律责任[一]。

（2）中标或者成交后无正当理由拒不与采购人签订政府采购合同。该项情形违反了《政府采购法》第四十六条第二款的规定。《政府采购法》第四十六条

[一] 财政部国库司、财政部政府采购管理办公室、财政部条法司、国务院法制办公室财金司：《中华人民共和国政府采购法实施条例释义》，中国财政经济出版社，第 248 页。

第二款规定："中标、成交通知书发出后，采购人改变中标、成交结果的，或者中标、成交供应商放弃中标、成交项目的，应当依法承担法律责任。"本条进一步明确供应商无正当理由拒不与采购人签订采购合同属于违法行为。成交通知书是采购单位向供应商发出承诺的法定形式。《民法典》中承诺生效时间采取的是"到达主义"，规定承诺通知到达要约人时生效。成交通知书一经发出就对双方当事人产生约束力。因此，供应商成交后无正当理由拒绝与采购人签订政府采购合同是一种违法行为。这里的"正当理由"，是指因不可抗力不能签订并履行合同。不可抗力是指不能预见、不能避免并不能克服的客观情况。具体而言，以下情况属于不可抗力：一是自然灾害，例如地震、台风、洪水等；二是某些政府行为，例如政府颁布新政策、法律和采取行政措施；三是社会异常事件，例如罢工、战争等。供应商有正当理由不能签订合同不承担法律责任，除正当理由外，供应商不得以其他任何理由拒绝与采购人签订合同。实践中，供应商往往以成交价格太低导致其亏本，或者其授权的制造厂商拒绝供货等为由拒绝签订合同，这些情形均不应认定为正当理由[⊖]。

（3）拒绝履行政府采购合同。政府采购合同是根据采购文件确定的事项签订，采购人和供应商应当严格按照合同的规定履行合同义务，双方任何一方都不得擅自拒绝履行合同。《民法典》第五百零九条第一款规定："当事人应当按照约定全面履行自己的义务。"第五百七十七条规定："当事人一方不履行合同义务或者履行合同义务不符合约定的，应当承担继续履行、采取补救措施或者赔偿损失等违约责任。"成交供应商拒绝履行合同义务的，应当承担违约责任，并且承担相应行政法律责任。

二、本条规定的法律责任

本条规定的供应商违法行为，首先应依照《政府采购法》第七十七条第一款的规定追究法律责任，由财政部门处以采购金额千分之五以上千分之十以下的罚款，列入不良行为记录名单，在一至三年内禁止参加政府采购活动。这里，罚款的数额为采购金额千分之五以上千分之十以下，采购金额是指采购人在采购文件中确定的采购项目预算金额。在实践中，由财政部门视具体情况作出具

⊖ 财政部国库司、财政部政府采购管理办公室、财政部条法司、国务院法制办公室财金司：《中华人民共和国政府采购法实施条例释义》，中国财政经济出版社，第 247 页。

体的处罚数额。供应商还应当对采购人承担民事责任。

根据本条规定，供应商应承担以下几方面行政法律责任：

（1）责令限期改正。也就是财政部门责令成交供应商在限定的时间内纠正自己的违法行为，强制其履行法定的签约、履约义务，即按照采购文件的实质性要求签订政府采购合同或按照政府采购合同的约定如实、全面履行合同。

（2）列入不良行为记录名单，在一至三年内禁止参加政府采购活动。若是供应商存在上述违法行为，财政部门应当将其列入不良行为记录名单，责令供应商在一至三年内禁止参加政府采购活动，具体的禁止期限，由财政部门根据供应商的主观故意、违法结果危害性等情形作出。在禁止参加政府采购活动期间，供应商不得参加政府采购活动，期间届满后方可继续参加政府采购活动。

第五十五条　谈判小组、询价小组成员的法律责任

【条文原文】

第五十五条　谈判小组、询价小组成员有下列行为之一的，责令改正，给予警告；有关法律、行政法规规定处以罚款的，并处罚款；涉嫌犯罪的，依法移送司法机关处理：

（一）收受采购人、采购代理机构、供应商、其他利害关系人的财物或者其他不正当利益的；

（二）泄露评审情况以及评审过程中获悉的国家秘密、商业秘密的；

（三）明知与供应商有利害关系而不依法回避的；

（四）在评审过程中擅离职守，影响评审程序正常进行的；

（五）在评审过程中有明显不合理或者不正当倾向性的；

（六）未按照采购文件规定的评定成交的标准进行评审的。

评审专家有前款情形之一，情节严重的，取消其政府采购评审专家资格，不得再参加任何政府采购项目的评审，并在财政部门指定的政府采购信息发布媒体上予以公告。

【条文主旨】

本条对谈判小组、询价小组成员及评审专家的违法行为应承担的法律责任

作出具体规定。

【条文解读】

政府采购评审工作人员在政府采购活动中起着重要的作用，竞争性谈判小组、竞争性磋商小组和询价小组都必须由 2/3 以上的评审专家组成。政府采购实践表明，评审专家参与政府采购项目的评审有利于维护公平和公正，保证采购质量。但是，评审专家在参与政府采购活动中发生违法行为，甚至犯罪也屡见不鲜，严重损害了政府采购当事人的利益，践踏了公平、公正、公开的政府采购制度。《政府采购法》对评审工作人员的法律责任未作明确规定，致使实践中无法可依。《招标投标法实施条例》对评审工作人员的违法行为和法律责任进行了补充规定："政府采购评审专家未按照采购文件规定的评审程序、评审方法和评审标准进行独立评审或者泄露评审文件、评审情况的，由财政部门给予警告，并处 2000 元以上 2 万元以下的罚款；影响中标、成交结果的，处 2 万元以上 5 万元以下的罚款，禁止其参加政府采购评审活动。政府采购评审专家与供应商存在利害关系未回避的，处 2 万元以上 5 万元以下的罚款，禁止其参加政府采购评审活动。政府采购评审专家收受采购人、采购代理机构、供应商贿赂或者获取其他不正当利益，构成犯罪的，依法追究刑事责任；尚不构成犯罪的，处 2 万元以上 5 万元以下的罚款，禁止其参加政府采购评审活动。政府采购评审专家有上述违法行为的，其评审意见无效，不得获取评审费；有违法所得的，没收违法所得；给他人造成损失的，依法承担民事责任。"

本条结合非招标方式采购活动的实际，针对《办法》规定的评审工作人员的法定职责和执业纪律，将常见、典型的评审工作人员的违法行为进行列举，并规定了具体的法律责任。

一、本条规定的违法行为

1. 收受采购人、采购代理机构、供应商、其他利害关系人的财物或者其他不正当利益

评审专家应当按照客观、公正、审慎的原则独立评审，不受任何人和或者任何单位的非法干预。评审专家收受采购人、采购代理机构或者供应商贿赂或者获取其他不正当利益，会直接影响评审的公正性。实践中，收受贿赂或者获取其他不正当利益的表现形式多样，主要有以下几方面：一是收受现金或者银

行卡等；二是收受各种各样的劳务费等；三是收受股票、债券等有价证券，或者是各种商业消费卡等；四是收受奢侈品、工艺品、收藏品等实物；五是接受旅游、宴请等。评审专家收受采购人、采购代理机构或者供应商贿赂，或者获取其他不正当利益后，就难以保证客观、公正地参与评审，也难以保证公平对待所有供应商，势必为行贿供应商谋取成交机会，损害公平竞争机制[一]。

2. 泄露评审情况以及评审过程中获悉的国家秘密、商业秘密

评审专家泄露评审文件、评审情况的情形违反了《政府采购法实施条例》的规定。该条例第四十条第一款规定："政府采购评审专家应当遵守评审工作纪律，不得泄露评审文件、评审情况和评审中获悉的商业秘密。"评审专家参加政府采购评审活动，编写评审报告，知悉整个评审情况，了解其他评审专家的评审意见，评审专家不得向任何人透露评审文件和评审情况。结果公告后，法律、行政法规和规章未要求公告的评审文件和评审情况的其他内容，特别是评审专家的个别评审意见也不得泄露。实践中存在的问题主要有：评审刚结束，采购人尚未确定成交供应商，评审专家就将评审结果告知供应商，甚至有评审专家将其他评审专家的不同意见也告知供应商，违背了评审纪律与评审道德[二]。根据《中华人民共和国保守国家秘密法》规定，国家秘密是指关系国家安全和利益，依照法定程序确定，在一定时间内只限一定范围的人员知悉的事项。一切国家机关、武装力量、政党、社会团体、企业事业单位和公民都有保守国家秘密的义务。根据《中华人民共和国反不正当竞争法》，商业秘密是指不为公众所知悉、能为权利人带来经济利益、具有实用性并经权利人采取保密措施的技术信息和经营信息。在评审过程中，一些采购项目本身涉及国家秘密，一些采购文件、响应文件也可能会涉及国家秘密、商业秘密，评审专家在评审过程中知悉的国家秘密、商业秘密应当予以保密。泄露国家秘密、商业秘密将依法承担法律责任，情节严重的，由司法机关追究其刑事责任。

3. 明知与供应商有利害关系而不依法回避

该项情形违反了《政府采购法》第十二条的规定，即"在政府采购活动中，

[一] 财政部国库司、财政部政府采购管理办公室、财政部条法司、国务院法制办公室财金司：《中华人民共和国政府采购法实施条例释义》，中国财政经济出版社，第259页。

[二] 财政部国库司、财政部政府采购管理办公室、财政部条法司、国务院法制办公室财金司：《中华人民共和国政府采购法实施条例释义》，中国财政经济出版社，第258页。

采购人员及相关人员与供应商有利害关系的，必须回避。供应商认为采购人员及相关人员与其他供应商有利害关系的，可以申请其回避。"《政府采购法实施条例》第九条对利害关系的情形作出了规定"在政府采购活动中，采购人员及相关人员与供应商有下列利害关系之一的，应当回避：（一）参加采购活动前3年内与供应商存在劳动关系；（二）参加采购活动前3年内担任供应商的董事、监事；（三）参加采购活动前3年内是供应商的控股股东或者实际控制人；（四）与供应商的法定代表人或者负责人有夫妻、直系血亲、三代以内旁系血亲或者近姻亲关系；（五）与供应商有其他可能影响政府采购活动公平、公正进行的关系。供应商认为采购人员及相关人员与其他供应商有利害关系的，可以向采购人或者采购代理机构书面提出回避申请，并说明理由。采购人或者采购代理机构应当及时询问被申请回避人员，有利害关系的被申请回避人员应当回避。"

为了保证评审工作的客观、公正，评审专家与供应商存在利害关系的应当自行回避，不得进入竞争性谈判小组、磋商小组或者询价小组。回避的情形依《政府采购法实施条例》第九条规定认定。评审专家不得参与同自己有利害关系的政府采购项目的评审活动，受到邀请的，应主动提出回避；因事先不知情而参与的，获悉情况后应立即申请退出。被抽取到的专家如有以下情况的，应回避参加项目评审小组：本人或本人的直系亲属与参加政府采购的供应商有直接经济利益、拥有股份、债务和产权关系的；本人或本人的直系亲属在参加政府采购的供应商任职或兼职的；本人所在单位与参加政府采购的供应商有直接经济关系的；采购人或采购代理机构认定的其他不适于参加评审的原因。随机抽取后符合回避条件的，由参加抽取的人员现场讨论后不予邀请。采购人、采购代理机构发现评审专家与供应商存在利害关系的，应当要求其回避，评审专家应当回避；供应商发现评审专家与其他供应商存在利害关系的，可以申请让其回避。评审专家应当回避而未回避的，应当追究其法律责任。

4. 在评审过程中擅离职守，影响评审程序正常进行的

评审专家在参加政府采购活动中应当严格遵守客观公正等职业道德规范，严格遵守评标现场的工作安排和评审工作纪律，按照采购人或采购代理机构的工作安排在规定的时间认真履行自己的职责，不得擅自离开评审现场，不得迟到早退，不得在无正当理由的情况下拒绝评审，这是其基本的职业道德规范。如果不能做到这一点而擅离职守，就会延误整个采购活动效率、破坏评审工作

秩序，影响评审程序正常进行，故对此应当予以禁止。若违反该项规定，应当追究评审专家的责任。

5. 在评审过程中有明显不合理或者不正当倾向性的

客观、公正、审慎是评审专家在评审过程中坚持的基本原则，要求评审专家必须严格按照采购文件规定的评审办法统一尺度、统一衡量标准进行评审，坚持对相同问题相同处理，不得出现对部分供应商在谈判、打分、判定响应文件无效、推荐成交候选人等工作中有明显不合理或者不正当的倾向性等问题，如给予不同供应商不同的谈判机会、报价次数，对于出现相同问题的响应文件，有的按照无效处理，有的认定为有效，实际上对部分供应商进行偏袒、倾向，或对个别供应商进行歧视、不公正待遇，都违反了公平公正原则。

6. 未按照采购文件规定的评定成交的标准进行评审

《政府采购法实施条例》第四十一条规定："评标委员会、竞争性谈判小组或者询价小组成员应当按照客观、公正、审慎的原则，根据采购文件规定的评审程序、评审方法和评审标准进行独立评审。"《办法》第九条也规定"竞争性谈判小组或者询价小组成员应当履行下列义务：……（二）根据采购文件的规定独立进行评审，对个人的评审意见承担法律责任……"评审专家应当根据采购文件规定的评审程序、评审方法和评审标准进行评审，不得改变采购文件的评审方法和标准，对自己的评审意见承担法律责任。在采购文件中规定评审方法和评审标准并据此评审，是保证评审公正的前提。实践中，评审专家改变采购文件中规定的评审方法和标准的表现形式有：一是擅自增加或减少采购文件规定的评审因素；二是擅自调整评审因素的分值权重；三是未按照采购文件规定的方法推荐成交候选人。上述行为违背了公正原则，影响了评审的公正性。此外，评审专家在评审过程中发现采购文件内容违反国家有关强制性规定的，应当停止评审并向采购人或者采购代理机构说明情况。如果评审专家发现采购文件内容违反国家有关强制性规定而继续评审，将必然导致采购活动违法，也会损害国家利益和社会公共利益。实践中要严格把握，如采购文件内容违反的不是国家强制性规定，则评审专家不得擅自停止评审，否则将损害采购人的合法权益[⊖]。

⊖ 财政部国库司、财政部政府采购管理办公室、财政部条法司、国务院法制办公室财金司：《中华人民共和国政府采购法实施条例释义》，中国财政经济出版社，第258页。

二、本条规定的法律责任

谈判小组、询价小组成员有上述违反行为的，应承担相应的法律责任，主要有以下几方面表现形式：

（1）责令改正。也就是财政部门命令谈判小组、询价小组成员停止自己的违法行为，并予以纠正，恢复正常的法律秩序，这是对违法行为实行的一种补救性措施，是对违法行为及违法后果的纠正，强制违法行为人履行法定义务。这种方式只适用于尚能够纠正的情形，如要求评审专家遵守评审纪律，按时参加评审工作完成评审任务，确保评审程序正常进行。

（2）警告。属于行政处罚的一种，处罚的力度相对较轻，是财政部门对违反行政管理秩序的行为给予申诫性质的一种行政处罚。

（3）罚款。对评审专家违法行为罚款的金额根据违法情形而定，如《政府采购法实施条例》规定，未按照采购文件规定的评审程序、评审方法和评审标准进行独立评审或者泄露评审文件、评审情况的，处 2000 元以上 2 万元以下的罚款；未按照采购文件规定的评审程序、评审方法和评审标准进行独立评审影响中标、成交结果的，以及与供应商存在利害关系未回避的，收受采购人、采购代理机构、供应商贿赂或者获取其他不正当利益，尚不构成犯罪的，处 2 万元以上 5 万元以下的罚款。具体罚款金额根据违法行为的情节和影响后果确定。

（4）追究刑事责任。评审专家违法行为情节严重构成犯罪的，由司法机关依法追究其刑事责任。评审专家收受采购人、采购代理机构、供应商贿赂或者获取其他不正当利益，构成《中华人民共和国刑法》第一百六十三条规定的非国家工作人员受贿罪的，应当依法追究其刑事责任。受贿主体属于国家工作人员的，按照《中华人民共和国刑法》第三百八十五条追究其刑事责任。评审专家泄露商业秘密，构成《中华人民共和国刑法》第二百一十九条规定的侵犯商业秘密罪的，应当依法追究其刑事责任。

（5）取消政府采购评审专家资格，禁止参加政府采购评审活动。评审专家的违法行为不仅影响了评审结果，损害了政府采购的公正性，而且也严重违背了政府采购评审专家的职业操守，应禁止其继续参加政府采购评审活动，取消其评审专家资格，从政府采购评审专家库中除名，并在财政部门指定的政府采购信息发布媒体上予以公告。《政府采购评审专家管理办法》第十四条规定："对在政府采购评审工作中有违规行为、不再胜任评审工作、检验复审不合格的，或者本人提出不再担任评审专家申请的，财政部门可以随时办理有关解除资格聘用手续。"第三十三条规定："通报批评、不良记录和取消资格等对评审专家的处理结果，可以在财政部门指定的政府采购信息发布媒体上公告。"

当然，除承担上述法律责任外，根据《政府采购法实施条例》第七十五条规定，政府采购评审专家有上述违法行为的，其评审意见无效，不得获取评审费；认定其评审意见无效后，可根据实际情况重新组成谈判小组、询价小组等评审机构进行评审或者重新采购。评审专家有违法所得的，财政部门应并处没收其违法所得（如受贿、收受好处）。所谓的没收违法所得是指行政机关将违法行为人以违法的手段获取的财物、收入等全部或者部分收归国有的一种处罚方式。政府采购评审专家有上述违法行为给他人造成损失的，还应依法承担民事责任。

三、《政府采购评审专家管理办法》规定的评审专家违法行为的法律责任

《政府采购评审专家管理办法》对政府采购活动中评审专家的违法违规行为规定了具体明确的法律责任，其中第二十八条规定"评审专家有下列情况之一的，将作为不良行为予以通报批评或记录：（一）被选定为某项目并且已接受邀请的评审项目专家，未按规定时间参与评审，影响政府采购工作的；（二）在评标工作中，有明显倾向或歧视现象的；（三）违反职业道德和国家有关廉洁自律规定，但对评审结果没有实质性影响的；（四）违反政府采购规定，向外界透露有关评标情况及其他信息的；（五）不能按规定回答或拒绝回答采购当事人询问的；（六）在不知情情况下，评审意见违反政府采购政策规定的。"第二十九条规定"评审专家有下列情况之一的，财政部门将取消其政府采购评审专家资格：（一）故意并且严重损害采购人、供应商等正当权益的；（二）违反国家有关廉洁自律规定，私下接触或收受参与政府采购活动的供应商及有关业务单位的财物或者好处的；（三）违反政府采购规定向外界透露有关评审情况及其他信息，给招标结果带来实质影响的；（四）评审专家之间私下达成一致意见，违背公正、公开原则，影响和干预评标结果的；（五）以政府采购名义从事有损政府采购形象的其他活动的；（六）弄虚作假骗取评审专家资格的；（七）评审意见严重违反政府采购有关政策规定的。"第三十条规定："评审专家在一年内发生两次通报批评或不良记录的，将取消其一年以上评审资格。累计三次以上者将不得再从事评审工作。"第三十一条规定："各级监察机关要对属于行政监察对象的评审专家的个人行为加强监督检查，涉及有关违规违纪行为的，应当按照有关规定给予相关人员行政处分。"第三十二条规定："由于评审专家个人的违规行为给有关单位造成经济损失的,相关评审专家应当承担经济赔偿责任;构成犯罪的,将移送司法机关追究其刑事责任。"

第五十六条　政府采购当事人的违法行为影响成交结果的处理

【条文原文】

第五十六条　有本办法第五十一条、第五十二条、第五十五条违法行为之一,并且影响或者可能影响成交结果的,应当按照下列情形分别处理:

(一) 未确定成交供应商的,终止本次采购活动,依法重新开展采购活动;

(二) 已确定成交供应商但采购合同尚未履行的,撤销合同,从合格的成交候选人中另行确定成交供应商,没有合格的成交候选人的,重新开展采购活动;

(三) 采购合同已经履行的,给采购人、供应商造成损失的,由责任人依法承担赔偿责任。

【条文主旨】

本条对政府采购当事人的违法行为影响成交结果时如何处理作出具体规定。

【条文解读】

《政府采购法》第七十三条对采购人、采购代理机构存在《政府采购法》第七十一条、第七十二条违法行为之一影响中标、成交结果或者可能影响中标、成交结果的,作了分别处理的规定:①未确定中标、成交供应商的,终止采购活动;②中标、成交供应商已经确定但采购合同尚未履行的,撤销合同,从合格的中标、成交候选人中另行确定中标、成交供应商;③采购合同已经履行的,给采购人、供应商造成损失的,由责任人承担赔偿责任。根据《政府采购法》第七十三条规定,采购人、采购代理机构有违法行为(主要有:应当公开招标而擅自采用其他方式采购的;擅自提高采购标准的;以不合理的条件对供应商实行差别待遇或者歧视待遇的;在招标采购过程中与投标人进行协商谈判的;

中标、成交通知书发出后不与中标、成交供应商签订采购合同的；拒绝有关部门依法实施监督检查的；与供应商或者采购代理机构恶意串通的；在采购过程中接受贿赂或者获取其他不正当利益的；在有关部门依法实施的监督检查中提供虚假情况的；开标前泄露标底）影响中标、成交结果或者可能影响中标、成交结果的，按下列情况分别处理：①未确定中标、成交供应商的，终止采购活动；②中标、成交供应商已经确定但采购合同尚未履行的，撤销合同，从合格的中标、成交候选人中另行确定中标、成交供应商；③采购合同已经履行的，给采购人、供应商造成损失的，由责任人承担赔偿责任。

《政府采购法实施条例》第七十一条也规定了采购人、采购代理机构的违法行为影响中标、成交结果的处理办法，即"有政府采购法第七十一条、第七十二条规定的违法行为之一，影响或者可能影响中标、成交结果的，依照下列规定处理：（一）未确定中标或者成交供应商的，终止本次政府采购活动，重新开展政府采购活动。（二）已确定中标或者成交供应商但尚未签订政府采购合同的，中标或者成交结果无效，从合格的中标或者成交候选人中另行确定中标或者成交供应商；没有合格的中标或者成交候选人的，重新开展政府采购活动。（三）政府采购合同已签订但尚未履行的，撤销合同，从合格的中标或者成交候选人中另行确定中标或者成交供应商；没有合格的中标或者成交候选人的，重新开展政府采购活动。（四）政府采购合同已经履行，给采购人、供应商造成损失的，由责任人承担赔偿责任。政府采购当事人有其他违反政府采购法或者本条例规定的行为，经纠正后仍然影响或者可能影响中标、成交结果或者依法被认定为中标、成交无效的，依照前款规定处理。"

本条规定是承接《政府采购法》第七十三条、《政府采购法实施条例》第七十一条并结合非招标方式采购活动的实际制定的。《办法》第五十一条、第五十二条、第五十五条规定了采购人、采购代理机构及评审专家的违法行为。采购人、采购代理机构的违法行为主要有：①未依法在指定媒体上发布政府采购信息；②未依法组成谈判小组、询价小组；③在询价采购过程中与供应商进行协商谈判；④未按照法定的程序和要求确定成交候选人；⑤泄露评审情况以及评审过程中获悉的国家秘密、商业秘密；⑥未依法采用非招标采购方式；⑦未依法确定成交供应商；⑧未按照采购文件确定的事项签订政府采购合同，或者与成交供应商另行订立背离合同实质性内容的协议；⑨未按规定将政府采购合同副本报本级财政部门备案。谈判小组、询价小组成员的违法行为主要有：①收受采购人、采购代理机构、供应商、其他利害关系人的财物或者其他不正当利益；②泄露评审情况以及评审过程中获悉的国家秘密、商业秘密；③明知与供应商有利害关系而不依法回避；④在评审过程中擅离职守，影响评审程序正常进行；⑤在评审过程中有明显不合理或者不正当倾向性；⑥未按照采购文件规定的评定成交的标准进行评审。

采购人、采购代理机构在政府采购活动中发生的违法行为，都有可能导致采购活动违背公开、公平、公正和诚实信用原则，直接或间接影响成交结果，有失公正性，应当结合不同情况予以纠正，恢复正常的法律秩序。要消除违法行为对成交结果的影响，就需要根据采购过程的不同阶段，采取不同的处理办法。需要注意的是，政府采购活动是由一系列连续不断的程序所构成的，环环相扣、密不可分；它不仅仅是指评审程序，还包括采购文件编制、信息发布和采购结果公告、政府采购合同签订、履约等诸多程序。政府采购活动中影响采购公正的违法、违规行为（包括评审机构没有按照规定的评定成交标准进行评审的行为）很复杂，因采购方式不同、采购程序不同和违法、违规行为实施者及其情节不同，对政府采购活动的实际影响也必然不相同。在具体的采购活动中并非所有违法、违规行为都一定会对采购过程、采购结果产生实质性影响，这需要具体问题具体分析，而不能"一刀切"地笼统作出终止采购、重新开展采购活动的处理。

（1）采购人、采购代理机构的违法行为影响成交结果或者可能影响成交结果，但未确定成交供应商的，终止本次采购活动，依法重新开展政府采购活动。这是在成交结果形成之前采取的一种比较简便的处理办法。在未确定成交供应商之前，一旦发现采购人、采购代理机构有上述违法行为，而且有事实证明这种违法行为已经影响成交结果或者可能会影响成交结果，应当由财政部门责令终止采购活动。终止采购活动即采购活动不得继续进行，已经实施的采购活动因采购过程存在的违法行为而自始无效，由财政部门责令采购人、采购代理机构重新开展采购活动。

（2）采购人、采购代理机构的违法行为影响成交结果或者可能影响成交结果，已确定成交供应商但采购合同尚未履行的，撤销合同，从合格的成交候选人中另行确定成交供应商，没有合格的成交候选人的，重新开展采购活动。已确定成交供应商，是指采购人根据谈判小组、磋商小组或询价小组的评审结果在推荐的成交候选人中确定成交供应商，并公告成交结果或者发出成交通知书，成交结果也已产生法律效力。这是在成交结果已经形成，政府采购合同已经签订但尚未履行时采取的一种处理办法。这种办法比较复杂，它要求撤销已经签订的政府采购合同，取消原有成交供应商的成交资格。合同被撤销后，采购人、采购代理机构应当从合格的成交候选人中另行确定成交供应商，并与其签订政府采购合同。但如果没有合格的成交候选人可供选择的，只能由财政都门责令采购人、采购代理机构重新开展采购活动。

需要注意以下两点：第一，《政府采购法》规定，采购人与成交供应商应当在成交通知书发出之日起 30 日内，按照采购文件确定的事项签订政府采购合同。在此期间如发现采购人、采购代理机构在采购活动中存在违法行为的，应由财政部门认定成交结果无效。认定成交结果无效后，可以从合格的成交候选人中另行确定成交供应商；没有合格的成交候选人的，重新开展政府采购活动。是另行确定成交供应商，还是责令重新开展采购活动，关键看是否有合格的成交候选人。第二，合格的成交候选人，是指成交候选人的产生符合法律法规规定，即不受采购人、采购代理机构违法行为的影响。如果采购人、采购代理机构的违法行为影响了成交候选人的产生，则难以认定该成交候选人为合格的成交候选人。另行确定成交供应商，就是由采购人在合格的成交候选人中依顺序确定，并依此类推。没有合格的成交候选人的，财政部门应责令采购人、采购代理机构重新采购。

（3）采购人、采购代理机构的违法行为影响成交结果或者可能影响成交结果，但是采购合同已经履行的，给采购人、供应商造成损失的，由责任人依法承担赔偿责任。在采购合同已经履行的情况下，重新选择成交供应商已不可能也不现实，赔偿损失就成为一种可行的办法。由于采购人、采购代理机构及其工作人员的违法行为而给采购人、供应商造成损失的，责任人必须承担赔偿责任。政府采购合同受《民法典》调整，合同一方违反合同，应依据合同承担违约责任。即使政府采购合同没有完备的违约条款，或者违约金不足以弥补采购人的损失，采购人也可以依据《民法典》以其实际损失向违约供应商追偿。

这里需要注意以下几点：一是所谓"采购合同已经履行"，是指合同当事人依照合同的约定履行了合同的主要义务，如交付货物、工程竣工、提供劳务、支付价款等，从而使合同目的得以实现。从合同订立到合同实际履行有一个过程，在履行过程中能够予以返还并恢复原状的，不能以合同已经履行为由而继续履行合同，应返还货物、价款。如合同主要义务已经实际履行难以恢复原状，或者恢复原状给当事人造成重大损失的，可认定合同已经履行。二是"相关责任人"，是指与实施违法行为有关的采购人或者采购代理机构。三是"承担赔偿责任"，是指政府采购当事人一方因侵权行为或不履行债务而对他方造成损害时应承担赔偿对方损失的民事责任，既包括侵权损害赔偿，又包括违约损害赔偿。例如政府采购工程施工致人损害就要承担侵权损害赔偿。采购人、采购代理机构的违法行为属于侵权行为还是违约行为，视情况具体分析。根据《政府采购法》第七十一条、第七十二条规定违法情形，可能构成侵权行为，也可能是违约行为。如采购人或者采购代理机构以不合理的条件对供应商实行差别待遇或者歧视待遇，将对供应商的合法权益构成损害，应属侵权责任。如采购代理机构接受采购人委托后将应当采用公开招标方式的擅自采用了其他方式采购、擅自提高采购标准等都会对采购人构成侵权，也违反了委托协议的约定，构成违约，产生侵权责任与违约责任的竞合。根据《民法典》第一百八十六条规定，因当事人一方的违约行为，损害对方人身权益、财产权益的，受损害方有权选择请求其承担违约责任或者侵权责任。

第五十七条　政府采购当事人违法行为致损承担民事责任

【条文原文】

第五十七条　政府采购当事人违反政府采购法和本办法规定，给他人造成损失的，应当依照有关民事法律规定承担民事责任。

【条文主旨】

本条对政府采购当事人的违法行为给他人造成损失应当承担民事责任作出具体规定。

【条文解读】

政府采购活动是民事活动。政府采购当事人包括采购人、采购代理机构和供应商。在政府采购活动中，采购人是作为民事主体出现的，它与采购代理机构、供应商一样，都是平等的民事主体。因此，无论是采购人、采购代理机构，还是供应商，在政府采购活动中有违法行为造成他人损失的，除接受财政部门等有关机关的处罚外，还应依照法律规定就其给其他当事人造成的损失承担民事责任。这里的"他人"主要是指政府采购当事人，如采购人、采购代理机构违法行为给供应商造成损害的，或者供应商违法行为给采购人、采购代理机构或其他供应商造成损害的，或者采购代理机构违法行为给采购人或供应商造成损害的，都要承担民事责任⊖。

《政府采购法》第七十九条规定："政府采购当事人有本法第七十一条、第七十二条、第七十七条违法行为之一，给他人造成损失的，并应依照有关民事法律规定承担民事责任。"《政府采购法实施条例》第七十六条也规定："政府采购当事人违反政府采购法和本条例规定，给他人造成损失的，依法承担民事责任。"本条是对上述法律条款在非招标采购领域的强调和补充。

根据本条规定，凡是政府采购当事人违反政府采购法及其实施条例和《办法》的规定，从事违法行为给他人造成损失的，均应承担民事责任。民事责任即民事法律责任，是指民事主体在民事活动中，因违反法律、违约行为，根据法律规定所承担的对其不利的民事法律后果或者基于法律特别规定而应承担的民事法律责任，属于法律责任的一种，是保障民事权利和民事义务实现的法律救济。它主要是一种民事赔偿责任，目的在于使受害人被侵犯的权益得以恢复。

采购人、采购代理机构违反《政府采购法》第七十一条、第七十二条、第七十七条，《政府采购法实施条例》第六十七条、第六十八条、第七十二条以及《办法》第五十一条、第五十二条、第五十四条等规定，给他人造成损失的，应依照有关民事法律规定承担民事责任。如：应当采用公开招标方式而擅自采用其他方式采购，擅自提高采购标准，以不合理的条件对供应商实行差别待遇或者歧视待遇，成交通知书发出后在规定日期内不与成交供应商签订采购合同，与供应商或者采购代理机构恶意串通，在采购过程中接受贿赂或者获取其他不正当利益从而影响成交结果或者可能影响成交结果的，要终止采购活动，撤销合同，从合格的成交候选人中另行确定成交供应商。

⊖ 财政部国库司、财政部政府采购管理办公室、财政部条法司、国务院法制办公室财金司：《中华人民共和国政府采购法实施条例释义》，中国财政经济出版社，第261页。

供应商的违法行为主要有：提供虚假材料谋取成交，采取不正当手段诋毁、排挤其他供应商，与采购人、其他供应商或者采购代理机构恶意串通，向采购人、采购代理机构行贿或者提供其他不正当利益。

无论是哪种违法行为，只要使采购活动终止，采购合同撤销，或者使成交结果被确认无效，都有可能给他人造成损失。在这种情况下，有责任的一方政府采购当事人应当承担民事责任。根据《民法典》第一百七十九条规定，承担民事责任的方式主要有停止侵害，排除妨碍，消除危险，返还财产，恢复原状，修理、重作、更换，继续履行，赔偿损失，支付违约金，消除影响、恢复名誉，赔礼道歉等，以上承担民事责任的方式，可以单独适用，也可以合并适用。政府采购合同具有民事合同的性质，如果违反了合同义务就相应产生了违约责任，其责任方式主要为赔偿损失。当履行合同的过程中侵害了当事人的财产性权利，还应当承担侵权责任，恢复原状、修理、更换、重作等是其主要的责任方式。另外，还有除财产责任外的非财产责任，如排除妨碍、消除影响、恢复名誉等。

第五十八条　非法干预、影响评审工作的法律责任

【条文原文】

第五十八条　任何单位或者个人非法干预、影响评审过程或者结果的，责令改正；该单位责任人或者个人属于国家机关工作人员的，由任免机关或监察机关给予处分。

【条文主旨】

本条对有关单位或者个人非法干预、影响评审工作应承担的法律责任作出具体规定。

【条文解读】

对于供应商而言，由于受经济利益的驱动，可能会采取贿赂等各种非常手段，谋取成交资格。与此同时，又存在着一些拥有权势且意图利用职权谋取不正当利益的单位和个人。这些单位和个人一旦与有不良企图的供应商相互勾结，

就会利用职权非法干预政府采购活动，要求采购人或者采购工作人员向其指定的供应商进行采购。为了杜绝这类腐败现象发生，保证政府采购活动的健康进行，任何单位和个人都不得违法进行干预，要求采购人或者采购工作人员向其指定的供应商进行采购。

如有单位或者个人非法干预、影响评审过程或者结果的，财政部门应当责令其改正，纠正其违法行为，这是首要措施。如果该单位责任人或者个人属于国家机关工作人员的，依据《中华人民共和国公务员法》《中华人民共和国公职人员政务处分法》和《中华人民共和国监察法》规定，依法由任免机关或监察机关给予处分；处分主要有警告、记过、记大过、降职或者开除等。

第五十九条　财政部门工作人员违法行为的法律责任

【条文原文】

第五十九条　财政部门工作人员在实施监督管理过程中违法干预采购活动或者滥用职权、玩忽职守、徇私舞弊的，依法给予处分；涉嫌犯罪的，依法移送司法机关处理。

【条文主旨】

本条对财政部门工作人员有违法行为应承担的法律责任作出具体规定。

【条文解读】

财政部门是政府采购监督管理部门，依法对政府采购活动实施监督检查、保障政府采购秩序，是各级人民政府财政部门的法定义务。财政部门工作人员在政府采购非招标采购活动中依法履行具体的监督管理职责，保障《办法》规定的制度落地执行、政府采购活动依法合规，是其应尽的职责。财政部门工作人员应当在其职责权限范围内依法履行监督检查义务，在实施监督检查中，不得滥用职权，玩忽职守，徇私舞弊。否则，就应当承担相应的法律责任。《政府采购法》第八十条规定："政府采购监督管理部门的工作人员在实施监督检查中违反本法规定滥用职权，玩忽职守，徇私舞弊的，依法给予行政处分；构成犯罪的，依法追究刑事责任。"《政府采购法实施条例》第七十七条也明确规定："财政部门在履行政府采购监督管理职责中违反政府采购法和本条例规定，滥用职权、玩忽职守、徇私舞弊的，对直接负责的主管人员和其他直接责任人员依法给予处分；直接负责的主管人员和其他直接责任人员构成犯罪的，依法追究刑事责任。"

本条规定的责任主体为财政部门工作人员，也就是财政部门从事公务的人员。在履行政府采购监督管理职责中，财政部门工作人员违反《政府采购法》《政府采购法实施条例》和《办法》规定，主要的违法行为有以下几种：①违法干预采购活动，也就是利用职务上的便利不当影响、干扰政府采购活动，如干预客观评审、公正确定成交供应商等行为；②滥用职权是指国家机关工作人员违反法律规定的权限和程序，不正当行使职权或者超越职权的行为；③玩忽职守是指国家机关工作人员故意不履行、不正当履行或者放弃履行其职责的行为；④徇私舞弊是指国家机关工作人员利用职务上的便利，从个人利益出发，为徇个人私利或者亲友私情而置国家或他人利益于不顾，玩忽职守、滥用职权的行为。在政府采购活动中财政部门负有法定的监督职责，应当按照法律、行政法规的规定正确实施监督检查，履行法定职责，而不得滥用职权、玩忽职守、徇私舞弊，否则就应承担法律责任。

具有上述违法行为，具体的处分应依据《中华人民共和国公务员法》《中华人民共和国监察法》《中华人民共和国公职人员政务处分法》，视行为情节的轻重来裁定。财政部门工作人员在履行监督管理职责中存在违法违纪行为的，可以依法给予警告、记过、记大过、降级、撤职、开除等行政处分。一般情况下，情节比较轻微，未造成后果的，可以从轻给予行政处分，如给予警告、记过、记大过等行政处分；情节比较严重的，可以给予降级、降职或者开除的行政处分。

上述违法行为情节严重构成犯罪的，将依法追究刑事责任，根据《中华人民共和国刑法》第三百九十七条关于滥用职权罪、玩忽职守罪、徇私舞弊罪等相关罪名的规定定罪量刑，承担相应的刑事责任。该条规定："国家机关工作人员滥用职权或者玩忽职守，致使公共财产、国家和人民利益遭受重大损失的，处三年以下有期徒刑或者拘役；情节特别严重的，处三年以上七年以下有期徒刑。本法另有规定的，依照规定。国家机关工作人员徇私舞弊，犯前款罪的，处五年以下有期徒刑或者拘役；情节特别严重的，处五年以上十年以下有期徒刑。本法另有规定的，依照规定。"

第七章　附　　则

第六十条　主管预算单位的名词解释

【条文原文】

第六十条　本办法所称主管预算单位是指负有编制部门预算职责，向同级财政部门申报预算的国家机关、事业单位和团体组织。

【条文主旨】

本条是对"主管预算单位"的定义。

【条文解读】

本条对"主管预算单位"这一概念进行了定义，即主管预算单位是指负有编制部门预算职责，向同级财政部门申报预算的国家机关、事业单位和团体组织。通俗来讲，主管预算单位就是一级预算单位。《政府采购法》及《政府采购法实施条例》都没有赋予主管预算单位在政府采购中的行政监督职能。但是政府采购预算单位数量众多，其政府采购活动全部由财政部门进行监督和管理是难以承受的，为此，《办法》引入"主管预算单位"这个概念，将一些管理职能委托主管预算单位承担，主要是出于促进主管预算单位加强内部政府采购管理的考虑。如《办法》第四条规定："达到公开招标数额标准的货物、服务采购项目，拟采用非招标采购方式的，采购人应当在采购活动开始前，报经主管预算单位同意后，向设区的市、自治州以上人民政府财政部门申请批准。"第七条第三款规定："……技术复杂、专业性强的竞争性谈判采购项目，通过随机方式难以确定合适的评审专家的，经主管预算单位同意，可以自行选定评审专家。"这两个法律条款赋予了主管预算单位两项权利，一是所属单位申请转变采购方式，应由主管预算单位先行把关后方可报财政部门。主管预算单位原本就是部门预算的责任主体，在采购管理方面也应负有责任，这有利于加强主管预算单位对本单位政府采购的内控管理。二是把对技术复杂、特殊，专业性强的项目，在财政部门政府采购专家库外选专家的权利交给主管预算单位。竞争性谈判使用专家次数较多，在专家库里抽取很难保证每次来的专家都是原来的专家，对同一个项目原则上要确保专家的一致性，特殊情况下可以增补和替换，只要主管预算单位同意即可。

第六十一条 授权立法

【条文原文】

第六十一条 各省、自治区、直辖市人民政府财政部门可以根据本办法制定具体实施办法。

【条文主旨】

本条对授权各省级财政部门可以根据《办法》制定具体实施办法作出专门规定。

【条文解读】

根据《中华人民共和国立法法》规定，法律、行政法规、地方性法规、自治条例和单行条例、规章（部门规章和政府规章）都属于广义的"立法"，比如《办法》就是财政部制定的部门规章，适用于全国的政府采购非招标采购活动。前述之外的其他单位、部门制定的具有普遍适用的法律文件称为"规范性文件"。根据《国务院办公厅关于加强行政规范性文件制定和监督管理工作的通知》（国办发〔2018〕37号）规定，规范性文件是除国务院的行政法规、决定、命令以及部门规章和地方政府规章外，由行政机关依照法定权限、程序制定并公开发布，涉及公民、法人和其他组织权利义务，具有普遍约束力，在一定期限内反复适用的公文。就如本条所规定的，各省、自治区、直辖市人民政府财政部门可以根据《办法》规定，并结合本地实际，制定具体实施办法，这些实施办法是行政规范性文件，在本省、自治区、直辖市行政区域范围内组织的非招标采购活动，都受该实施办法的规范。目前，已有一些省就落实《办法》，根据当地的实际情况出台了符合当地特点、规范本省非招标采购活动的具体实施办法或实施细则，比如《湖南省政府采购非招标采购方式管理办法实施细则》《四川省政府采购非招标采购方式实施办法》等。

第六十二条 《办法》生效时间

【条文原文】

第六十二条 本办法自 2014 年 2 月 1 日起施行。

【条文主旨】

本条对《办法》的生效时间作出专门规定。

【条文解读】

一项法律只有在其开始施行时，才能成为约束人们行为的规范。因此，每部法律、法规和规章都相应规定了施行日期，也就是法律生效的时间。确定法律的生效日期，通常有以下三种方式：一是法律条文中明确规定，从其公布之日起生效施行；二是法律公布后，并不立即生效施行，经过一定时期后才开始施行，法律中明确规定生效施行的日期；三是法律公布后先予以试行或暂行，而后由立法部门加以补充完善，再通过为正式法律公布施行，在试行期间也具有约束力。

《办法》采用的是上述第二种方式。《办法》于 2013 年 10 月 28 日经财政部部务会议审议通过，2013 年 12 月 19 日公布，2014 年 2 月 1 日起生效。自生效之日起，我国境内所有机关、团体、企业事业组织和个人都应当执行或者遵守。凡在我国境内进行政府采购非招标采购活动和执法、司法行为，都应遵守《办法》的规定；各单位和个人都应当严格遵守《办法》规定，按照规定开展政府采购非招标采购活动，自觉维护政府采购秩序。之所以规定在公布 3 个月之后才开始实施，这主要是为了便于有关部门和单位对《办法》进行宣传贯彻，也便于公民个人进行学习了解和掌握《办法》的内容。

法律中明确规定法律的生效时间，一般涉及法律有无溯及力的问题。法律的溯及力就是新法律施行后，对生效前发生的事件和行为是否适用新法的问题。根据《中华人民共和国立法法》第八十四条规定，法律、行政法规、地方性法规、自治条例和单行条例、规章不溯及既往，但为了更好地保护公民、法人和其他组织的权利和利益而作的特别规定除外。一般法律没有溯及力，除非有明确规定。因此，《办法》也只对其生效后的政府采购非招标采购活动有约束力，对它生效前的非招标采购活动不具有约束力。另外，《办法》实施后，其与在其后颁布的《政府采购法实施条例》相矛盾、抵触的内容无效。在《办法》施行前发生至《办法》公布施行后没有结束的持续行为，则适用《办法》的规定。

附　　录

附录 A　中华人民共和国政府采购法

（2002 年 6 月 29 日第九届全国人民代表大会常务委员会第二十八次
会议通过，根据 2014 年 8 月 31 日第十二届全国人民代表大会常务委员会
《关于修改〈中华人民共和国保险法〉等五部法律的决定》修正）

第一章　总　　则

第一条　为了规范政府采购行为，提高政府采购资金的使用效益，维护国家利益和社会公共利益，保护政府采购当事人的合法权益，促进廉政建设，制定本法。

第二条　在中华人民共和国境内进行的政府采购适用本法。

本法所称政府采购，是指各级国家机关、事业单位和团体组织，使用财政性资金采购依法制定的集中采购目录以内的或者采购限额标准以上的货物、工程和服务的行为。

政府集中采购目录和采购限额标准依照本法规定的权限制定。

本法所称采购，是指以合同方式有偿取得货物、工程和服务的行为，包括购买、租赁、委托、雇用等。

本法所称货物，是指各种形态和种类的物品，包括原材料、燃料、设备、产品等。

本法所称工程，是指建设工程，包括建筑物和构筑物的新建、改建、扩建、装修、拆除、修缮等。

本法所称服务，是指除货物和工程以外的其他政府采购对象。

第三条　政府采购应当遵循公开透明原则、公平竞争原则、公正原则和诚实信用原则。

第四条　政府采购工程进行招标投标的，适用招标投标法。

第五条　任何单位和个人不得采用任何方式，阻挠和限制供应商自由进入本地区和本行业的政府采购市场。

第六条　政府采购应当严格按照批准的预算执行。

第七条　政府采购实行集中采购和分散采购相结合。集中采购的范围由省级以上人民政府公布的集中采购目录确定。

属于中央预算的政府采购项目，其集中采购目录由国务院确定并公布；属于地方预算的政府采购项目，其集中采购目录由省、自治区、直辖市人民政府或者其授权的机构确定并公布。

纳入集中采购目录的政府采购项目，应当实行集中采购。

第八条　政府采购限额标准，属于中央预算的政府采购项目，由国务院确定并公布；属于地方预算的政府采购项目，由省、自治区、直辖市人民政府或者其授权的机构确定并公布。

第九条　政府采购应当有助于实现国家的经济和社会发展政策目标，包括保护环境，扶持不发达地区和少数民族地区，促进中小企业发展等。

第十条　政府采购应当采购本国货物、工程和服务。但有下列情形之一的除外：

（一）需要采购的货物、工程或者服务在中国境内无法获取或者无法以合理的商业条件获取的；

（二）为在中国境外使用而进行采购的；

（三）其他法律、行政法规另有规定的。

前款所称本国货物、工程和服务的界定，依照国务院有关规定执行。

第十一条　政府采购的信息应当在政府采购监督管理部门指定的媒体上及时向社会公开发布，但涉及商业秘密的除外。

第十二条　在政府采购活动中，采购人员及相关人员与供应商有利害关系的，必须回避。供应商认为采购人员及相关人员与其他供应商有利害关系的，可以申请其回避。

前款所称相关人员，包括招标采购中评标委员会的组成人员，竞争性谈判采购中谈判小组的组成人员，询价采购中询价小组的组成人员等。

第十三条　各级人民政府财政部门是负责政府采购监督管理的部门，依法履行对政府采购活动的监督管理职责。

各级人民政府其他有关部门依法履行与政府采购活动有关的监督管理职责。

第二章 政府采购当事人

第十四条 政府采购当事人是指在政府采购活动中享有权利和承担义务的各类主体，包括采购人、供应商和采购代理机构等。

第十五条 采购人是指依法进行政府采购的国家机关、事业单位、团体组织。

第十六条 集中采购机构为采购代理机构。设区的市、自治州以上人民政府根据本级政府采购项目组织集中采购的需要设立集中采购机构。

集中采购机构是非营利事业法人，根据采购人的委托办理采购事宜。

第十七条 集中采购机构进行政府采购活动，应当符合采购价格低于市场平均价格、采购效率更高、采购质量优良和服务良好的要求。

第十八条 采购人采购纳入集中采购目录的政府采购项目，必须委托集中采购机构代理采购；采购未纳入集中采购目录的政府采购项目，可以自行采购，也可以委托集中采购机构在委托的范围内代理采购。

纳入集中采购目录属于通用的政府采购项目的，应当委托集中采购机构代理采购；属于本部门、本系统有特殊要求的项目，应当实行部门集中采购；属于本单位有特殊要求的项目，经省级以上人民政府批准，可以自行采购。

第十九条 采购人可以委托集中采购机构以外的采购代理机构，在委托的范围内办理政府采购事宜。

采购人有权自行选择采购代理机构，任何单位和个人不得以任何方式为采购人指定采购代理机构。

第二十条 采购人依法委托采购代理机构办理采购事宜的，应当由采购人与采购代理机构签订委托代理协议，依法确定委托代理的事项，约定双方的权利义务。

第二十一条 供应商是指向采购人提供货物、工程或者服务的法人、其他组织或者自然人。

第二十二条 供应商参加政府采购活动应当具备下列条件：

（一）具有独立承担民事责任的能力；

（二）具有良好的商业信誉和健全的财务会计制度；

（三）具有履行合同所必需的设备和专业技术能力；

（四）有依法缴纳税收和社会保障资金的良好记录；

（五）参加政府采购活动前三年内，在经营活动中没有重大违法记录；

（六）法律、行政法规规定的其他条件。

采购人可以根据采购项目的特殊要求，规定供应商的特定条件，但不得以不合理的条件对供应商实行差别待遇或者歧视待遇。

第二十三条　采购人可以要求参加政府采购的供应商提供有关资质证明文件和业绩情况，并根据本法规定的供应商条件和采购项目对供应商的特定要求，对供应商的资格进行审查。

第二十四条　两个以上的自然人、法人或者其他组织可以组成一个联合体，以一个供应商的身份共同参加政府采购。

以联合体形式进行政府采购的，参加联合体的供应商均应当具备本法第二十二条规定的条件，并应当向采购人提交联合协议，载明联合体各方承担的工作和义务。联合体各方应当共同与采购人签订采购合同，就采购合同约定的事项对采购人承担连带责任。

第二十五条　政府采购当事人不得相互串通损害国家利益、社会公共利益和其他当事人的合法权益；不得以任何手段排斥其他供应商参与竞争。

供应商不得以向采购人、采购代理机构、评标委员会的组成人员、竞争性谈判小组的组成人员、询价小组的组成人员行贿或者采取其他不正当手段谋取中标或者成交。

采购代理机构不得以向采购人行贿或者采取其他不正当手段谋取非法利益。

第三章　政府采购方式

第二十六条　政府采购采用以下方式：

（一）公开招标；

（二）邀请招标；

（三）竞争性谈判；

（四）单一来源采购；

（五）询价；

（六）国务院政府采购监督管理部门认定的其他采购方式。

公开招标应作为政府采购的主要采购方式。

第二十七条　采购人采购货物或者服务应当采用公开招标方式的，其具体数额标准，属于中央预算的政府采购项目，由国务院规定；属于地方预算的政府采购项目，由省、自治区、直辖市人民政府规定；因特殊情况需要采用公开招标以外的采购方式的，应当在采购活动开始前获得设区的市、自治州以上人民政府采购监督管理部门的批准。

第二十八条 采购人不得将应当以公开招标方式采购的货物或者服务化整为零或者以其他任何方式规避公开招标采购。

第二十九条 符合下列情形之一的货物或者服务，可以依照本法采用邀请招标方式采购：

（一）具有特殊性，只能从有限范围的供应商处采购的；

（二）采用公开招标方式的费用占政府采购项目总价值的比例过大的。

第三十条 符合下列情形之一的货物或者服务，可以依照本法采用竞争性谈判方式采购：

（一）招标后没有供应商投标或者没有合格标的或者重新招标未能成立的；

（二）技术复杂或者性质特殊，不能确定详细规格或者具体要求的；

（三）采用招标所需时间不能满足用户紧急需要的；

（四）不能事先计算出价格总额的。

第三十一条 符合下列情形之一的货物或者服务，可以依照本法采用单一来源方式采购：

（一）只能从唯一供应商处采购的；

（二）发生了不可预见的紧急情况不能从其他供应商处采购的；

（三）必须保证原有采购项目一致性或者服务配套的要求，需要继续从原供应商处添购，且添购资金总额不超过原合同采购金额百分之十的。[○]

○ 财政部办公厅《关于未达到公开招标数额标准政府采购项目采购方式适用等问题的函》（财办库〔2015〕111号）规定：根据《中华人民共和国政府采购法》第二十七条规定，未达到公开招标数额标准符合政府采购法第三十一条第一项规定情形只能从唯一供应商处采购的政府采购项目，可以依法采用单一来源方式。此类项目在采购活动开始前，无须获得设区的市、自治州以上人民政府采购监督管理部门的批准，也不用按照政府采购法实施条例第三十八条的规定在省级以上财政部门指定媒体上公示。对于此类采购项目，采购人、采购代理机构应当严格按照《政府采购非招标采购方式管理办法》（财政部令第74号）的有关规定，组织具有相关经验的专业人员与供应商商定合理的成交价格并保证采购项目质量，做好协商情况记录。对于未达到公开招标数额标准的政府采购项目，采购人要建立和完善内部管理制度，强化采购、财务和业务部门（岗位）责任，结合采购项目具体情况，依法选择适用的采购方式，防止随意采用和滥用采购方式。

第三十二条　采购的货物规格、标准统一、现货货源充足且价格变化幅度小的政府采购项目，可以依照本法采用询价方式采购。

第四章　政府采购程序

第三十三条　负有编制部门预算职责的部门在编制下一财政年度部门预算时，应当将该财政年度政府采购的项目及资金预算列出，报本级财政部门汇总。部门预算的审批，按预算管理权限和程序进行。

第三十四条　货物或者服务项目采取邀请招标方式采购的，采购人应当从符合相应资格条件的供应商中，通过随机方式选择三家以上的供应商，并向其发出投标邀请书。

第三十五条　货物和服务项目实行招标方式采购的，自招标文件开始发出之日起至投标人提交投标文件截止之日止，不得少于二十日。

第三十六条　在招标采购中，出现下列情形之一的，应予废标：

（一）符合专业条件的供应商或者对招标文件作实质响应的供应商不足三家的；

（二）出现影响采购公正的违法、违规行为的；

（三）投标人的报价均超过了采购预算，采购人不能支付的；

（四）因重大变故，采购任务取消的。

废标后，采购人应当将废标理由通知所有投标人。

第三十七条　废标后，除采购任务取消情形外，应当重新组织招标；需要采取其他方式采购的，应当在采购活动开始前获得设区的市、自治州以上人民政府采购监督管理部门或者政府有关部门批准。

第三十八条　采用竞争性谈判方式采购的，应当遵循下列程序：

（一）成立谈判小组。谈判小组由采购人的代表和有关专家共三人以上的单数组成，其中专家的人数不得少于成员总数的三分之二。

（二）制定谈判文件。谈判文件应当明确谈判程序、谈判内容、合同草案的条款以及评定成交的标准等事项。

（三）确定邀请参加谈判的供应商名单。谈判小组从符合相应资格条件的供应商名单中确定不少于三家的供应商参加谈判，并向其提供谈判文件。

（四）谈判。谈判小组所有成员集中与单一供应商分别进行谈判。在谈判中，谈判的任何一方不得透露与谈判有关的其他供应商的技术资料、价格和其他信息。谈判文件有实质性变动的，谈判小组应当以书面形式通知所有参加谈判的供应商。

（五）确定成交供应商。谈判结束后，谈判小组应当要求所有参加谈判的供应商在规定时间内进行最后报价，采购人从谈判小组提出的成交候选人中根据符合采购需求、质量和服务相等且报价最低的原则确定成交供应商，并将结果通知所有参加谈判的未成交的供应商。

第三十九条　采取单一来源方式采购的，采购人与供应商应当遵循本法规定的原则，在保证采购项目质量和双方商定合理价格的基础上进行采购。

第四十条　采取询价方式采购的，应当遵循下列程序：

（一）成立询价小组。询价小组由采购人的代表和有关专家共三人以上的单数组成，其中专家的人数不得少于成员总数的三分之二。询价小组应当对采购项目的价格构成和评定成交的标准等事项作出规定。

（二）确定被询价的供应商名单。询价小组根据采购需求，从符合相应资格条件的供应商名单中确定不少于三家的供应商，并向其发出询价通知书让其报价。

（三）询价。询价小组要求被询价的供应商一次报出不得更改的价格。

（四）确定成交供应商。采购人根据符合采购需求、质量和服务相等且报价最低的原则确定成交供应商，并将结果通知所有被询价的未成交的供应商。

第四十一条　采购人或者其委托的采购代理机构应当组织对供应商履约的验收。大型或者复杂的政府采购项目，应当邀请国家认可的质量检测机构参加验收工作。验收方成员应当在验收书上签字，并承担相应的法律责任。

第四十二条　采购人、采购代理机构对政府采购项目每项采购活动的采购文件应当妥善保存，不得伪造、变造、隐匿或者销毁。采购文件的保存期限为从采购结束之日起至少保存十五年。

采购文件包括采购活动记录、采购预算、招标文件、投标文件、评标标准、评估报告、定标文件、合同文本、验收证明、质疑答复、投诉处理决定及其他有关文件、资料。

采购活动记录至少应当包括下列内容：

（一）采购项目类别、名称；

（二）采购项目预算、资金构成和合同价格；

（三）采购方式，采用公开招标以外的采购方式的，应当载明原因；

（四）邀请和选择供应商的条件及原因；

（五）评标标准及确定中标人的原因；

（六）废标的原因；

（七）采用招标以外采购方式的相应记载。

第五章　政府采购合同

第四十三条　政府采购合同适用合同法。采购人和供应商之间的权利和义务，应当按照平等、自愿的原则以合同方式约定。

采购人可以委托采购代理机构代表其与供应商签订政府采购合同。由采购代理机构以采购人名义签订合同的，应当提交采购人的授权委托书，作为合同附件。

第四十四条　政府采购合同应当采用书面形式。

第四十五条　国务院政府采购监督管理部门应当会同国务院有关部门，规定政府采购合同必须具备的条款。

第四十六条　采购人与中标、成交供应商应当在中标、成交通知书发出之日起三十日内，按照采购文件确定的事项签订政府采购合同。

中标、成交通知书对采购人和中标、成交供应商均具有法律效力。中标、成交通知书发出后，采购人改变中标、成交结果的，或者中标、成交供应商放弃中标、成交项目的，应当依法承担法律责任。

第四十七条　政府采购项目的采购合同自签订之日起七个工作日内，采购人应当将合同副本报同级政府采购监督管理部门和有关部门备案。

第四十八条　经采购人同意，中标、成交供应商可以依法采取分包方式履行合同。

政府采购合同分包履行的，中标、成交供应商就采购项目和分包项目向采购人负责，分包供应商就分包项目承担责任。

第四十九条　政府采购合同履行中，采购人需追加与合同标的相同的货物、工程或者服务的，在不改变合同其他条款的前提下，可以与供应商协商签订补充合同，但所有补充合同的采购金额不得超过原合同采购金额的百分之十。

第五十条 政府采购合同的双方当事人不得擅自变更、中止或者终止合同。

政府采购合同继续履行将损害国家利益和社会公共利益的，双方当事人应当变更、中止或者终止合同。有过错的一方应当承担赔偿责任，双方都有过错的，各自承担相应的责任。

第六章 质疑与投诉

第五十一条 供应商对政府采购活动事项有疑问的，可以向采购人提出询问，采购人应当及时作出答复，但答复的内容不得涉及商业秘密。

第五十二条 供应商认为采购文件、采购过程和中标、成交结果使自己的权益受到损害的，可以在知道或者应知其权益受到损害之日起七个工作日内，以书面形式向采购人提出质疑。

第五十三条 采购人应当在收到供应商的书面质疑后七个工作日内作出答复，并以书面形式通知质疑供应商和其他有关供应商，但答复的内容不得涉及商业秘密。

第五十四条 采购人委托采购代理机构采购的，供应商可以向采购代理机构提出询问或者质疑，采购代理机构应当依照本法第五十一条、第五十三条的规定就采购人委托授权范围内的事项作出答复。

第五十五条 质疑供应商对采购人、采购代理机构的答复不满意或者采购人、采购代理机构未在规定的时间内作出答复的，可以在答复期满后十五个工作日内向同级政府采购监督管理部门投诉。

第五十六条 政府采购监督管理部门应当在收到投诉后三十个工作日内，对投诉事项作出处理决定，并以书面形式通知投诉人和与投诉事项有关的当事人。

第五十七条 政府采购监督管理部门在处理投诉事项期间，可以视具体情况书面通知采购人暂停采购活动，但暂停时间最长不得超过三十日。

第五十八条 投诉人对政府采购监督管理部门的投诉处理决定不服或者政府采购监督管理部门逾期未作处理的，可以依法申请行政复议或者向人民法院提起行政诉讼。

第七章 监督检查

第五十九条 政府采购监督管理部门应当加强对政府采购活动及集中采购

机构的监督检查。

监督检查的主要内容是：

（一）有关政府采购的法律、行政法规和规章的执行情况；

（二）采购范围、采购方式和采购程序的执行情况；

（三）政府采购人员的职业素质和专业技能。

第六十条　政府采购监督管理部门不得设置集中采购机构，不得参与政府采购项目的采购活动。

采购代理机构与行政机关不得存在隶属关系或者其他利益关系。

第六十一条　集中采购机构应当建立健全内部监督管理制度。采购活动的决策和执行程序应当明确，并相互监督、相互制约。经办采购的人员与负责采购合同审核、验收人员的职责权限应当明确，并相互分离。

第六十二条　集中采购机构的采购人员应当具有相关职业素质和专业技能，符合政府采购监督管理部门规定的专业岗位任职要求。

集中采购机构对其工作人员应当加强教育和培训；对采购人员的专业水平、工作实绩和职业道德状况定期进行考核。采购人员经考核不合格的，不得继续任职。

第六十三条　政府采购项目的采购标准应当公开。

采用本法规定的采购方式的，采购人在采购活动完成后，应当将采购结果予以公布。

第六十四条　采购人必须按照本法规定的采购方式和采购程序进行采购。

任何单位和个人不得违反本法规定，要求采购人或者采购工作人员向其指定的供应商进行采购。

第六十五条　政府采购监督管理部门应当对政府采购项目的采购活动进行检查，政府采购当事人应当如实反映情况，提供有关材料。

第六十六条　政府采购监督管理部门应当对集中采购机构的采购价格、节约资金效果、服务质量、信誉状况、有无违法行为等事项进行考核，并定期如实公布考核结果。

第六十七条　依照法律、行政法规的规定对政府采购负有行政监督职责的政府有关部门，应当按照其职责分工，加强对政府采购活动的监督。

第六十八条　审计机关应当对政府采购进行审计监督。政府采购监督管理部门、政府采购各当事人有关政府采购活动，应当接受审计机关的审计监督。

第六十九条 监察机关应当加强对参与政府采购活动的国家机关、国家公务员和国家行政机关任命的其他人员实施监察。

第七十条 任何单位和个人对政府采购活动中的违法行为，有权控告和检举，有关部门、机关应当依照各自职责及时处理。

第八章 法律责任

第七十一条 采购人、采购代理机构有下列情形之一的，责令限期改正，给予警告，可以并处罚款，对直接负责的主管人员和其他直接责任人员，由其行政主管部门或者有关机关给予处分，并予通报：

（一）应当采用公开招标方式而擅自采用其他方式采购的；

（二）擅自提高采购标准的；

（三）以不合理的条件对供应商实行差别待遇或者歧视待遇的；

（四）在招标采购过程中与投标人进行协商谈判的；

（五）中标、成交通知书发出后不与中标、成交供应商签订采购合同的；

（六）拒绝有关部门依法实施监督检查的。

第七十二条 采购人、采购代理机构及其工作人员有下列情形之一，构成犯罪的，依法追究刑事责任；尚不构成犯罪的，处以罚款，有违法所得的，并处没收违法所得，属于国家机关工作人员的，依法给予行政处分：

（一）与供应商或者采购代理机构恶意串通的；

（二）在采购过程中接受贿赂或者获取其他不正当利益的；

（三）在有关部门依法实施的监督检查中提供虚假情况的；

（四）开标前泄露标底的。

第七十三条 有前两条违法行为之一影响中标、成交结果或者可能影响中标、成交结果的，按下列情况分别处理：

（一）未确定中标、成交供应商的，终止采购活动；

（二）中标、成交供应商已经确定但采购合同尚未履行的，撤销合同，从合格的中标、成交候选人中另行确定中标、成交供应商；

（三）采购合同已经履行的，给采购人、供应商造成损失的，由责任人承担赔偿责任。

第七十四条　采购人对应当实行集中采购的政府采购项目，不委托集中采购机构实行集中采购的，由政府采购监督管理部门责令改正；拒不改正的，停止按预算向其支付资金，由其上级行政主管部门或者有关机关依法给予其直接负责的主管人员和其他直接责任人员处分。

第七十五条　采购人未依法公布政府采购项目的采购标准和采购结果的，责令改正，对直接负责的主管人员依法给予处分。

第七十六条　采购人、采购代理机构违反本法规定隐匿、销毁应当保存的采购文件或者伪造、变造采购文件的，由政府采购监督管理部门处以二万元以上十万元以下的罚款，对其直接负责的主管人员和其他直接责任人员依法给予处分；构成犯罪的，依法追究刑事责任。

第七十七条　供应商有下列情形之一的，处以采购金额千分之五以上千分之十以下的罚款，列入不良行为记录名单，在一至三年内禁止参加政府采购活动，有违法所得的，并处没收违法所得，情节严重的，由工商行政管理机关吊销营业执照；构成犯罪的，依法追究刑事责任：

（一）提供虚假材料谋取中标、成交的；

（二）采取不正当手段诋毁、排挤其他供应商的；

（三）与采购人、其他供应商或者采购代理机构恶意串通的；

（四）向采购人、采购代理机构行贿或者提供其他不正当利益的；

（五）在招标采购过程中与采购人进行协商谈判的；

（六）拒绝有关部门监督检查或者提供虚假情况的。

供应商有前款第（一）至（五）项情形之一的，中标、成交无效。

第七十八条　采购代理机构在代理政府采购业务中有违法行为的，按照有关法律规定处以罚款，可以在一至三年内禁止其代理政府采购业务，构成犯罪的，依法追究刑事责任。

第七十九条　政府采购当事人有本法第七十一条、第七十二条、第七十七条违法行为之一，给他人造成损失的，并应依照有关民事法律规定承担民事责任。

第八十条　政府采购监督管理部门的工作人员在实施监督检查中违反本法规定滥用职权，玩忽职守，徇私舞弊的，依法给予行政处分；构成犯罪的，依法追究刑事责任。

第八十一条 政府采购监督管理部门对供应商的投诉逾期未作处理的，给予直接负责的主管人员和其他直接责任人员行政处分。

第八十二条 政府采购监督管理部门对集中采购机构业绩的考核，有虚假陈述，隐瞒真实情况的，或者不作定期考核和公布考核结果的，应当及时纠正，由其上级机关或者监察机关对其负责人进行通报，并对直接负责的人员依法给予行政处分。

集中采购机构在政府采购监督管理部门考核中，虚报业绩，隐瞒真实情况的，处以二万元以上二十万元以下的罚款，并予以通报；情节严重的，取消其代理采购的资格。

第八十三条 任何单位或者个人阻挠和限制供应商进入本地区或者本行业政府采购市场的，责令限期改正；拒不改正的，由该单位、个人的上级行政主管部门或者有关机关给予单位责任人或者个人处分。

第九章 附 则

第八十四条 使用国际组织和外国政府贷款进行的政府采购，贷款方、资金提供方与中方达成的协议对采购的具体条件另有规定的，可以适用其规定，但不得损害国家利益和社会公共利益。

第八十五条 对因严重自然灾害和其他不可抗力事件所实施的紧急采购和涉及国家安全和秘密的采购，不适用本法。

第八十六条 军事采购法规由中央军事委员会另行制定。

第八十七条 本法实施的具体步骤和办法由国务院规定。

第八十八条 本法自 2003 年 1 月 1 日起施行。

附录 B　中华人民共和国政府采购法实施条例

（2015 年 1 月 30 日国务院令第 658 号公布）

第一章　总　　则

第一条　根据《中华人民共和国政府采购法》（以下简称政府采购法），制定本条例。

第二条　政府采购法第二条所称财政性资金是指纳入预算管理的资金。

以财政性资金作为还款来源的借贷资金，视同财政性资金。

国家机关、事业单位和团体组织的采购项目既使用财政性资金又使用非财政性资金的，使用财政性资金采购的部分，适用政府采购法及本条例；财政性资金与非财政性资金无法分割采购的，统一适用政府采购法及本条例。

政府采购法第二条所称服务，包括政府自身需要的服务和政府向社会公众提供的公共服务。

第三条　集中采购目录包括集中采购机构采购项目和部门集中采购项目。

技术、服务等标准统一，采购人普遍使用的项目，列为集中采购机构采购项目；采购人本部门、本系统基于业务需要有特殊要求，可以统一采购的项目，列为部门集中采购项目。

第四条　政府采购法所称集中采购，是指采购人将列入集中采购目录的项目委托集中采购机构代理采购或者进行部门集中采购的行为；所称分散采购，是指采购人将采购限额标准以上的未列入集中采购目录的项目自行采购或者委托采购代理机构代理采购的行为。

第五条　省、自治区、直辖市人民政府或者其授权的机构根据实际情况，可以确定分别适用于本行政区域省级、设区的市级、县级的集中采购目录和采购限额标准。

第六条　国务院财政部门应当根据国家的经济和社会发展政策，会同国务院有关部门制定政府采购政策，通过制定采购需求标准、预留采购份额、价格评审优惠、优先采购等措施，实现节约能源、保护环境、扶持不发达地区和少数民族地区、促进中小企业发展等目标。

第七条 政府采购工程以及与工程建设有关的货物、服务，采用招标方式采购的，适用《中华人民共和国招标投标法》及其实施条例；采用其他方式采购的，适用政府采购法及本条例。

前款所称工程，是指建设工程，包括建筑物和构筑物的新建、改建、扩建及其相关的装修、拆除、修缮等；所称与工程建设有关的货物，是指构成工程不可分割的组成部分，且为实现工程基本功能所必需的设备、材料等；所称与工程建设有关的服务，是指为完成工程所需的勘察、设计、监理等服务。

政府采购工程以及与工程建设有关的货物、服务，应当执行政府采购政策。

第八条 政府采购项目信息应当在省级以上人民政府财政部门指定的媒体上发布。采购项目预算金额达到国务院财政部门规定标准的，政府采购项目信息应当在国务院财政部门指定的媒体上发布。

第九条 在政府采购活动中，采购人员及相关人员与供应商有下列利害关系之一的，应当回避：

（一）参加采购活动前 3 年内与供应商存在劳动关系；

（二）参加采购活动前 3 年内担任供应商的董事、监事；

（三）参加采购活动前 3 年内是供应商的控股股东或者实际控制人；

（四）与供应商的法定代表人或者负责人有夫妻、直系血亲、三代以内旁系血亲或者近姻亲关系；

（五）与供应商有其他可能影响政府采购活动公平、公正进行的关系。

供应商认为采购人员及相关人员与其他供应商有利害关系的，可以向采购人或者采购代理机构书面提出回避申请，并说明理由。采购人或者采购代理机构应当及时询问被申请回避人员，有利害关系的被申请回避人员应当回避。

第十条 国家实行统一的政府采购电子交易平台建设标准，推动利用信息网络进行电子化政府采购活动。

第二章　政府采购当事人

第十一条 采购人在政府采购活动中应当维护国家利益和社会公共利益，公正廉洁，诚实守信，执行政府采购政策，建立政府采购内部管理制度，厉行节约，科学合理确定采购需求。

采购人不得向供应商索要或者接受其给予的赠品、回扣或者与采购无关的其他商品、服务。

第十二条　政府采购法所称采购代理机构，是指集中采购机构和集中采购机构以外的采购代理机构。

集中采购机构是设区的市级以上人民政府依法设立的非营利事业法人，是代理集中采购项目的执行机构。集中采购机构应当根据采购人委托制定集中采购项目的实施方案，明确采购规程，组织政府采购活动，不得将集中采购项目转委托。集中采购机构以外的采购代理机构，是从事采购代理业务的社会中介机构。

第十三条　采购代理机构应当建立完善的政府采购内部监督管理制度，具备开展政府采购业务所需的评审条件和设施。

采购代理机构应当提高确定采购需求，编制招标文件、谈判文件、询价通知书，拟订合同文本和优化采购程序的专业化服务水平，根据采购人委托在规定的时间内及时组织采购人与中标或者成交供应商签订政府采购合同，及时协助采购人对采购项目进行验收。

第十四条　采购代理机构不得以不正当手段获取政府采购代理业务，不得与采购人、供应商恶意串通操纵政府采购活动。采购代理机构工作人员不得接受采购人或者供应商组织的宴请、旅游、娱乐，不得收受礼品、现金、有价证券等，不得向采购人或者供应商报销应当由个人承担的费用。

第十五条　采购人、采购代理机构应当根据政府采购政策、采购预算、采购需求编制采购文件。

采购需求应当符合法律法规以及政府采购政策规定的技术、服务、安全等要求。政府向社会公众提供的公共服务项目，应当就确定采购需求征求社会公众的意见。除因技术复杂或者性质特殊，不能确定详细规格或者具体要求外，采购需求应当完整、明确。必要时，应当就确定采购需求征求相关供应商、专家的意见。

第十六条　政府采购法第二十条规定的委托代理协议，应当明确代理采购的范围、权限和期限等具体事项。采购人和采购代理机构应当按照委托代理协议履行各自义务，采购代理机构不得超越代理权限。

第十七条　参加政府采购活动的供应商应当具备政府采购法第二十二条第一款规定的条件，提供下列材料：

（一）法人或者其他组织的营业执照等证明文件，自然人的身份证明；

（二）财务状况报告，依法缴纳税收和社会保障资金的相关材料；

（三）具备履行合同所必需的设备和专业技术能力的证明材料；

（四）参加政府采购活动前 3 年内在经营活动中没有重大违法记录的书面声明；

（五）具备法律、行政法规规定的其他条件的证明材料。

采购项目有特殊要求的，供应商还应当提供其符合特殊要求的证明材料或者情况说明。

第十八条 单位负责人为同一人或者存在直接控股、管理关系的不同供应商，不得参加同一合同项下的政府采购活动。

除单一来源采购项目外，为采购项目提供整体设计、规范编制或者项目管理、监理、检测等服务的供应商，不得再参加该采购项目的其他采购活动。⊖

第十九条 政府采购法第二十二条第一款第五项所称重大违法记录，是指供应商因违法经营受到刑事处罚或者责令停产停业、吊销许可证或者执照、较大数额罚款等行政处罚。供应商在参加政府采购活动前 3 年内因违法经营被禁止在一定期限内参加政府采购活动，期限届满的，可以参加政府采购活动。

第二十条 采购人或者采购代理机构有下列情形之一的，属于以不合理的条件对供应商实行差别待遇或者歧视待遇：

（一）就同一采购项目向供应商提供有差别的项目信息；

（二）设定的资格、技术、商务条件与采购项目的具体特点和实际需要不相适应或者与合同履行无关；

（三）采购需求中的技术、服务等要求指向特定供应商、特定产品；

（四）以特定行政区域或者特定行业的业绩、奖项作为加分条件或者中标、成交条件；

（五）对供应商采取不同的资格审查或者评审标准；

（六）限定或者指定特定的专利、商标、品牌或者供应商；

⊖ 《财政部办公厅关于〈中华人民共和国政府采购法实施条例〉第十八条第二款法律适用的函》（财办库〔2015〕295 号）规定："《中华人民共和国政府采购法实施条例》第十八条规定，除单一来源采购项目外，为采购项目提供整体设计、规范编制或者项目管理、监理、检测等服务的供应商，不得再参加该采购项目的其他采购活动。"其中，"其他采购活动"是指为采购项目提供整体设计、规范编制和项目管理、监理、检测等服务之外的采购活动。因此，同一供应商可以同时承担项目的整体设计、规范编制和项目管理、监理、检测等服务。

（七）非法限定供应商的所有制形式、组织形式或者所在地；

（八）以其他不合理条件限制或者排斥潜在供应商。

第二十一条　采购人或者采购代理机构对供应商进行资格预审的，资格预审公告应当在省级以上人民政府财政部门指定的媒体上发布。已进行资格预审的，评审阶段可以不再对供应商资格进行审查。资格预审合格的供应商在评审阶段资格发生变化的，应当通知采购人和采购代理机构。

资格预审公告应当包括采购人和采购项目名称、采购需求、对供应商的资格要求以及供应商提交资格预审申请文件的时间和地点。提交资格预审申请文件的时间自公告发布之日起不得少于 5 个工作日。

第二十二条　联合体中有同类资质的供应商按照联合体分工承担相同工作的，应当按照资质等级较低的供应商确定资质等级。以联合体形式参加政府采购活动的，联合体各方不得再单独参加或者与其他供应商另外组成联合体参加同一合同项下的政府采购活动。

第三章　政府采购方式

第二十三条　采购人采购公开招标数额标准以上的货物或者服务，符合政府采购法第二十九条、第三十条、第三十一条、第三十二条规定情形或者有需要执行政府采购政策等特殊情况的，经设区的市级以上人民政府财政部门批准，可以依法采用公开招标以外的采购方式。

第二十四条　列入集中采购目录的项目，适合实行批量集中采购的，应当实行批量集中采购，但紧急的小额零星货物项目和有特殊要求的服务、工程项目除外。

第二十五条　政府采购工程依法不进行招标的，应当依照政府采购法和本条例规定的竞争性谈判或者单一来源采购方式采购。[○]

○　国务院法制办公室《对政府采购工程项目法律适用及申领施工许可证问题的答复》（国法秘财函〔2015〕736 号）规定：按照招标投标法实施条例第二条的规定，建筑物和构筑物的新建、改建、扩建及其相关的装修、拆除、修缮属于依法必须进行招标的项目。据此，与建筑物和构筑物的新建、改建、扩建无关的单独的装修、拆除、修缮不属于依法必须进行招标的项目。政府采购此类项目时，应当按照政府采购法实施条例第二十五条的规定，采用竞争性谈判或者单一来源方式进行采购。依法通过竞争性谈判或者单一来源方式确定供应商的政府采购建设工程项目，符合《中华人民共和国建筑法》规定的申请领取施工许可证条件的，应当颁发施工许可证，不应当以未进入有形市场进行招标为由拒绝颁发施工许可证。

第二十六条 政府采购法第三十条第三项规定的情形，应当是采购人不可预见的或者非因采购人拖延导致的；第四项规定的情形，是指因采购艺术品或者因专利、专有技术或者因服务的时间、数量事先不能确定等导致不能事先计算出价格总额。

第二十七条 政府采购法第三十一条第一项规定的情形，是指因货物或者服务使用不可替代的专利、专有技术，或者公共服务项目具有特殊要求，导致只能从某一特定供应商处采购。

第二十八条 在一个财政年度内，采购人将一个预算项目下的同一品目或者类别的货物、服务采用公开招标以外的方式多次采购，累计资金数额超过公开招标数额标准的，属于以化整为零方式规避公开招标，但项目预算调整或者经批准采用公开招标以外方式采购除外。

第四章　政府采购程序

第二十九条 采购人应当根据集中采购目录、采购限额标准和已批复的部门预算编制政府采购实施计划，报本级人民政府财政部门备案。

第三十条 采购人或者采购代理机构应当在招标文件、谈判文件、询价通知书中公开采购项目预算金额。

第三十一条 招标文件的提供期限自招标文件开始发出之日起不得少于5个工作日。采购人或者采购代理机构可以对已发出的招标文件进行必要的澄清或者修改。澄清或者修改的内容可能影响投标文件编制的，采购人或者采购代理机构应当在投标截止时间至少15日前，以书面形式通知所有获取招标文件的潜在投标人；不足15日的，采购人或者采购代理机构应当顺延提交投标文件的截止时间。

第三十二条 采购人或者采购代理机构应当按照国务院财政部门制定的招标文件标准文本编制招标文件。招标文件应当包括采购项目的商务条件、采购需求、投标人的资格条件、投标报价要求、评标方法、评标标准以及拟签订的合同文本等。

第三十三条 招标文件要求投标人提交投标保证金的，投标保证金不得超过采购项目预算金额的2%。投标保证金应当以支票、汇票、本票或者金融机构、担保机构出具的保函等非现金形式提交。投标人未按照招标文件要求提交投标保证金的，投标无效。

采购人或者采购代理机构应当自中标通知书发出之日起 5 个工作日内退还未中标供应商的投标保证金，自政府采购合同签订之日起 5 个工作日内退还中标供应商的投标保证金。竞争性谈判或者询价采购中要求参加谈判或者询价的供应商提交保证金的，参照前两款的规定执行。

第三十四条　政府采购招标评标方法分为最低评标价法和综合评分法。

最低评标价法，是指投标文件满足招标文件全部实质性要求且投标报价最低的供应商为中标候选人的评标方法。综合评分法，是指投标文件满足招标文件全部实质性要求且按照评审因素的量化指标评审得分最高的供应商为中标候选人的评标方法。

技术、服务等标准统一的货物和服务项目，应当采用最低评标价法。

采用综合评分法的，评审标准中的分值设置应当与评审因素的量化指标相对应。招标文件中没有规定的评标标准不得作为评审的依据。

第三十五条　谈判文件不能完整、明确列明采购需求，需要由供应商提供最终设计方案或者解决方案的，在谈判结束后，谈判小组应当按照少数服从多数的原则投票推荐 3 家以上供应商的设计方案或者解决方案，并要求其在规定时间内提交最后报价。

第三十六条　询价通知书应当根据采购需求确定政府采购合同条款。在询价过程中，询价小组不得改变询价通知书所确定的政府采购合同条款。

第三十七条　政府采购法第三十八条第五项、第四十条第四项所称质量和服务相等，是指供应商提供的产品质量和服务均能满足采购文件规定的实质性要求。

第三十八条　达到公开招标数额标准，符合政府采购法第三十一条第一项规定情形，只能从唯一供应商处采购的，采购人应当将采购项目信息和唯一供应商名称在省级以上人民政府财政部门指定的媒体上公示，公示期不得少于 5 个工作日。

第三十九条　除国务院财政部门规定的情形外，采购人或者采购代理机构应当从政府采购评审专家库中随机抽取评审专家。

第四十条　政府采购评审专家应当遵守评审工作纪律，不得泄露评审文件、评审情况和评审中获悉的商业秘密。

评标委员会、竞争性谈判小组或者询价小组在评审过程中发现供应商有行贿、提供虚假材料或者串通等违法行为的，应当及时向财政部门报告。政府采购评审专家在评审过程中受到非法干预的，应当及时向财政、监察等部门举报。

第四十一条 评标委员会、竞争性谈判小组或者询价小组成员应当按照客观、公正、审慎的原则，根据采购文件规定的评审程序、评审方法和评审标准进行独立评审。采购文件内容违反国家有关强制性规定的，评标委员会、竞争性谈判小组或者询价小组应当停止评审并向采购人或者采购代理机构说明情况。

评标委员会、竞争性谈判小组或者询价小组成员应当在评审报告上签字，对自己的评审意见承担法律责任。对评审报告有异议的，应当在评审报告上签署不同意见，并说明理由，否则视为同意评审报告。

第四十二条 采购人、采购代理机构不得向评标委员会、竞争性谈判小组或者询价小组的评审专家作倾向性、误导性的解释或者说明。

第四十三条 采购代理机构应当自评审结束之日起2个工作日内将评审报告送交采购人。采购人应当自收到评审报告之日起5个工作日内在评审报告推荐的中标或者成交候选人中按顺序确定中标或者成交供应商。

采购人或者采购代理机构应当自中标、成交供应商确定之日起2个工作日内，发出中标、成交通知书，并在省级以上人民政府财政部门指定的媒体上公告中标、成交结果，招标文件、竞争性谈判文件、询价通知书随中标、成交结果同时公告。

中标、成交结果公告内容应当包括采购人和采购代理机构的名称、地址、联系方式，项目名称和项目编号，中标或者成交供应商名称、地址和中标或者成交金额，主要中标或者成交标的的名称、规格型号、数量、单价、服务要求以及评审专家名单。

第四十四条 除国务院财政部门规定的情形外，采购人、采购代理机构不得以任何理由组织重新评审。采购人、采购代理机构按照国务院财政部门的规定组织重新评审的，应当书面报告本级人民政府财政部门。

采购人或者采购代理机构不得通过对样品进行检测、对供应商进行考察等方式改变评审结果。

第四十五条 采购人或者采购代理机构应当按照政府采购合同规定的技术、服务、安全标准组织对供应商履约情况进行验收，并出具验收书。验收书应当包括每一项技术、服务、安全标准的履约情况。

政府向社会公众提供的公共服务项目，验收时应当邀请服务对象参与并出具意见，验收结果应当向社会公告。

第四十六条　政府采购法第四十二条规定的采购文件，可以用电子档案方式保存。

第五章　政府采购合同

第四十七条　国务院财政部门应当会同国务院有关部门制定政府采购合同标准文本。

第四十八条　采购文件要求中标或者成交供应商提交履约保证金的，供应商应当以支票、汇票、本票或者金融机构、担保机构出具的保函等非现金形式提交。履约保证金的数额不得超过政府采购合同金额的10%。

第四十九条　中标或者成交供应商拒绝与采购人签订合同的，采购人可以按照评审报告推荐的中标或者成交候选人名单排序，确定下一候选人为中标或者成交供应商，也可以重新开展政府采购活动。

第五十条　采购人应当自政府采购合同签订之日起2个工作日内，将政府采购合同在省级以上人民政府财政部门指定的媒体上公告，但政府采购合同中涉及国家秘密、商业秘密的内容除外。

第五十一条　采购人应当按照政府采购合同规定，及时向中标或者成交供应商支付采购资金。

政府采购项目资金支付程序，按照国家有关财政资金支付管理的规定执行。

第六章　质疑与投诉

第五十二条　采购人或者采购代理机构应当在3个工作日内对供应商依法提出的询问作出答复。

供应商提出的询问或者质疑超出采购人对采购代理机构委托授权范围的，采购代理机构应当告知供应商向采购人提出。

政府采购评审专家应当配合采购人或者采购代理机构答复供应商的询问和质疑。

第五十三条　政府采购法第五十二条规定的供应商应知其权益受到损害之

日，是指：

（一）对可以质疑的采购文件提出质疑的，为收到采购文件之日或者采购文件公告期限届满之日；

（二）对采购过程提出质疑的，为各采购程序环节结束之日；

（三）对中标或者成交结果提出质疑的，为中标或者成交结果公告期限届满之日。

第五十四条 询问或者质疑事项可能影响中标、成交结果的，采购人应当暂停签订合同，已经签订合同的，应当中止履行合同。

第五十五条 供应商质疑、投诉应当有明确的请求和必要的证明材料。供应商投诉的事项不得超出已质疑事项的范围。

第五十六条 财政部门处理投诉事项采用书面审查的方式，必要时可以进行调查取证或者组织质证。对财政部门依法进行的调查取证，投诉人和与投诉事项有关的当事人应当如实反映情况，并提供相关材料。

第五十七条 投诉人捏造事实、提供虚假材料或者以非法手段取得证明材料进行投诉的，财政部门应当予以驳回。财政部门受理投诉后，投诉人书面申请撤回投诉的，财政部门应当终止投诉处理程序。

第五十八条 财政部门处理投诉事项，需要检验、检测、鉴定、专家评审以及需要投诉人补正材料的，所需时间不计算在投诉处理期限内。财政部门对投诉事项作出的处理决定，应当在省级以上人民政府财政部门指定的媒体上公告。

第七章 监督检查

第五十九条 政府采购法第六十三条所称政府采购项目的采购标准，是指项目采购所依据的经费预算标准、资产配置标准和技术、服务标准等。

第六十条 除政府采购法第六十六条规定的考核事项外，财政部门对集中采购机构的考核事项还包括：

（一）政府采购政策的执行情况；

（二）采购文件编制水平；

（三）采购方式和采购程序的执行情况；

（四）询问、质疑答复情况；

（五）内部监督管理制度建设及执行情况；

（六）省级以上人民政府财政部门规定的其他事项。

财政部门应当制定考核计划，定期对集中采购机构进行考核，考核结果有重要情况的，应当向本级人民政府报告。

第六十一条　采购人发现采购代理机构有违法行为的，应当要求其改正。采购代理机构拒不改正的，采购人应当向本级人民政府财政部门报告，财政部门应当依法处理。

采购代理机构发现采购人的采购需求存在以不合理条件对供应商实行差别待遇、歧视待遇或者其他不符合法律、法规和政府采购政策规定内容，或者发现采购人有其他违法行为的，应当建议其改正。采购人拒不改正的，采购代理机构应当向采购人的本级人民政府财政部门报告，财政部门应当依法处理。

第六十二条　省级以上人民政府财政部门应当对政府采购评审专家库实行动态管理，具体管理办法由国务院财政部门制定。采购人或者采购代理机构应当对评审专家在政府采购活动中的职责履行情况予以记录，并及时向财政部门报告。

第六十三条　各级人民政府财政部门和其他有关部门应当加强对参加政府采购活动的供应商、采购代理机构、评审专家的监督管理，对其不良行为予以记录，并纳入统一的信用信息平台。

第六十四条　各级人民政府财政部门对政府采购活动进行监督检查，有权查阅、复制有关文件、资料，相关单位和人员应当予以配合。

第六十五条　审计机关、监察机关以及其他有关部门依法对政府采购活动实施监督，发现采购当事人有违法行为的，应当及时通报财政部门。

第八章　法律责任

第六十六条　政府采购法第七十一条规定的罚款，数额为 10 万元以下。政府采购法第七十二条规定的罚款，数额为 5 万元以上 25 万元以下。

第六十七条　采购人有下列情形之一的，由财政部门责令限期改正，给予警告，对直接负责的主管人员和其他直接责任人员依法给予处分，并予以通报：

（一）未按照规定编制政府采购实施计划或者未按照规定将政府采购实施计划报本级人民政府财政部门备案；

（二）将应当进行公开招标的项目化整为零或者以其他任何方式规避公开招标；

（三）未按照规定在评标委员会、竞争性谈判小组或者询价小组推荐的中标或者成交候选人中确定中标或者成交供应商；

（四）未按照采购文件确定的事项签订政府采购合同；

（五）政府采购合同履行中追加与合同标的相同的货物、工程或者服务的采购金额超过原合同采购金额10%；

（六）擅自变更、中止或者终止政府采购合同；

（七）未按照规定公告政府采购合同；

（八）未按照规定时间将政府采购合同副本报本级人民政府财政部门和有关部门备案。

第六十八条 采购人、采购代理机构有下列情形之一的，依照政府采购法第七十一条、第七十八条的规定追究法律责任：

（一）未依照政府采购法和本条例规定的方式实施采购；

（二）未依法在指定的媒体上发布政府采购项目信息；

（三）未按照规定执行政府采购政策；

（四）违反本条例第十五条的规定导致无法组织对供应商履约情况进行验收或者国家财产遭受损失；

（五）未依法从政府采购评审专家库中抽取评审专家；

（六）非法干预采购评审活动；

（七）采用综合评分法时评审标准中的分值设置未与评审因素的量化指标相对应；

（八）对供应商的询问、质疑逾期未作处理；

（九）通过对样品进行检测、对供应商进行考察等方式改变评审结果；

（十）未按照规定组织对供应商履约情况进行验收。

第六十九条 集中采购机构有下列情形之一的，由财政部门责令限期改正，给予警告，有违法所得的，并处没收违法所得，对直接负责的主管人员和其他直接责任人员依法给予处分，并予以通报：

（一）内部监督管理制度不健全，对依法应当分设、分离的岗位、人员未分设、分离；

（二）将集中采购项目委托其他采购代理机构采购；

（三）从事营利活动。

第七十条　采购人员与供应商有利害关系而不依法回避的，由财政部门给予警告，并处 2000 元以上 2 万元以下的罚款。

第七十一条　有政府采购法第七十一条、第七十二条规定的违法行为之一，影响或者可能影响中标、成交结果的，依照下列规定处理：

（一）未确定中标或者成交供应商的，终止本次政府采购活动，重新开展政府采购活动。

（二）已确定中标或者成交供应商但尚未签订政府采购合同的，中标或者成交结果无效，从合格的中标或者成交候选人中另行确定中标或者成交供应商；没有合格的中标或者成交候选人的，重新开展政府采购活动。

（三）政府采购合同已签订但尚未履行的，撤销合同，从合格的中标或者成交候选人中另行确定中标或者成交供应商；没有合格的中标或者成交候选人的，重新开展政府采购活动。

（四）政府采购合同已经履行，给采购人、供应商造成损失的，由责任人承担赔偿责任。政府采购当事人有其他违反政府采购法或者本条例规定的行为，经改正后仍然影响或者可能影响中标、成交结果或者依法被认定为中标、成交无效的，依照前款规定处理。

第七十二条　供应商有下列情形之一的，依照政府采购法第七十七条第一款的规定追究法律责任：

（一）向评标委员会、竞争性谈判小组或者询价小组成员行贿或者提供其他不正当利益；

（二）中标或者成交后无正当理由拒不与采购人签订政府采购合同；

（三）未按照采购文件确定的事项签订政府采购合同；

（四）将政府采购合同转包；

（五）提供假冒伪劣产品；

（六）擅自变更、中止或者终止政府采购合同。

供应商有前款第一项规定情形的，中标、成交无效。评审阶段资格发生变化，供应商未依照本条例第二十一条的规定通知采购人和采购代理机构的，处以采购金额 5‰的罚款，列入不良行为记录名单，中标、成交无效。

第七十三条 供应商捏造事实、提供虚假材料或者以非法手段取得证明材料进行投诉的，由财政部门列入不良行为记录名单，禁止其1至3年内参加政府采购活动。

第七十四条 有下列情形之一的，属于恶意串通，对供应商依照政府采购法第七十七条第一款的规定追究法律责任，对采购人、采购代理机构及其工作人员依照政府采购法第七十二条的规定追究法律责任：

（一）供应商直接或者间接从采购人或者采购代理机构处获得其他供应商的相关情况并修改其投标文件或者响应文件；

（二）供应商按照采购人或者采购代理机构的授意撤换、修改投标文件或者响应文件；

（三）供应商之间协商报价、技术方案等投标文件或者响应文件的实质性内容；

（四）属于同一集团、协会、商会等组织成员的供应商按照该组织要求协同参加政府采购活动；

（五）供应商之间事先约定由某一特定供应商中标、成交；

（六）供应商之间商定部分供应商放弃参加政府采购活动或者放弃中标、成交；

（七）供应商与采购人或者采购代理机构之间、供应商相互之间，为谋求特定供应商中标、成交或者排斥其他供应商的其他串通行为。

第七十五条 政府采购评审专家未按照采购文件规定的评审程序、评审方法和评审标准进行独立评审或者泄露评审文件、评审情况的，由财政部门给予警告，并处2000元以上2万元以下的罚款；影响中标、成交结果的，处2万元以上5万元以下的罚款，禁止其参加政府采购评审活动。

政府采购评审专家与供应商存在利害关系未回避的，处2万元以上5万元以下的罚款，禁止其参加政府采购评审活动。

政府采购评审专家收受采购人、采购代理机构、供应商贿赂或者获取其他不正当利益，构成犯罪的，依法追究刑事责任；尚不构成犯罪的，处2万元以上5万元以下的罚款，禁止其参加政府采购评审活动。

政府采购评审专家有上述违法行为的，其评审意见无效，不得获取评审费；有违法所得的，没收违法所得；给他人造成损失的，依法承担民事责任。

第七十六条　政府采购当事人违反政府采购法和本条例规定，给他人造成损失的，依法承担民事责任。

第七十七条　财政部门在履行政府采购监督管理职责中违反政府采购法和本条例规定，滥用职权、玩忽职守、徇私舞弊的，对直接负责的主管人员和其他直接责任人员依法给予处分；直接负责的主管人员和其他直接责任人员构成犯罪的，依法追究刑事责任。

第九章　附　　则

第七十八条　财政管理实行省直接管理的县级人民政府可以根据需要并报经省级人民政府批准，行使政府采购法和本条例规定的设区的市级人民政府批准变更采购方式的职权。

第七十九条　本条例自 2015 年 3 月 1 日起施行。

附录 C　国务院法制办、财政部负责人就《中华人民共和国政府采购法实施条例》有关问题答记者问

（财政部网站发布）

2015 年 1 月 30 日，国务院总理李克强签署国务院令公布《中华人民共和国政府采购法实施条例》（以下简称《政府采购法实施条例》），自 2015 年 3 月 1 日起施行。日前，国务院法制办、财政部负责人就《政府采购法实施条例》的有关问题回答了记者的提问。

问：为什么要制定出台《政府采购法实施条例》？

答：制定出台《政府采购法实施条例》，是更好地实施政府采购法，落实党的十八大、十八届三中、四中全会要求，进一步深化改革的一项重要内容。政府采购法自 2003 年 1 月 1 日实施以来，对规范政府采购行为、提高政府采购资金的使用效益、促进廉政建设发挥了重要作用。实施十多年来，政府采购的实践日益充分，政府采购改革深入推进，政府采购总规模从 2002 年的 1009 亿元上升到 2013 年的 16381 亿元。同时，政府采购活动中出现的"天价采购"、质量不高、效率低下等问题引起社会关注和对政府采购制度的质疑，有必要制定出台配套行政法规，细化法律规定，充实完善政府采购制度。制定出台《政府采购法实施条例》，将进一步促进政府采购的规范化、法制化，构建规范透明、公平竞争、监督到位、严格问责的政府采购工作机制。

问：近年来，媒体多次曝光政府采购领域的"豪华采购""天价采购""质量不高"等问题，招致社会对政府采购的质疑。为解决这些问题，《政府采购法实施条例》主要作了哪些规定？

答：从近年来政府采购领域引发公众广泛关注的案件看，突出问题是质次价高。政府采购监管实践表明，解决这类问题仅依靠加强采购程序监督是不够的，还需要强化政府采购的源头管理和结果管理，做到采购需求科学合理，履约验收把关严格，减少违规操作空间，保障采购质量。为此，《政府采购法实施条例》作了以下规定：一是采购人应当科学合理确定采购需求。采购需求应当

完整、明确，符合法律法规以及政府采购政策规定的技术、服务、安全等要求，必要时应当就确定采购需求征求相关供应商、专家的意见。二是采购标准应当依据经费预算标准、资产配置标准和技术、服务标准确定。三是除紧急的小额零星货物项目和有特殊要求的服务、工程项目外，列入集中采购目录的项目，适合实行批量集中采购的，应当实行批量集中采购。四是采购人或者采购代理机构应当按照采购合同规定的技术、服务、安全标准组织对供应商履约情况进行验收，并出具验收书。验收书应当包括每一项技术、服务、安全标准的履约情况。此外，为积极回应采购人提高政府采购效率的要求，《政府采购法实施条例》对电子采购、非招标采购方式的适用情形和操作程序、评审报告的确认时限、询问的答复时限等，作了较为明确的规定。

问：政府采购被称为"阳光下的交易"，《政府采购法实施条例》在提高政府采购透明度方面作了哪些规定？

答：实践中，采购人、采购代理机构往往通过隐瞒政府采购信息、改变采购方式、不按采购文件确定事项签订采购合同等手段，达到虚假采购或者让内定供应商中标、成交的目的。针对此类问题，为防止暗箱操作，遏制寻租腐败，保证政府采购公平、公正，《政府采购法实施条例》作了以下规定：一是项目信息须公开。政府采购项目采购信息应当在指定媒体上发布。采购项目预算金额应当在采购文件中公开。采用单一来源采购方式，只能从唯一供应商处采购的，还应当将唯一供应商名称在指定媒体上公示。二是采购文件须公开。采购人或者采购代理机构应当在中标、成交结果公告的同时，将招标文件、竞争性谈判文件、询价通知书等采购文件同时公告。三是中标、成交结果须公开。中标、成交供应商确定后，应当在指定媒体上公告中标、成交结果。中标、成交结果公告内容应当包括采购人和采购代理机构的名称、地址、联系方式，项目名称和项目编号，中标或者成交供应商名称、地址和中标或者成交金额，主要中标或者成交标的的名称、规格型号、数量、单价、服务要求以及评审专家名单。四是采购合同须公开。采购人应当在政府采购合同签订之日起 2 个工作日内，将政府采购合同在省级以上人民政府财政部门指定的媒体上公告。五是投诉处理结果须公开。财政部门对投诉事项作出的处理决定，应当在指定媒体上公告。

问：当前，政府购买服务工作正在全国各地快速推进，《政府采购法实施条例》对政府购买服务作了哪些规定？

答：党的十八届三中全会和 2014 年政府工作报告提出，加大政府购买服务力度。2013 年 9 月，国务院办公厅发布《关于政府向社会力量购买服务的指导意见》，就推进政府向社会力量购买服务作了专门部署。为贯彻落实党中央、国务院的要求，同时为规范政府购买服务行为，《政府采购法实施条例》规定，政府采购服务包括政府自身需要的服务和政府向社会公众提供的公共服务，明确了政府向社会力量购买服务的法律地位和法律适用问题。为了保证政府购买的公共服务符合公众需求，《政府采购法实施条例》规定，政府向社会公众提供的公共服务项目，应当就确定采购需求征求社会公众的意见，验收时应当邀请服务对象参与并出具意见，验收结果向社会公告。

问：我国政府采购规模不断扩大，如何充分发挥政府采购政策功能引起社会的较大关注。《政府采购法实施条例》对于强化政府采购政策功能、发挥政府采购的调控作用作了哪些规定？

答：政府采购使用的是财政性资金，各国普遍重视政府采购的政策功能，发挥政府采购的宏观调控作用，实现支持国家经济和社会发展的特定目标。政府采购法第九条规定，政府采购应当有助于实现国家的经济和社会发展政策目标，包括保护环境，扶持不发达地区和少数民族地区，促进中小企业发展等。但是，实践中政府采购的政策功能发挥不够充分，影响了国家特定目标的实现。针对这一问题，《政府采购法实施条例》作了以下规定：一是国务院财政部门会同国务院有关部门制定政府采购政策，通过制定采购需求标准、预留采购份额、价格评审优惠、优先采购等措施，实现节约能源、保护环境、扶持不发达地区和少数民族地区、促进中小企业发展等目标。二是采购人、采购代理机构应当根据政府采购政策编制采购文件，采购需求应当符合政府采购政策的要求。三是采购人为执行政府采购政策，经批准，可以依法采用公开招标以外的采购方式。四是采购人、采购代理机构未按照规定执行政府采购政策，依法追究法律责任。

问：评审专家对确保政府采购公平、公正进行发挥着重要作用，为保证评审专家公平、公正评审，《政府采购法实施条例》作了哪些规定？

答：为了保证评审专家公平、公正评审，从制度上堵塞政府采购寻租空间，《政府采购法实施条例》对政府采购评审专家的入库、抽取、评审、处罚、退出等环节作了全面规定：一是为保证评审专家"随机"产生，防止评审专家终身固定，明确省级以上人民政府财政部门对政府采购评审专家库实行动态管理。除国务院财政部门规定的情形外，采购人或者采购代理机构应当从政府采购评审专家库中随机抽取评审专家。二是明确评审专家的评审要求和责任。评审专家应当遵守评审工作纪律，根据采购文件规定的评审程序、评审方法和评审标准进行独立评审，并对自己的评审意见承担责任。三是强化对评审专家的失信惩戒。各级人民政府财政部门和其他有关部门应当加强对参加政府采购活动的评审专家的监督管理，对其不良行为予以记录，并纳入统一的信用信息平台。四是针对评审专家不同违法行为的性质，区别设定相应的法律责任，包括其评审意见无效，不得获取评审费，禁止其参加政府采购评审活动，给予警告、罚款、没收违法所得的行政处罚，依法承担民事责任，依法追究刑事责任等，既使其从业受到限制，又使其经济上付出代价。

问：实践中，经常出现违法采购结果无人负责、责任无法追究等问题。《政府采购法实施条例》是如何解决此类问题的？

答：《政府采购法实施条例》在政府采购法规定的基础上，进一步细化了采购人、采购代理机构、供应商等主体的违法情形及法律责任，使责任追究有法可依。一方面，《政府采购法实施条例》增列的违法情形有 34 种之多，例如采购人、采购代理机构通过对样品进行检测、对供应商进行考察等方式改变评审结果，供应商中标或者成交后无正当理由拒不与采购人签订政府采购合同以及供应商之间恶意串通的具体情形等。另一方面，针对采购人、采购代理机构、供应商的违法情形，明确规定给予限期改正、警告、罚款，同时还要追究直接负责的主管人员和其他直接责任人员的法律责任。

附录 D　政府采购非招标采购方式管理办法

（2013 年 12 月 19 日财政部令第 74 号公布）

第一章　总　　则

第一条　为了规范政府采购行为，加强对采用非招标采购方式采购活动的监督管理，维护国家利益、社会公共利益和政府采购当事人的合法权益，依据《中华人民共和国政府采购法》（以下简称政府采购法）和其他法律、行政法规的有关规定，制定本办法。

第二条　采购人、采购代理机构采用非招标采购方式采购货物、工程和服务的，适用本办法。

本办法所称非招标采购方式，是指竞争性谈判、单一来源采购和询价采购方式。

竞争性谈判是指谈判小组与符合资格条件的供应商就采购货物、工程和服务事宜进行谈判，供应商按照谈判文件的要求提交响应文件和最后报价，采购人从谈判小组提出的成交候选人中确定成交供应商的采购方式。

单一来源采购是指采购人从某一特定供应商处采购货物、工程和服务的采购方式。

询价是指询价小组向符合资格条件的供应商发出采购货物询价通知书，要求供应商一次性报出不得更改的价格，采购人从询价小组提出的成交候选人中确定成交供应商的采购方式。

第三条　采购人、采购代理机构采购以下货物、工程和服务之一的，可以采用竞争性谈判、单一来源采购方式采购；采购货物的，还可以采用询价采购方式：

（一）依法制定的集中采购目录以内，且未达到公开招标数额标准的货物、服务；

（二）依法制定的集中采购目录以外、采购限额标准以上，且未达到公开招标数额标准的货物、服务；

（三）达到公开招标数额标准、经批准采用非公开招标方式的货物、服务；

（四）按照招标投标法及其实施条例必须进行招标的工程建设项目以外的政府采购工程。

第二章　一般规定

第四条　达到公开招标数额标准的货物、服务采购项目，拟采用非招标采购方式的，采购人应当在采购活动开始前，报经主管预算单位同意后，向设区的市、自治州以上人民政府财政部门申请批准。

第五条　根据本办法第四条申请采用非招标采购方式采购的，采购人应当向财政部门提交以下材料并对材料的真实性负责：

（一）采购人名称、采购项目名称、项目概况等项目基本情况说明；

（二）项目预算金额、预算批复文件或者资金来源证明；

（三）拟申请采用的采购方式和理由。

第六条　采购人、采购代理机构应当按照政府采购法和本办法的规定组织开展非招标采购活动，并采取必要措施，保证评审在严格保密的情况下进行。

任何单位和个人不得非法干预、影响评审过程和结果。

第七条　竞争性谈判小组或者询价小组由采购人代表和评审专家共 3 人以上单数组成，其中评审专家人数不得少于竞争性谈判小组或者询价小组成员总数的 2/3。采购人不得以评审专家身份参加本部门或本单位采购项目的评审。采购代理机构人员不得参加本机构代理的采购项目的评审。

达到公开招标数额标准的货物或者服务采购项目，或者达到招标规模标准的政府采购工程，竞争性谈判小组或者询价小组应当由 5 人以上单数组成。

采用竞争性谈判、询价方式采购的政府采购项目，评审专家应当从政府采购评审专家库内相关专业的专家名单中随机抽取。技术复杂、专业性强的竞争性谈判采购项目，通过随机抽取方式难以确定合适的评审专家的，经主管预算单位同意，可以自行选定评审专家。技术复杂、专业性强的竞争性谈判采购项目，评审专家中应包含 1 名法律专家。

第八条　竞争性谈判小组或者询价小组在采购活动过程中应当履行下列职责：

（一）确认或者制定谈判文件、询价通知书；

（二）从符合相应资格条件的供应商名单中确定不少于 3 家的供应商参加谈判或者询价；

（三）审查供应商的响应文件并作出评价；

（四）要求供应商解释或者澄清其响应文件；

（五）编写评审报告；

（六）告知采购人、采购代理机构在评审过程中发现的供应商的违法违规行为。

第九条 竞争性谈判小组或者询价小组成员应当履行下列义务：

（一）遵纪守法，客观、公正、廉洁地履行职责；

（二）根据采购文件的规定独立进行评审，对个人的评审意见承担法律责任；

（三）参与评审报告的起草；

（四）配合采购人、采购代理机构答复供应商提出的质疑；

（五）配合财政部门的投诉处理和监督检查工作。

第十条 谈判文件、询价通知书应当根据采购项目的特点和采购人的实际需求制定，并经采购人书面同意。采购人应当以满足实际需求为原则，不得擅自提高经费预算和资产配置等采购标准。

谈判文件、询价通知书不得要求或者标明供应商名称或者特定货物的品牌，不得含有指向特定供应商的技术、服务等条件。

第十一条 谈判文件、询价通知书应当包括供应商资格条件、采购邀请、采购方式、采购预算、采购需求、采购程序、价格构成或者报价要求、响应文件编制要求、提交响应文件截止时间及地点、保证金交纳数额和形式、评定成交的标准等。

谈判文件除本条第一款规定的内容外，还应当明确谈判小组根据与供应商谈判情况可能实质性变动的内容，包括采购需求中的技术、服务要求以及合同草案条款。

第十二条 采购人、采购代理机构应当通过发布公告、从省级以上财政部门建立的供应商库中随机抽取或者采购人和评审专家分别书面推荐的方式邀请不少于 3 家符合相应资格条件的供应商参与竞争性谈判或者询价采购活动。

符合政府采购法第二十二条第一款规定条件的供应商可以在采购活动开始

248

前加入供应商库。财政部门不得对供应商申请入库收取任何费用，不得利用供应商库进行地区和行业封锁。

采取采购人和评审专家书面推荐方式选择供应商的，采购人和评审专家应当各自出具书面推荐意见。采购人推荐供应商的比例不得高于推荐供应商总数的50%。

第十三条　供应商应当按照谈判文件、询价通知书的要求编制响应文件，并对其提交的响应文件的真实性、合法性承担法律责任。

第十四条　采购人、采购代理机构可以要求供应商在提交响应文件截止时间之前交纳保证金。保证金应当采用支票、汇票、本票、网上银行支付或者金融机构、担保机构出具的保函等非现金形式交纳。保证金数额应当不超过采购项目预算的2%。

供应商为联合体的，可以由联合体中的一方或者多方共同交纳保证金，其交纳的保证金对联合体各方均具有约束力。

第十五条　供应商应当在谈判文件、询价通知书要求的截止时间前，将响应文件密封送达指定地点。在截止时间后送达的响应文件为无效文件，采购人、采购代理机构或者谈判小组、询价小组应当拒收。

供应商在提交询价响应文件截止时间前，可以对所提交的响应文件进行补充、修改或者撤回，并书面通知采购人、采购代理机构。补充、修改的内容作为响应文件的组成部分。补充、修改的内容与响应文件不一致的，以补充、修改的内容为准。

第十六条　谈判小组、询价小组在对响应文件的有效性、完整性和响应程度进行审查时，可以要求供应商对响应文件中含义不明确、同类问题表述不一致或者有明显文字和计算错误的内容等作出必要的澄清、说明或者更正。供应商的澄清、说明或者更正不得超出响应文件的范围或者改变响应文件的实质性内容。

谈判小组、询价小组要求供应商澄清、说明或者更正响应文件应当以书面形式作出。供应商的澄清、说明或者更正应当由法定代表人或其授权代表签字或者加盖公章。由授权代表签字的，应当附法定代表人授权书。供应商为自然人的，应当由本人签字并附身份证明。

第十七条　谈判小组、询价小组应当根据评审记录和评审结果编写评审报告，其主要内容包括：

（一）邀请供应商参加采购活动的具体方式和相关情况，以及参加采购活动的供应商名单；

（二）评审日期和地点，谈判小组、询价小组成员名单；

（三）评审情况记录和说明，包括对供应商的资格审查情况、供应商响应文件评审情况、谈判情况、报价情况等；

（四）提出的成交候选人的名单及理由。

评审报告应当由谈判小组、询价小组全体人员签字认可。谈判小组、询价小组成员对评审报告有异议的，谈判小组、询价小组按照少数服从多数的原则推荐成交候选人，采购程序继续进行。对评审报告有异议的谈判小组、询价小组成员，应当在报告上签署不同意见并说明理由，由谈判小组、询价小组书面记录相关情况。谈判小组、询价小组成员拒绝在报告上签字又不书面说明其不同意见和理由的，视为同意评审报告。

第十八条 采购人或者采购代理机构应当在成交供应商确定后 2 个工作日内，在省级以上财政部门指定的媒体上公告成交结果，同时向成交供应商发出成交通知书，并将竞争性谈判文件、询价通知书随成交结果同时公告。成交结果公告应当包括以下内容：

（一）采购人和采购代理机构的名称、地址和联系方式；

（二）项目名称和项目编号；

（三）成交供应商名称、地址和成交金额；

（四）主要成交标的的名称、规格型号、数量、单价、服务要求；

（五）谈判小组、询价小组成员名单及单一来源采购人员名单。

采用书面推荐供应商参加采购活动的，还应当公告采购人和评审专家的推荐意见。

第十九条 采购人与成交供应商应当在成交通知书发出之日起 30 日内，按照采购文件确定的合同文本以及采购标的、规格型号、采购金额、采购数量、技术和服务要求等事项签订政府采购合同。

采购人不得向成交供应商提出超出采购文件以外的任何要求作为签订合同的条件，不得与成交供应商订立背离采购文件确定的合同文本以及采购标的、规格型号、采购金额、采购数量、技术和服务要求等实质性内容的协议。

第二十条　采购人或者采购代理机构应当在采购活动结束后及时退还供应商的保证金，但因供应商自身原因导致无法及时退还的除外。未成交供应商的保证金应当在成交通知书发出后 5 个工作日内退还，成交供应商的保证金应当在采购合同签订后 5 个工作日内退还。

有下列情形之一的，保证金不予退还：

（一）供应商在提交响应文件截止时间后撤回响应文件的；

（二）供应商在响应文件中提供虚假材料的；

（三）除因不可抗力或谈判文件、询价通知书认可的情形以外，成交供应商不与采购人签订合同的；

（四）供应商与采购人、其他供应商或者采购代理机构恶意串通的；

（五）采购文件规定的其他情形。

第二十一条　除资格性审查认定错误和价格计算错误外，采购人或者采购代理机构不得以任何理由组织重新评审。采购人、采购代理机构发现谈判小组、询价小组未按照采购文件规定的评定成交的标准进行评审的，应当重新开展采购活动，并同时书面报告本级财政部门。

第二十二条　除不可抗力等因素外，成交通知书发出后，采购人改变成交结果，或者成交供应商拒绝签订政府采购合同的，应当承担相应的法律责任。

成交供应商拒绝签订政府采购合同的，采购人可以按照本办法第三十六条第二款、第四十九条第二款规定的原则确定其他供应商作为成交供应商并签订政府采购合同，也可以重新开展采购活动。拒绝签订政府采购合同的成交供应商不得参加对该项目重新开展的采购活动。

第二十三条　在采购活动中因重大变故，采购任务取消的，采购人或者采购代理机构应当终止采购活动，通知所有参加采购活动的供应商，并将项目实施情况和采购任务取消原因报送本级财政部门。

第二十四条　采购人或者采购代理机构应当按照采购合同规定的技术、服务等要求组织对供应商履约的验收，并出具验收书。验收书应当包括每一项技术、服务等要求的履约情况。大型或者复杂的项目，应当邀请国家认可的质量检测机构参加验收，验收方成员应当在验收书上签字，并承担相应的法律责任。

第二十五条　谈判小组、询价小组成员以及与评审工作有关的人员不得泄露评审情况以及评审过程中获悉的国家秘密、商业秘密。

第二十六条 采购人、采购代理机构应当妥善保管每项采购活动的采购文件。采购文件包括采购活动记录、采购预算、谈判文件、询价通知书、响应文件、推荐供应商的意见、评审报告、成交供应商确定文件、单一来源采购协商情况记录、合同文本、验收证明、质疑答复、投诉处理决定以及其他有关文件、资料。采购文件可以电子档案方式保存。

采购活动记录至少包括下列内容：

（一）采购项目类别、名称；

（二）采购项目预算、资金构成和合同价格；

（三）采购方式，采用该方式的原因及相关说明材料；

（四）选择参加采购活动的供应商的方式及原因；

（五）评定成交的标准及确定成交供应商的原因；

（六）终止采购活动的，终止的原因。

第三章 竞争性谈判

第二十七条 符合下列情形之一的采购项目，可以采用竞争性谈判方式采购：

（一）招标后没有供应商投标或者没有合格标的，或者重新招标未能成立的；

（二）技术复杂或者性质特殊，不能确定详细规格或者具体要求的；

（三）非采购人所能预见的原因或者非采购人拖延造成采用招标所需时间不能满足用户紧急需要的；

（四）因艺术品采购、专利、专有技术或者服务时间、数量事先不能确定等原因不能事先计算出价格总额的。

公开招标的货物、服务采购项目，招标过程中提交投标文件或者经评审实质性响应招标文件要求的供应商只有两家时，采购人、采购代理机构按照本办法第四条经本级财政部门批准后可以与该两家供应商进行竞争性谈判，采购人、采购代理机构应当根据招标文件中的采购需求编制谈判文件，成立谈判小组，由谈判小组对谈判文件进行确认。符合本款情形的，本办法第三十三条、第三十五条中规定的供应商最低数量可以为两家。

第二十八条 符合本办法第二十七条第一款第一项情形和第二款情形，申请采用竞争性谈判采购方式时，除提交本办法第五条第一至第三项规定的材料外，还应当提交下列申请材料：

（一）在省级以上财政部门指定的媒体上发布招标公告的证明材料；

（二）采购人、采购代理机构出具的对招标文件和招标过程是否有供应商质疑及质疑处理情况的说明；

（三）评标委员会或者3名以上评审专家出具的招标文件没有不合理条款的论证意见。

第二十九条　从谈判文件发出之日起至供应商提交首次响应文件截止之日止不得少于3个工作日。

提交首次响应文件截止之日前，采购人、采购代理机构或者谈判小组可以对已发出的谈判文件进行必要的澄清或者修改，澄清或者修改的内容作为谈判文件的组成部分。澄清或者修改的内容可能影响响应文件编制的，采购人、采购代理机构或者谈判小组应当在提交首次响应文件截止之日3个工作日前，以书面形式通知所有接收谈判文件的供应商，不足3个工作日的，应当顺延提交首次响应文件截止之日。

第三十条　谈判小组应当对响应文件进行评审，并根据谈判文件规定的程序、评定成交的标准等事项与实质性响应谈判文件要求的供应商进行谈判。未实质性响应谈判文件的响应文件按无效处理，谈判小组应当告知有关供应商。

第三十一条　谈判小组所有成员应当集中与单一供应商分别进行谈判，并给予所有参加谈判的供应商平等的谈判机会。

第三十二条　在谈判过程中，谈判小组可以根据谈判文件和谈判情况实质性变动采购需求中的技术、服务要求以及合同草案条款，但不得变动谈判文件中的其他内容。实质性变动的内容须经采购人代表确认。

对谈判文件作出的实质性变动是谈判文件的有效组成部分，谈判小组应当及时以书面形式同时通知所有参加谈判的供应商。

供应商应当按照谈判文件的变动情况和谈判小组的要求重新提交响应文件，并由其法定代表人或授权代表签字或者加盖公章。由授权代表签字的，应当附法定代表人授权书。供应商为自然人的，应当由本人签字并附身份证明。

第三十三条　谈判文件能够详细列明采购标的的技术、服务要求的，谈判结束后，谈判小组应当要求所有继续参加谈判的供应商在规定时间内提交最后报价，提交最后报价的供应商不得少于3家。

谈判文件不能详细列明采购标的的技术、服务要求，需经谈判由供应商提供最终设计方案或解决方案的，谈判结束后，谈判小组应当按照少数服从多数的原则投票推荐3家以上供应商的设计方案或者解决方案，并要求其在规定时间内提交最后报价。

最后报价是供应商响应文件的有效组成部分。

第三十四条 已提交响应文件的供应商，在提交最后报价之前，可以根据谈判情况退出谈判。采购人、采购代理机构应当退还退出谈判的供应商的保证金。

第三十五条 谈判小组应当从质量和服务均能满足采购文件实质性响应要求的供应商中，按照最后报价由低到高的顺序提出3名以上成交候选人，并编写评审报告。

第三十六条 采购代理机构应当在评审结束后2个工作日内将评审报告送采购人确认。

采购人应当在收到评审报告后5个工作日内，从评审报告提出的成交候选人中，根据质量和服务均能满足采购文件实质性响应要求且最后报价最低的原则确定成交供应商，也可以书面授权谈判小组直接确定成交供应商。采购人逾期未确定成交供应商且不提出异议的，视为确定评审报告提出的最后报价最低的供应商为成交供应商。

第三十七条 出现下列情形之一的，采购人或者采购代理机构应当终止竞争性谈判采购活动，发布项目终止公告并说明原因，重新开展采购活动：

（一）因情况变化，不再符合规定的竞争性谈判采购方式适用情形的；

（二）出现影响采购公正的违法、违规行为的；

（三）在采购过程中符合竞争要求的供应商或者报价未超过采购预算的供应商不足3家的，但本办法第二十七条第二款规定的情形除外。

第四章　单一来源采购

第三十八条 属于政府采购法第三十一条第一项情形，且达到公开招标数额的货物、服务项目，拟采用单一来源采购方式的，采购人、采购代理机构在按照本办法第四条报财政部门批准之前，应当在省级以上财政部门指定媒体上

公示，并将公示情况一并报财政部门。公示期不得少于 5 个工作日，公示内容
应当包括：

（一）采购人、采购项目名称和内容；

（二）拟采购的货物或者服务的说明；

（三）采用单一来源采购方式的原因及相关说明；

（四）拟定的唯一供应商名称、地址；

（五）专业人员对相关供应商因专利、专有技术等原因具有唯一性的具体论
证意见，以及专业人员的姓名、工作单位和职称；

（六）公示的期限；

（七）采购人、采购代理机构、财政部门的联系地址、联系人和联系电话。

第三十九条　任何供应商、单位或者个人对采用单一来源采购方式公示有
异议的，可以在公示期内将书面意见反馈给采购人、采购代理机构，并同时抄
送相关财政部门。

第四十条　采购人、采购代理机构收到对采用单一采购方式公示的异议后，
应当在公示期满后 5 个工作日内，组织补充论证，论证认为异议成立的，应当
依法采取其他采购方式；论证后认为异议不成立的，应当将异议意见、论证意
见与公示情况一并报相关财政部门。

采购人、采购代理机构应当将补充论证的结论告知提出异议的供应商、单
位或者个人。

第四十一条　采用单一来源采购方式采购的，采购人、采购代理机构应当
组织具有相关经验的专业人员与供应商商定合理的成交价格并保证采购项目
质量。

第四十二条　单一来源采购人员应当编写协商情况记录，主要内容包括：

（一）依据本办法第三十八条进行公示的，公示情况说明；

（二）协商日期和地点，采购人员名单；

（三）供应商提供的采购标的成本、同类项目合同价格以及相关专利、专有
技术等情况说明；

（四）合同主要条款及价格商定情况。

协商情况记录应当由采购全体人员签字认可。对记录有异议的采购人员，
应当签署不同意见并说明理由。采购人员拒绝在记录上签字又不书面说明其不

同意见和理由的，视为同意。

第四十三条 出现下列情形之一的，采购人或者采购代理机构应当终止采购活动，发布项目终止公告并说明原因，重新开展采购活动：

（一）因情况变化，不再符合规定的单一来源采购方式适用情形的；

（二）出现影响采购公正的违法、违规行为的；

（三）报价超过采购预算的。

第五章 询 价

第四十四条 询价采购需求中的技术、服务等要求应当完整、明确，符合相关法律、行政法规和政府采购政策的规定。

第四十五条 从询价通知书发出之日起至供应商提交响应文件截止之日止不得少于 3 个工作日。

提交响应文件截止之日前，采购人、采购代理机构或者询价小组可以对已发出的询价通知书进行必要的澄清或者修改，澄清或者修改的内容作为询价通知书的组成部分。澄清或者修改的内容可能影响响应文件编制的，采购人、采购代理机构或者询价小组应当在提交响应文件截止之日 3 个工作日前，以书面形式通知所有接收询价通知书的供应商，不足 3 个工作日的，应当顺延提交响应文件截止之日。

第四十六条 询价小组在询价过程中，不得改变询价通知书所确定的技术和服务等要求、评审程序、评定成交的标准和合同文本等事项。

第四十七条 参加询价采购活动的供应商，应当按照询价通知书的规定一次报出不得更改的价格。

第四十八条 询价小组应当从质量和服务均能满足采购文件实质性响应要求的供应商中，按照报价由低到高的顺序提出 3 名以上成交候选人，并编写评审报告。

第四十九条 采购代理机构应当在评审结束后 2 个工作日内将评审报告送采购人确认。

采购人应当在收到评审报告后 5 个工作日内，从评审报告提出的成交候选人中，根据质量和服务均能满足采购文件实质性响应要求且报价最低的原则确定成交供应商，也可以书面授权询价小组直接确定成交供应商。采购人逾期未确定成交供应商且不提出异议的，视为确定评审报告提出的最后报价最低的供应商为成交供应商。

第五十条　出现下列情形之一的，采购人或者采购代理机构应当终止询价采购活动，发布项目终止公告并说明原因，重新开展采购活动：

（一）因情况变化，不再符合规定的询价采购方式适用情形的；

（二）出现影响采购公正的违法、违规行为的；

（三）在采购过程中符合竞争要求的供应商或者报价未超过预算的供应商不足 3 家的。

第六章　法律责任

第五十一条　采购人、采购代理机构有下列情形之一的，责令限期改正，给予警告；有关法律、行政法规规定处以罚款的，并处罚款；涉嫌犯罪的，依法移送司法机关处理：

（一）未按照本办法规定在指定媒体上发布政府采购信息的；

（二）未按照本办法规定组成谈判小组、询价小组的；

（三）在询价采购过程中与供应商进行协商谈判的；

（四）未按照政府采购法和本办法规定的程序和要求确定成交候选人的；

（五）泄露评审情况以及评审过程中获悉的国家秘密、商业秘密的。

采购代理机构有前款情形之一，情节严重的，暂停其政府采购代理机构资格 3 至 6 个月；情节特别严重或者逾期不改正的，取消其政府采购代理机构资格。

第五十二条　采购人有下列情形之一的，责令限期改正，给予警告；有关法律、行政法规规定处以罚款的，并处罚款：

（一）未按照政府采购法和本办法的规定采用非招标采购方式的；

（二）未按照政府采购法和本办法的规定确定成交供应商的；

（三）未按照采购文件确定的事项签订政府采购合同，或者与成交供应商另行订立背离合同实质性内容的协议的；

（四）未按规定将政府采购合同副本报本级财政部门备案的。

第五十三条　采购人、采购代理机构有本办法第五十一条、第五十二条规定情形之一，且情节严重或者拒不改正的，其直接负责的主管人员和其他直接责任人员属于国家机关工作人员的，由任免机关或者监察机关依法给予处分，并予通报。

第五十四条 成交供应商有下列情形之一的，责令限期改正，情节严重的，列入不良行为记录名单，在1至3年内禁止参加政府采购活动，并予以通报：

（一）未按照采购文件确定的事项签订政府采购合同，或者与采购人另行订立背离合同实质性内容的协议的；

（二）成交后无正当理由不与采购人签订合同的；

（三）拒绝履行合同义务的。

第五十五条 谈判小组、询价小组成员有下列行为之一的，责令改正，给予警告；有关法律、行政法规规定处以罚款的，并处罚款；涉嫌犯罪的，依法移送司法机关处理：

（一）收受采购人、采购代理机构、供应商、其他利害关系人的财物或者其他不正当利益的；

（二）泄露评审情况以及评审过程中获悉的国家秘密、商业秘密的；

（三）明知与供应商有利害关系而不依法回避的；

（四）在评审过程中擅离职守，影响评审程序正常进行的；

（五）在评审过程中有明显不合理或者不正当倾向性的；

（六）未按照采购文件规定的评定成交的标准进行评审的。

评审专家有前款情形之一，情节严重的，取消其政府采购评审专家资格，不得再参加任何政府采购项目的评审，并在财政部门指定的政府采购信息发布媒体上予以公告。

第五十六条 有本办法第五十一条、第五十二条、第五十五条违法行为之一，并且影响或者可能影响成交结果的，应当按照下列情形分别处理：

（一）未确定成交供应商的，终止本次采购活动，依法重新开展采购活动；

（二）已确定成交供应商但采购合同尚未履行的，撤销合同，从合格的成交候选人中另行确定成交供应商，没有合格的成交候选人的，重新开展采购活动；

（三）采购合同已经履行的，给采购人、供应商造成损失的，由责任人依法承担赔偿责任。

第五十七条 政府采购当事人违反政府采购法和本办法规定，给他人造成损失的，应当依照有关民事法律规定承担民事责任。

第五十八条　任何单位或者个人非法干预、影响评审过程或者结果的，责令改正；该单位责任人或者个人属于国家机关工作人员的，由任免机关或监察机关给予处分。

第五十九条　财政部门工作人员在实施监督管理过程中违法干预采购活动或者滥用职权、玩忽职守、徇私舞弊的，依法给予处分；涉嫌犯罪的，依法移送司法机关处理。

第七章　附　　则

第六十条　本办法所称主管预算单位是指负有编制部门预算职责，向同级财政部门申报预算的国家机关、事业单位和团体组织。

第六十一条　各省、自治区、直辖市人民政府财政部门可以根据本办法制定具体实施办法。

第六十二条　本办法自 2014 年 2 月 1 日起施行。

附录 E 财政部就《政府采购非招标采购方式管理办法》答记者问

（2015 年 2 月 1 日财政部网站发布）

为了规范政府采购行为，加强对采用竞争性谈判、单一来源采购、询价采购方式进行采购活动的监督管理，财政部发布了《政府采购非招标采购方式管理办法》（财政部令第 74 号，以下简称《办法》），自 2014 年 2 月 1 日起施行。日前，财政部有关负责人就《办法》有关问题回答了记者提问。

问：为什么要制定《办法》？

答：财政部制定《办法》主要是顺应三个方面的要求：

一是完善政府采购制度建设的需要。政府采购法明确规定政府采购方式包括公开招标、邀请招标、竞争性谈判、单一来源、询价和国务院政府采购监督管理部门认定的其他采购方式，并规定了各种采购方式的适用情形和基本程序。2004 年财政部制定了《政府采购货物和服务招标投标管理办法》（财政部令第 18 号），对采用公开招标和邀请招标方式的采购活动进行规范，但长期以来，对采用竞争性谈判、单一来源采购和询价采购方式的采购活动，依据的只有政府采购法的原则性规定，缺乏全国统一的具体制度规范。

二是规范非招标采购活动的需要。在政府采购实践中，对于非招标采购方式，一些部委和地方制定了适用于本部门、本地区的工作规范、程序、工作手册等，或者适用采购代理机构、采购人的内部工作程序，存在着中央单位及各地理解不一致、操作不统一、监管缺乏依据等问题，执行中甚至出现了不符合政府采购法规定的现象。

三是扩大政府采购范围的需要。随着政府采购范围的进一步扩大，特别是政府向社会力量购买公共服务纳入政府采购范围后，采购标的日趋复杂多样，需要根据采购项目的具体情况，灵活运用各种采购方式实现采购目的。非招标采购方式采购周期较短，选择供应商的方式和评审程序等更为灵活。特别是难以确定详细规格或者具体要求、不能事先计算出价格总额或者需要供应商提供设计方案或解决方案的采购项目，采用竞争性谈判方式更有利于满足采购项目的需要。

问：哪些采购项目可以采用非招标采购方式？

答：对于政府采购货物和服务，《办法》根据政府采购法规定的政府采购范围和以公开招标方式为主的原则，确定了三种具体适用情形：一是依法制定的集中采购目录以内，且未达到公开招标数额标准的；二是依法制定的集中采购目录以外、采购限额标准以上，且未达到公开招标数额标准的；三是公开招标数额标准以上、经批准采用非招标采购方式的。采购货物和服务的，可以采用竞争性谈判和单一来源采购方式，采购货物的，还可以采用询价采购方式。

对于政府采购工程，《办法》规定"按照招标投标法及其实施条例必须进行招标的工程建设项目以外的政府采购工程"适用《办法》。具体实践中可能包括两种情形，一是不属于招标投标法及其实施条例规定的必须进行招标的工程建设项目范围的政府采购工程；二是属于必须进行招标的工程建设项目范围，但依据招标投标法第六十六条和招标投标法实施条例第九条规定可以不进行招标的政府采购工程。不进行招标的政府采购工程，应当按照政府采购法及《办法》的规定进行采购。

问：《办法》的主要内容是什么？

答：《办法》共7章62条，在政府采购法规定的原则和范围内，对三种非招标采购方式进行了全面、系统的规范，主要包括：

一是在一般规定中明确了达到公开招标数额标准的采购项目采用非招标采购方式的批准程序，谈判小组、询价小组的组成、职责和义务，保证金的交纳与退还，选择符合资格条件的供应商的方式，成交结果公告等内容。

二是对三种非招标采购方式的整个流程进行了全面规范，包括：竞争性谈判采购方式的适用情形、具体程序、谈判要求、谈判文件可实质性变动的内容、确定成交供应商的标准；单一来源采购的公示要求、协商程序和情况记录；询价采购方式的具体程序和要求、确定成交供应商的标准等。

三是在政府采购法规定的法律责任的基础上，补充和明确了政府采购当事人和相关人员在非招标采购方式活动中的法律责任。

问：达到公开招标数额标准以上的货物、服务采购项目，如何经批准采用非招标采购方式？

答：政府采购法规定，达到公开招标数额标准以上的货物、服务采购项目，因特殊情况需要采用公开招标以外的采购方式的，应当在采购活动开始前获得设区的市、自治州以上人民政府采购监督管理部门的批准。《办法》对该规定进行了细化：

一是增加了报经主管预算单位同意的环节，并在附则中参照《行政单位财务规则》的规定，明确主管预算单位是指负有编制部门预算职责，向同级财政部门申报预算的国家机关、事业单位和团体组织，主要是为了加强主管预算单位对本部门政府采购工作的统筹管理。即，二级预算单位或者基层预算单位申请改变采购方式的，应当经主管的一级预算单位同意。

二是明确了采购人申请批准改变采购方式时应当提交的材料，包括采购人名称、采购项目名称、项目概况等项目基本情况说明，项目预算金额、预算批复文件或者资金来源证明，拟申请采用的采购方式和理由等，并对材料的真实性负责。因招标未能成立等情形申请采用竞争性谈判采购方式时，还需提交有关发布招标公告以及招标情况、招标文件没有不合理条款的论证意见等材料。

问：为什么要规定采购人和评审专家分别书面推荐供应商参加采购活动的方式？

答：政府采购法第三十八条和第四十条规定由谈判小组、询价小组从符合相应资格条件的供应商名单中确定不少于三家的供应商邀请参加谈判、询价，但没有规定如何选择符合资格条件的供应商。《办法》明确了三种选择供应商的方式：采购人、采购代理机构通过发布公告、从省级以上财政部门建立的供应商库中随机抽取或者采购人和评审专家分别书面推荐邀请。为避免供应商库成为变相准入门槛，《办法》还规定符合条件的供应商可以在采购活动开始前加入供应商库，财政部门不得对供应商申请入库收取任何费用，不得利用供应商库进行地区和行业封锁。

其中，书面推荐供应商的方式是《办法》根据竞争性谈判、询价采购的特点规定的，一是对有特殊需求的或者潜在供应商较少的采购项目来说，有利于有足够多的符合条件的供应商参与竞争；二是适当简化采购程序，缩短采购活动所需时间，提高采购效率。同时，为了实现政府采购的公平竞争和公正原则，除了政府采购法规定的"符合采购需求且报价最低"为确定成交供应商的原则以外，《办法》还要求在采购过程中符合竞争要求的供应商始终不得少于三家，否则即终止采购活动，并对推荐供应商方式进行了相应限制：一是由采购人和评审专家分别推荐供应商，且采购人推荐的供应商的比例不得高于推荐供应商总数的50％，使供应商的推荐来源尽可能多元化；二是引入了社会监督，规定在公告成交结果时同时公告采购人和评审专家的推荐意见。这些规定的综合运用进一步压缩了采购人和评审专家在评审中的自由裁量空间。

问：《办法》对竞争性谈判程序作了哪些规定？

答：《办法》较为详细地规定了竞争性谈判程序的整个流程，包括：制定谈判文件、选择供应商、谈判文件的澄清或者修改、供应商编制提交响应文件、响应文件的澄清说明或者更正、谈判、提出成交候选人、编写评审报告、确定成交供应商、成交结果公告、签订采购合同、终止采购活动、合同验收、采购文件的保存。

其中，《办法》重点明确了如何进行谈判：一是要根据谈判文件规定的程序、评定成交的标准等事项与实质性响应谈判文件要求的供应商进行谈判；二是要给予所有参加谈判的供应商平等的谈判机会；三是明确了谈判小组可以根据谈判文件和谈判情况实质性变动采购需求中的技术、服务要求以及合同草案条款，但不得变动谈判文件中的其他内容。这是体现竞争性谈判程序的灵活性和适应采购复杂采购标的的重要特点；四是根据谈判文件是否能够详细列明采购标的的技术、服务要求，是否需由供应商提供最终设计方案或解决方案，区分两种不同的谈判程序。

关于确定成交供应商，政府采购法第三十八条第五项中规定"采购人从谈判小组提出的成交候选人中根据符合采购需求、质量和服务相等且报价最低的原则确定成交供应商"，但实践中对如何判断"质量和服务相等"缺乏可操作性的标准，为此《办法》明确"谈判小组应当从质量和服务均能满足采购文件实质性响应要求的供应商中，按照最后报价由低到高的顺序提出3名以上成交候选人"，采购人"应当在收到评审报告后5个工作日内，从评审报告提出的成交候选人中，根据质量和服务均能满足采购文件实质性响应要求且最后报价最低的原则确定成交供应商，也可以书面授权谈判小组直接确定成交供应商"。

问：《办法》对单一来源采购程序作了哪些规定？

答：单一来源采购方式竞争性较低，只有在法定的特殊情况下才可以采用。为了避免采购人随意采取单一来源采购方式，违背政府采购公平竞争的原则，

《办法》对达到公开招标数额的货物、服务项目，因"只能从唯一供应商处采购"而拟采用单一来源采购方式的，规定了公示制度，公示内容中要说明"专业人员对相关供应商因专利、专有技术等原因具有唯一性的具体论证意见，以及专业人员的姓名、工作单位和职称"，并规定任何供应商、单位或者个人对公示有异议时可以在公示期内将书面意见反馈给采购人、采购代理机构，并同时抄送相关财政部门。采购人、采购代理机构收到异议后，应当组织补充论证，并将补充论证的结论告知提出异议的供应商、单位或者个人。

采用单一来源采购方式的，采购人、采购代理机构应当组织具有相关经验的专业人员与供应商商定合理的成交价格并保证采购项目质量，同时编写协商情况记录，包括：有关公示情况说明，协商日期和地点，采购人员名单，供应商提供的采购标的成本、同类项目合同价格以及相关专利、专有技术等情况说明，合同主要条款及价格商定情况等。

问：《办法》对询价采购程序作了哪些规定？

答：询价采购程序与竞争性谈判程序相比较为简单，《办法》对询价的整个流程作了规定，除了与竞争性谈判相同的环节外，还包括：发出询价通知书、询价通知书的澄清或者修改、询价、提出成交候选人、确定成交供应商。其中，《办法》还根据询价采购方式的特点规定，询价采购需求中的技术、服务等要求应当完整、明确，符合相关法律、行政法规和政府采购政策的规定；询价小组在询价过程中，不得改变询价通知书所确定技术和服务等要求、评审程序、评定成交的标准和合同文本等事项。

附录 F　财政部国库司（政府采购管理办公室）相关负责人就 74 号令操作执行有关问题答记者问

（2014 年 6 月 27 日中国政府采购报）

《政府采购非招标采购方式管理办法》（财政部令第 74 号，以下简称"74号令"）实施近 5 个月来，各地积极组织学习，落实 74 号令精神。诸多一线采购人员一致认为，74 号令对非招标采购方式的适用条件、采购程序等进行了全方位规范。

然而在实践中，各地也遇到一些困惑。针对实际操作中的问题，财政部国库司（政府采购管理办公室）相关负责人近日接受了《中国政府采购报》记者的采访。

核心交易机制：先明确需求后竞争报价

《中国政府采购报》：74 号令遵循的核心交易机制是什么？

答：从西方发达国家政府采购公平交易核心机制来看，均是针对不同的采购对象设定不同的采购程序、评审方法以及不同的合同文本要求，并赋予采购人明确或选择采购需求的权力以及供应商选择合理报价的权力。这种先确立明确需求、后竞争报价的机制设计，不仅大大降低了交易成本，也大大降低了采购人员在采购活动中的道德风险。我国政府采购法虽然也确立了公平交易的原则，但在制度设计上主要侧重于保障市场竞争，强调的是给予所有潜在供应商平等参与权，而对保障交易公平的市场规则却缺乏相应的细化规定，导致实践中出现了采购需求不清、采购方式适用错误、评审方法设定混乱、评审标准不明确等一系列问题。为了规范交易行为，保障市场有效性，74 号令明确了需求特点、采购方式、评审方法、合同文本及评价方式的纵向对应规则，在非招标采购方式的程序设计时均遵循了"先提供或获得明确需求、后竞争报价"的公平交易核心机制要求。

非招标采购方式不强调给所有潜在供应商公平竞争机会

《中国政府采购报》：非招标采购方式和招标采购方式最大的不同是什么？

答：非招标采购方式与招标方式最大的不同在于，它不强调给予所有潜在供应商公平竞争的机会，谈判小组、询价小组从符合条件的供应商中选择确定三家以上供应商参加采购活动即可，且无需向其他未被选择的供应商作出解释，这是法律赋予谈判和询价小组的权利。但一旦选定参加采购活动的供应商后，每一轮技术、服务指标的谈判、修改必须平等地通知所有参加采购活动的供应商，以保证竞争过程的公平。因此，与招标采购方式相比，非招标采购方式采购周期更短、效率更高，选择供应商的来源和评审过程更为灵活，谈判小组和询价小组自制定谈判文件和询价通知书起即参与采购活动，这有利于更为科学合理地确定采购需求。在竞争性谈判过程中，供应商可以参与确定最终设计方案或解决方案，更适合技术复杂或者性质特殊，采购人难以详细列明采购标的的技术服务要求的采购项目。

专家由"法官"向"人民陪审员"身份转变

《中国政府采购报》：74号令规定，经采购人的主管预算单位同意，可以从财政部门的专家库以外自行选择专家。这样的政策设计是不是过于宽松？

答：对非招标采购方式的成交规则，政府采购法规定得很明确，就是在符合采购需求、质量和服务相等的前提下最低价成交，由此，评审环节实际上是评无可评，专家在这个环节最多起一个见证的作用，事实上没有任何自由裁量权。如果说在公开招标里，专家像"法官"，由他来评判、打分，那么在非招标采购方式里，专家更像"人民陪审员"，没有任何自由裁量权和决定权。74号令的制度设计实现了专家由"法官"向"人民陪审员"身份的转变，并将专家的作用由评审过程前移到采购需求的确定环节，要求专家发挥自身的专业优势协助采购人明确和制定采购需求。74号令之所以规定竞争性谈判可以多轮谈，就是要让专家充分发挥自身的专业优势，在明确需求的前提下保证采购质量和效果。在这种制度设计下，专家是否需从财政部门的专家库里抽取，条件可以适当放宽。

《中国政府采购报》：74号令为什么要规定技术复杂、专业性强的竞争性谈判采购项目，评审专家中应当包含1名法律专家？

答：谈判谈什么？主要谈的是采购需求和合同条款。每一轮谈判结束后，合同草案的主要条款就要变动一次，技术专家解决不了合同问题。正如前面所说，如果遵循按采购需求特点选择采购方式，那就意味着许多金额巨大的项目都有可能采用竞争性谈判方式，特别是随着政府购买公共服务工作的推进，许多大的公共服务采购项目均需通过竞争性谈判方式进行，合同主要条款的变更至关重要，必须要有一名法律专家。

《中国政府采购报》：《关于使用政府采购评审专家监管系统有关事宜的通知》中规定，抽取单位应在开标、竞争性谈判以及询价开始前两个工作日内抽取评审专家。74 号令要求，项目开展应成立竞争性谈判小组，并由专家确定或制定谈判文件、邀请供应商等。实际中应该如何操作？

答：74 号令作为财政部部门规章，其法律层级较《关于使用政府采购评审专家监管系统有关事宜的通知》高，后者应服从于前者。

竞争性谈判应成服务类项目主要采购方式

《中国政府采购报》：74 号令对财政部门审批竞争性谈判采购方式作了哪些细化规定？

答：竞争性谈判是非招标采购方式中使用最多的一种，也是 74 号令重点规范的对象。竞争性谈判的适用情形，政府采购法第三十条有专门规定，但并未对何为紧急需要、何种原因造成不能事先计算出价格总额作出界定。74 号令对此作了细化规定，将紧急需要细化为非采购人所能预见的原因或者非采购人拖延造成采用招标所需时间不能满足用户紧急需要，将不能事先计算出价格总额细化为因艺术品、专利、专有技术或者服务的时间、数量事先不能确定等原因不能事先计算出价格总额，进一步清晰了适用情形。比如，一些学校原本在放假前就可以完成招标前期的有关工作，但人为拖到快开学了才启动采购程序，随后以必须在开学之前完成采购活动，时间紧急为由要求转变采购方式，这就不能适用紧急需要情形。

《中国政府采购报》：74 号令对竞争性谈判供应商的来源规定了三种方式，具体有哪些考虑？

答：如何选择参加谈判的供应商，是竞争性谈判的重要一环。在 74 号令出台之前，竞争性谈判很容易被操控，因为供应商都是采购人自己选的。74 号令规定了三种供应商来源，第一种是通过发布公告邀请，类似于公开招标的招标公告。第二种是从省级以上财政部门建立的供应商库中随机抽取。这是一个具有前瞻性的制度设计，因为目前很多地方财政部门的供应商库还没有建立起来，全国性的供应商库也正在建设过程中。第三种是采购人和评审专家背靠背分别书面推荐。这三种供应商来源的核心要求只有一个，就是要"掺沙子"，降低供应商之间、采购人和供应商之间、专家和供应商乃至三者之间的合谋概率，哪怕三家供应商中有两家合谋，只要有一家供应商不合谋，报价低，那么就无法形成对项目的操控。

采购人和评审专家各自背靠背推荐供应商，会不会形成合谋呢？如何控制呢？这在74号令里又有两个制约平衡的制度设计，一是要求采购人和专家把推荐意见随成交结果一并公告，既赋予了采购人和专家推荐的权利，又附加了相应法律责任。二是要求把成交结果细化公示到主要成交标的的名称、规格型号、数量、单价、服务要求，主动接受社会监督，防止高价采购后进行利益输送。

有同志问，采用竞争性谈判和询价采购方式的，是否必须发布采购公告？答案是不一定。因为通过发布公告方式邀请供应商，只是74号令规定的三种供应商来源之一。但如果发布采购公告，应当在省级以上财政部门指定的媒体上发布，同时在中国政府采购网上发布。公告发布的期限和具体内容，遵照财政部令第19号《政府采购信息公告管理办法》和74号令有关规定执行。

《中国政府采购报》：74号令规定了竞争性谈判可以多轮谈，专家要多次参加谈判活动，程序是不是比以前更繁琐、采购成本也更高了？

答：按照政府采购法的规定，在谈判开始前，必须先成立谈判小组、再由谈判小组确认或者制定谈判文件，进而由谈判小组确定邀请参加谈判的供应商名单。因此，对公开招标失败或紧急之需而适用竞争性谈判的项目，因其采购需求是完整、明确的，可以先由代理机构代为制订谈判文件，由谈判小组在书面推荐供应商或者从公告邀请来的供应商中确定参加谈判的供应商时一并确认谈判文件，如果采用从供应商库中随机抽取方式的，可以在谈判时由谈判小组一并确认采购文件。在这两种情况下，采取公告邀请和书面推荐方式作为供应商来源的，专家最少来两次，采取从供应商库中随机抽取作为供应商来源的，专家最少来一次。对其他因无法详细描述需求需要供应商提供设计或者解决方案的项目，谈判小组可以根据采购人对需求的确认情况，进行多轮谈判，直至采购人代表最终确认采购需求为止。不管何种情形，谈判小组均可以根据谈判文件和谈判情况实质性变动采购需求中的技术、服务要求及合同草案条款，但实质性变动的内容必须经采购人代表确认同意，且在这过程中必须平等地将采购需求的变动通知到每一个参与谈判的供应商，以保证谈判过程的公平。74号令严格遵循了法定程序，以前之所以大家认为简便，是采购人或者代理机构人为合并了法定程序所致。

至于增加了采购成本的问题，则不能一概而论。从国际经验来看，均是根据采购项目的需求特点来选择合适的采购方式，而不是以采购金额的大小来确定采购方式。从政府采购法的规定看，竞争性谈判、询价、单一来源等采购方式均规定了适用情形，唯独公开招标没有规定适用情形，而是从反腐倡廉出发要求将公开招标作为主要采购方式。国际上公开招标的适用情形非常明确，只有能够详细描述采购需求的产品才适用公开招标，与采购金额大小无关。借鉴国际经验，下一步，我们也要调整管理理念，围绕如何更好地实现物有所值的价值目标去选择合适的采购方式，金额大但采购需求无法详细描述的项目应该选用竞争性谈判方式，特别是服务项目的采购，竞争性谈判应当成为主要方式。从这个意义上讲，增加的采购成本相较实际的采购效果而言，应该也是"物有所值"甚至是"物超所值"的。

《中国政府采购报》：74 号令第十一条规定，竞争性谈判文件应当包括采购预算，是出于何种考虑？会不会带来符合条件的供应商均贴着预算报价的情况？

答：明示采购预算，既符合预算公开的要求，也可以促进预算细化，同时还利于提高政府采购效率，防止采购人以超预算为由擅自废标，导致采购活动失败。前面也说过，报价是供应商的权利，只要供应商之间未形成合谋，就不会出现都贴着预算报价的情况，而在 74 号令确立的交易机制下，供应商之间合谋的几率很低。

《中国政府采购报》：74 号令第三十三条规定，谈判文件不能详细列明采购标的的技术、服务要求，需经谈判由供应商提供最终设计方案或解决方案的，谈判结束后，谈判小组应当按照少数服从多数的原则投票推荐三家以上供应商的设计方案或者解决方案，并要求其在规定时间内提交最后报价。此规定是否可以理解为两阶段采购？

答：是的。属于两阶段谈判，遵循"先获得明确需求、后竞争报价"这一核心交易机制，第一阶段是采购设计方案或解决方案，即先获得明确需求阶段，第二阶段是被推荐的供应商进行报价，即后竞争报价阶段。

"招标失败后经审批两家可以谈"是唯一例外

《中国政府采购报》：对多轮谈判的项目，最后参加报价的供应商应该如何选择？如果公开招标后只有两家或者一家供应商满足条件，是否可以转为竞争性谈判或者单一来源？

答：74 号令里设计了一个"票决制"，即谈判结束后，由谈判小组成员投票，按照少数服从多数的原则推荐三家以上符合采购需求的供应商，然后这三家供应商在规定时间内提交最后报价。供应商必须是三家以上，只有三家以上才能形成有效竞争，这是竞争性谈判的前提。那么来两家行不行呢？74 号令规定，公开招标后，符合要求的供应商只有两家时，经财政部门批准可以与该两家供应商进行竞争性谈判。这是 74 号令里唯一两家可以谈的例外，主要是考虑到采购效率问题，其他的所有情形包括询价采购，供应商为三家以下的均为采购活动失败。我们说程序不可逆，不能说公开招标来两家就是两家竞争性谈判，来一家就是单一来源，如果制度这样规定，那么整个政府采购制度的竞争基础将不复存在。实践中导致参与采购活动的供应商不足三家的情形很多，比如信息公开的范围不广或者时间不足、采购项目金额小、供应商投标文件编制不符合要求等。从我们掌握的情况看，不少地方出现公开招标不足三家的问题，最后要么两家谈判，要么单一来源，少数基层甚至相当大的比例因公开招标只来一家而采取单一来源实施采购。我们认为，出现该问题最重要的原因在于公开招标的数额标准定得过低，有的地方甚至规定采购金额达到 30000 元的就要公开招标，导致许多供应商因投标成本过高无利可图而放弃投标，这需要大家在今后的工作中转变工作理念，提高公开招标的限额标准。从制度执行上来讲，除公开招标失败经批准的情形外，不允许竞争性谈判出现两家谈判的情形。当然，有的项目确实市场上只有两家供应商，比如一些高垄断性行业，确实有这种情况的，又将如何处理呢？我们的意见是可以参照竞争性谈判方式先分别跟这两家供应商去谈，谈完以后选定一家报价低的，然后实行单一来源采购。

《中国政府采购报》：公开招标失败后，采购人申请变更为非招标方式采购，是否还需要其主管预算单位同意？可否现场改为竞争性谈判继续采购？

答：74 号令第二十七条规定，公开招标的货物、服务采购项目，招标过程中提交投标文件或者经评审实质性响应招标文件要求的供应商只有两家时，采购人、采购代理机构按照本办法第四条经本级财政部门批准后可以与该两家供应商进行竞争性谈判采购，采购人、采购代理机构应当根据招标文件中的采购需求编制谈判文件，成立谈判小组，由谈判小组对谈判文件进行确认。由此，该种情形仍然须经其主管预算单位同意。"现场改为竞争性谈判继续采购"在实践中很难依法执行，原因在于，公开招标转变为竞争性谈判，意味着招标文件应变更为谈判文件、投标供应商代表成为谈判供应商代表，所以，招标文件需要按照竞争性谈判的要求重新制定，参加投标的供应商代表的授权需要法定代表人重新作出变更。此外，按照现行机关内部工作程序和发文要求，采购人的主管预算单位要现场提出书面申请，同时财政部门还要现场完成对该申请的书面批复，这几乎不可能实现。上述限制性条件使得招标现场转为竞争性谈判方式继续采购不具可行性。

单一来源采购引入成本核算概念

《中国政府采购报》：74 号令对单一来源采购的规定与以往实践相比，最大的变化是什么？

答：相较此前的采购实践，74 号令单一来源采购最大的变化是引入了成本核算的概念，即要求采购人员编写的协商情况记录中应当包含供应商提供的采购标的成本、同类项目合同价格以及相关专利、专有技术等情况说明。74 号令出台前，单一来源采购成交价格往往比较高，基本上是贴着采购预算成交的。74 号令之所以做出上述要求，主要考虑，一是增加一项可查询的信息记录，方便审计和财政部门的事后监督；二是保证成交价格的合理性，如果该产品市场在售，那么同等条件下政府采购价不能高于市场价，如果该产品没有形成市场价格，那么供应商要告知成本。另一个重大变化是引入了公示制度，要求拟采用单一来源采购方式的项目，在报财政部门批准之前，应当在省级以上财政部门指定的媒体上公示。

《中国政府采购报》：74 号令第四十一条中首次出现了"具有相关经验的专业人员"的概念，应该如何界定？其是否可以为政府采购专家库之外的人员？人数是否有要求？此外，有关专家、学者将"专业人员"解释为类似美国的注册政府采购官，这种说法是否正确？

答：该概念出现在单一来源采购规定中，意思是"熟悉拟采购标的的技术、服务指标和市场情况的专业人员"。这表明可以是政府采购专家库外的专家，而且也没有人数要求，完全由采购人自己确定。从全球范围看，各国政府采购都在向职业化、专业化采购转变，我国也不例外。政府采购制度改革 10 多年来，虽然专业人员队伍不断壮大，但从实际情况看，专家不专的现象较为普遍，采购代理机构基本上还处于走程序的低水平代理阶段，这些机构人员的现状，较大程度上制约了我国政府采购制度有效性的发挥，必须通过不断加强采购人员职业化建设来逐步解决。目前，我国主要通过强化培训、考试等方式提升采购人员专业化水平，尚无评判"专业人员"的行业硬性标准。中国政府采购协会组建完成后，将会承担行业自律管理等相关标准的建设工作。

《中国政府采购报》：单一来源公示，第一次公示有异议提出后，第二次再来补充论证的人员是否应当回避公示前的那批论证人员？

答：74号令对此无具体规定，理论上说应该回避一下更好。当然，针对提出的异议，请原来的专家给出解释亦无不可。整个74号令均未对单一来源采购涉及的专家作来源上的硬性要求，由采购人根据具体情况来决定。

如何理解竞争性谈判、询价采购的成交原则

《中国政府采购报》：询价和竞争性谈判最大的区别是什么？询价可不可以指定品牌？

答：询价和竞争性谈判最大的不同在于，询价要求供应商一次性报出不可更改的价格，不存在多轮价格竞争的问题，而竞争性谈判可以要求供应商进行多轮报价。至于询价采购可不可以指定品牌问题，我们的意见是不可以。原因在于政府采购制度的核心是有效竞争，而有效竞争的基础是品牌竞争。

《中国政府采购报》：竞争性谈判、询价采购的成交原则是符合采购需求、质量和服务相等且报价最低，如何理解"相等"这个概念？

答："相等"是指供应商提供的产品质量和服务均能满足谈判文件或者询价通知书规定的实质性要求。换句话说，就是供应商提交的响应文件对谈判文件、询价通知书作了实质性响应，满足采购人的采购需求。比如说，采购人的采购需求是买个瓷茶杯，要求有杯体和杯盖就可以了，来的供应商均按这个需求响应了，但有一个供应商在这个基础上还外送一个杯托。尽管如此，这个供应商和别的供应商的质量和服务仍属于"相等"，也就是说政府采购满足需求即可，多余的功能不作为价格考虑因素。

《中国政府采购报》：74号令对电子化询价采购没有规定，而且电子化询价采购没有询价小组，按照74号令规定是违规的，实际操作中应该如何进行电子化询价？

答：目前，实际操作中有很多创新做法，比如电子竞价、电子反拍、电子议价等，虽然操作方式类似于询价采购，但是不能完全等同于询价采购，这些电子化采购如何界定，财政部正在研究，后续会出台相关管理和操作规定。

政府采购工程如何适用非招标采购方式

《中国政府采购报》：74 号令规定按照招标投标法及其实施条例必须进行招标的工程建设项目以外的政府采购工程可以采用竞争性谈判和单一来源方式采购。这点是否与政府采购法规定相矛盾，实践中如何适用法律？

答：不矛盾。虽然政府采购法第四条规定，政府采购工程进行招标投标的，适用招标投标法。但无论是政府采购法还是招标投标法及其各自相关法律体系，均未对工程类非招标采购方式及程序作出规定。74 号令根据政府采购法第二条规定，将采用非招标方式采购的政府采购工程纳入监管体系，是对政府采购法的补充完善。关于政府采购工程以及与工程建设有关的货物和服务的法律适用，在以往实践中理解各异。2012 年 2 月 1 日招标投标法实施条例实施后，划清了两者的范围。正确理解招标投标法实施条例第二条所称的工程建设项目，可以从以下几个方面来把握：一是工程的定义。即主体应当是建筑物和构筑物，通俗地讲，建筑物就是用来居住或者办公的房屋，构筑物就是不用来居住和办公但需通过土建等来完成建设的物体，如水塔、围墙等。只有建筑物和构筑物的新建、改建、扩建及其相关的装修、拆除、修缮，才能算是工程，属于招标投标法及其条例的调整范围；与建筑物和构筑物新建、改建、扩建无关的单独的装修、拆除、修缮，则属于政府采购法的调整范围。二是与工程建设有关的货物、服务的定义。这里需要解释三个概念，第一，"建设"的概念，建设在这里起的是时间节点的作用，只有工程建设过程中与工程有关的货物和服务，才属于招标投标法及其条例的调整范围，工程一旦竣工，其后即便采购与工程有关的货物和服务，均属于政府采购法的调整范围。如工程建设过程中采购电梯，适用招标投标法，竣工后需更换电梯，适用政府采购法。第二，"不可分割"的概念，不可分割是指离开了工程主体就无法实现其使用价值的货物，如门窗属于不可分割，而家具等就属于可分割。第三，"基本功能"的概念，基本功能是指建筑物、构筑物达到能够投入使用的基础条件，不涉及建筑物、构筑物的附加功能。如学校教学楼建设，楼建成装修后基本功能即已达到，而不能以楼将用于教学就把教学用的家具等为实现楼的附加功能的货物作为楼的基本功能对待，也就是说实现附加功能货物属于政府采购法的调整范围。

审批权下放是趋势

《中国政府采购报》：74 号令第四条规定，采用非招标方式的须由设区的市、自治州以上人民政府财政部门批准。但实际情况是，县（区）级采购项目申请非招标方式的也很多，而市（州）级财政部门又不太了解县（区）级采购项目的具体情况。十八届三中全会要求简政放权，可否由市（州）级财政部门授权县（区）级财政部门审批非招标方式？

答：政府采购法第二十七条规定，因特殊情况需要采用公开招标以外的采购方式的，应当在采购活动开始前获得设区的市、自治州以上人民政府采购监督管理部门的批准。74 号令第四条不能突破政府采购法的规定。但下放审批权是深化政府采购制度改革的必然要求，该项审批权将会在下一步有关法律制度建设中下放到县（区）级政府采购监管部门。就目前而言，各地可通过电子管理系统解决市、县两级的沟通和效率问题。

《中国政府采购报》：财政部门自收到非招标方式申请及相关资料后，几个工作日内应审批完毕？

答：由于各地情况不一，74 号令对此没作规定。各地可依 74 号令第六十一条"各省、自治区、直辖市人民政府财政部门可以根据本办法制定具体实施办法"规定，在地方实施细则中自行规定。

《中国政府采购报》：74 号令第十九条规定，采购人与成交供应商应当在成交通知书发出之日起 30 日内，按照采购文件确定的合同文本以及采购标的、规格型号、采购金额、采购数量、技术和服务要求等事项签订政府采购合同。采购人不得向成交供应商提出超出采购文件以外的任何要求作为签订合同的条件，不得与成交供应商订立背离采购文件确定的合同文本以及采购标的、规格型号、采购金额、采购数量、技术和服务要求等实质性内容的协议。该条规定是否意味着不允许采购人与供应商在签订合同时适当签订补充合同？

答：此项规定强调的是采购活动完成后、政府采购合同签订时不应同时签订背离采购文件实质性条款的合同，并不意味着不允许采购人与供应商在合同履行过程中签订补充合同。政府采购法第四十九条规定，政府采购合同履行中，采购人需追加与合同标的相同的货物、工程或者服务的，在不改变合同其他条款的前提下，可以与供应商协商签订补充合同，但所有补充合同的采购金额不得超过原合同采购金额的 10%。据此，合同签订完成后，履约过程中可以在采购金额 10% 的范围内依法补签。

附录 G　政府采购竞争性磋商采购方式管理暂行办法

（财库〔2014〕214 号，2014 年 12 月 31 日财政部发布）

第一章　总　则

第一条　为了规范政府采购行为，维护国家利益、社会公共利益和政府采购当事人的合法权益，依据《中华人民共和国政府采购法》（以下简称政府采购法）第二十六条第一款第六项规定，制定本办法。

第二条　本办法所称竞争性磋商采购方式，是指采购人、政府采购代理机构通过组建竞争性磋商小组（以下简称磋商小组）与符合条件的供应商就采购货物、工程和服务事宜进行磋商，供应商按照磋商文件的要求提交响应文件和报价，采购人从磋商小组评审后提出的候选供应商名单中确定成交供应商的采购方式。

第三条　符合下列情形的项目，可以采用竞争性磋商方式开展采购：

（一）政府购买服务项目；

（二）技术复杂或者性质特殊，不能确定详细规格或者具体要求的；

（三）因艺术品采购、专利、专有技术或者服务的时间、数量事先不能确定等原因不能事先计算出价格总额的；

（四）市场竞争不充分的科研项目，以及需要扶持的科技成果转化项目；

（五）按照招标投标法及其实施条例必须进行招标的工程建设项目以外的工程建设项目。

第二章　磋商程序

第四条　达到公开招标数额标准的货物、服务采购项目，拟采用竞争性磋商采购方式的，采购人应当在采购活动开始前，报经主管预算单位同意后，依法向设区的市、自治州以上人民政府财政部门申请批准。

第五条　采购人、采购代理机构应当按照政府采购法和本办法的规定组织开展竞争性磋商，并采取必要措施，保证磋商在严格保密的情况下进行。

任何单位和个人不得非法干预、影响磋商过程和结果。

第六条　采购人、采购代理机构应当通过发布公告、从省级以上财政部门建立的供应商库中随机抽取或者采购人和评审专家分别书面推荐的方式邀请不少于 3 家符合相应资格条件的供应商参与竞争性磋商采购活动。[⊖]

符合政府采购法第二十二条第一款规定条件的供应商可以在采购活动开始前加入供应商库。财政部门不得对供应商申请入库收取任何费用，不得利用供应商库进行地区和行业封锁。

采取采购人和评审专家书面推荐方式选择供应商的，采购人和评审专家应当各自出具书面推荐意见。采购人推荐供应商的比例不得高于推荐供应商总数的 50%。

第七条　采用公告方式邀请供应商的，采购人、采购代理机构应当在省级以上人民政府财政部门指定的政府采购信息发布媒体发布竞争性磋商公告。竞争性磋商公告应当包括以下主要内容：

（一）采购人、采购代理机构的名称、地点和联系方法；

（二）采购项目的名称、数量、简要规格描述或项目基本概况介绍；

（三）采购项目的预算；

（四）供应商资格条件；

（五）获取磋商文件的时间、地点、方式及磋商文件售价；

（六）响应文件提交的截止时间、开启时间及地点；

（七）采购项目联系人姓名和电话。

第八条　竞争性磋商文件（以下简称磋商文件）应当根据采购项目的特点和采购人的实际需求制定，并经采购人书面同意。采购人应当以满足实际需求为原则，不得擅自提高经费预算和资产配置等采购标准。

磋商文件不得要求或者标明供应商名称或者特定货物的品牌，不得含有指向特定供应商的技术、服务等条件。

⊖　《财政部关于政府采购竞争性磋商采购方式管理暂行办法有关问题的补充通知》（财库〔2015〕124号）规定：采用竞争性磋商采购方式采购的政府购买服务项目（含政府和社会资本合作项目），在采购过程中符合要求的供应商（社会资本）只有 2 家的，竞争性磋商采购活动可以继续进行。采购过程中符合要求的供应商（社会资本）只有 1 家的，采购人（项目实施机构）或者采购代理机构应当终止竞争性磋商采购活动，发布项目终止公告并说明原因，重新开展采购活动。

第九条　磋商文件应当包括供应商资格条件、采购邀请、采购方式、采购预算、采购需求、政府采购政策要求、评审程序、评审方法、评审标准、价格构成或者报价要求、响应文件编制要求、保证金交纳数额和形式以及不予退还保证金的情形、磋商过程中可能实质性变动的内容、响应文件提交的截止时间、开启时间及地点以及合同草案条款等。

第十条　从磋商文件发出之日起至供应商提交首次响应文件截止之日止不得少于 10 日。

磋商文件售价应当按照弥补磋商文件制作成本费用的原则确定，不得以营利为目的，不得以项目预算金额作为确定磋商文件售价依据。磋商文件的发售期限自开始之日起不得少于 5 个工作日。

提交首次响应文件截止之日前，采购人、采购代理机构或者磋商小组可以对已发出的磋商文件进行必要的澄清或者修改，澄清或者修改的内容作为磋商文件的组成部分。澄清或者修改的内容可能影响响应文件编制的，采购人、采购代理机构应当在提交首次响应文件截止时间至少 5 日前，以书面形式通知所有获取磋商文件的供应商；不足 5 日的，采购人、采购代理机构应当顺延提交首次响应文件截止时间。

第十一条　供应商应当按照磋商文件的要求编制响应文件，并对其提交的响应文件的真实性、合法性承担法律责任。

第十二条　采购人、采购代理机构可以要求供应商在提交响应文件截止时间之前交纳磋商保证金。磋商保证金应当采用支票、汇票、本票或者金融机构、担保机构出具的保函等非现金形式交纳。磋商保证金数额应当不超过采购项目预算的 2%。供应商未按照磋商文件要求提交磋商保证金的，响应无效。

供应商为联合体的，可以由联合体中的一方或者多方共同交纳磋商保证金，其交纳的保证金对联合体各方均具有约束力。

第十三条　供应商应当在磋商文件要求的截止时间前，将响应文件密封送达指定地点。在截止时间后送达的响应文件为无效文件，采购人、采购代理机构或者磋商小组应当拒收。

供应商在提交响应文件截止时间前，可以对所提交的响应文件进行补充、修改或者撤回，并书面通知采购人、采购代理机构。补充、修改的内容作为响应文件的组成部分。补充、修改的内容与响应文件不一致的，以补充、修改的内容为准。

第十四条 磋商小组由采购人代表和评审专家共3人以上单数组成，其中评审专家人数不得少于磋商小组成员总数的2/3。采购人代表不得以评审专家身份参加本部门或本单位采购项目的评审。采购代理机构人员不得参加本机构代理的采购项目的评审。

采用竞争性磋商方式的政府采购项目，评审专家应当从政府采购评审专家库内相关专业的专家名单中随机抽取。符合本办法第三条第四项规定情形的项目，以及情况特殊、通过随机方式难以确定合适的评审专家的项目，经主管预算单位同意，可以自行选定评审专家。技术复杂、专业性强的采购项目，评审专家中应当包含1名法律专家。

第十五条 评审专家应当遵守评审工作纪律，不得泄露评审情况和评审中获悉的商业秘密。

磋商小组在评审过程中发现供应商有行贿、提供虚假材料或者串通等违法行为的，应当及时向财政部门报告。

评审专家在评审过程中受到非法干涉的，应当及时向财政、监察等部门举报。

第十六条 磋商小组成员应当按照客观、公正、审慎的原则，根据磋商文件规定的评审程序、评审方法和评审标准进行独立评审。未实质性响应磋商文件的响应文件按无效响应处理，磋商小组应当告知提交响应文件的供应商。

磋商文件内容违反国家有关强制性规定的，磋商小组应当停止评审并向采购人或者采购代理机构说明情况。

第十七条 采购人、采购代理机构不得向磋商小组中的评审专家作倾向性、误导性的解释或者说明。

采购人、采购代理机构可以视采购项目的具体情况，组织供应商进行现场考察或召开磋商前答疑会，但不得单独或分别组织只有一个供应商参加的现场考察和答疑会。

第十八条 磋商小组在对响应文件的有效性、完整性和响应程度进行审查时，可以要求供应商对响应文件中含义不明确、同类问题表述不一致或者有明显文字和计算错误的内容等作出必要的澄清、说明或者更正。供应商的澄清、说明或者更正不得超出响应文件的范围或者改变响应文件的实质性内容。

磋商小组要求供应商澄清、说明或者更正响应文件应当以书面形式作出。供应商的澄清、说明或者更正应当由法定代表人或其授权代表签字或者加盖公章。由授权代表签字的，应当附法定代表人授权书。供应商为自然人的，应当由本人签字并附身份证明。

第十九条　磋商小组所有成员应当集中与单一供应商分别进行磋商，并给予所有参加磋商的供应商平等的磋商机会。

第二十条　在磋商过程中，磋商小组可以根据磋商文件和磋商情况实质性变动采购需求中的技术、服务要求以及合同草案条款，但不得变动磋商文件中的其他内容。实质性变动的内容，须经采购人代表确认。

对磋商文件作出的实质性变动是磋商文件的有效组成部分，磋商小组应当及时以书面形式同时通知所有参加磋商的供应商。

供应商应当按照磋商文件的变动情况和磋商小组的要求重新提交响应文件，并由其法定代表人或授权代表签字或者加盖公章。由授权代表签字的，应当附法定代表人授权书。供应商为自然人的，应当由本人签字并附身份证明。

第二十一条　磋商文件能够详细列明采购标的的技术、服务要求的，磋商结束后，磋商小组应当要求所有实质性响应的供应商在规定时间内提交最后报价，提交最后报价的供应商不得少于3家。

磋商文件不能详细列明采购标的的技术、服务要求，需经磋商由供应商提供最终设计方案或解决方案的，磋商结束后，磋商小组应当按照少数服从多数的原则投票推荐3家以上供应商的设计方案或者解决方案，并要求其在规定时间内提交最后报价。

最后报价是供应商响应文件的有效组成部分。符合本办法第三条第四项情形的，提交最后报价的供应商可以为2家。

第二十二条　已提交响应文件的供应商，在提交最后报价之前，可以根据磋商情况退出磋商。采购人、采购代理机构应当退还退出磋商的供应商的磋商保证金。

第二十三条　经磋商确定最终采购需求和提交最后报价的供应商后，由磋商小组采用综合评分法对提交最后报价的供应商的响应文件和最后报价进行综合评分。

综合评分法，是指响应文件满足磋商文件全部实质性要求且按评审因素的量化指标评审得分最高的供应商为成交候选供应商的评审方法。

第二十四条 综合评分法评审标准中的分值设置应当与评审因素的量化指标相对应。磋商文件中没有规定的评审标准不得作为评审依据。

评审时，磋商小组各成员应当独立对每个有效响应的文件进行评价、打分，然后汇总每个供应商每项评分因素的得分。

综合评分法货物项目的价格分值占总分值的比重（即权值）为30%至60%，服务项目的价格分值占总分值的比重（即权值）为10%至30%。采购项目中含不同采购对象的，以占项目资金比例最高的采购对象确定其项目属性。符合本办法第三条第三项的规定和执行统一价格标准的项目，其价格不列为评分因素。有特殊情况需要在上述规定范围外设定价格分权重的，应当经本级人民政府财政部门审核同意。

综合评分法中的价格分统一采用低价优先法计算，即满足磋商文件要求且最后报价最低的供应商的价格为磋商基准价，其价格分为满分。其他供应商的价格分统一按照下列公式计算：

磋商报价得分 =（磋商基准价/最后磋商报价）×价格权值×100

项目评审过程中，不得去掉最后报价中的最高报价和最低报价。

第二十五条 磋商小组应当根据综合评分情况，按照评审得分由高到低顺序推荐3名以上成交候选供应商，并编写评审报告。符合本办法第二十一条第三款情形的，可以推荐2家成交候选供应商。评审得分相同的，按照最后报价由低到高的顺序推荐。评审得分且最后报价相同的，按照技术指标优劣顺序推荐。

第二十六条 评审报告应当包括以下主要内容：

（一）邀请供应商参加采购活动的具体方式和相关情况；

（二）响应文件开启日期和地点；

（三）获取磋商文件的供应商名单和磋商小组成员名单；

（四）评审情况记录和说明，包括对供应商的资格审查情况、供应商响应文件评审情况、磋商情况、报价情况等；

（五）提出的成交候选供应商的排序名单及理由。

第二十七条 评审报告应当由磋商小组全体人员签字认可。磋商小组成员对评审报告有异议的，磋商小组按照少数服从多数的原则推荐成交候选供应商，采购程序继续进行。对评审报告有异议的磋商小组成员，应当在报告上签署不同意见并说明理由，由磋商小组书面记录相关情况。磋商小组成员拒绝在报告上签字又不书面说明其不同意见和理由的，视为同意评审报告。

第二十八条　采购代理机构应当在评审结束后2个工作日内将评审报告送采购人确认。

采购人应当在收到评审报告后5个工作日内，从评审报告提出的成交候选供应商中，按照排序由高到低的原则确定成交供应商，也可以书面授权磋商小组直接确定成交供应商。采购人逾期未确定成交供应商且不提出异议的，视为确定评审报告提出的排序第一的供应商为成交供应商。

第二十九条　采购人或者采购代理机构应当在成交供应商确定后2个工作日内，在省级以上财政部门指定的政府采购信息发布媒体上公告成交结果，同时向成交供应商发出成交通知书，并将磋商文件随成交结果同时公告。成交结果公告应当包括以下内容：

（一）采购人和采购代理机构的名称、地址和联系方式；

（二）项目名称和项目编号；

（三）成交供应商名称、地址和成交金额；

（四）主要成交标的的名称、规格型号、数量、单价、服务要求；

（五）磋商小组成员名单。

采用书面推荐供应商参加采购活动的，还应当公告采购人和评审专家的推荐意见。

第三十条　采购人与成交供应商应当在成交通知书发出之日起30日内，按照磋商文件确定的合同文本以及采购标的、规格型号、采购金额、采购数量、技术和服务要求等事项签订政府采购合同。

采购人不得向成交供应商提出超出磋商文件以外的任何要求作为签订合同的条件，不得与成交供应商订立背离磋商文件确定的合同文本以及采购标的、规格型号、采购金额、采购数量、技术和服务要求等实质性内容的协议。

第三十一条　采购人或者采购代理机构应当在采购活动结束后及时退还供应商的磋商保证金，但因供应商自身原因导致无法及时退还的除外。未成交供应商的磋商保证金应当在成交通知书发出后5个工作日内退还，成交供应商的磋商保证金应当在采购合同签订后5个工作日内退还。

有下列情形之一的，磋商保证金不予退还：

（一）供应商在提交响应文件截止时间后撤回响应文件的；

（二）供应商在响应文件中提供虚假材料的；

（三）除因不可抗力或磋商文件认可的情形以外，成交供应商不与采购人签订合同的；

（四）供应商与采购人、其他供应商或者采购代理机构恶意串通的；

（五）磋商文件规定的其他情形。

第三十二条　除资格性检查认定错误、分值汇总计算错误、分项评分超出评分标准范围、客观分评分不一致、经磋商小组一致认定评分畸高、畸低的情形外，采购人或者采购代理机构不得以任何理由组织重新评审。采购人、采购代理机构发现磋商小组未按照磋商文件规定的评审标准进行评审的，应当重新开展采购活动，并同时书面报告本级财政部门。

采购人或者采购代理机构不得通过对样品进行检测、对供应商进行考察等方式改变评审结果。

第三十三条　成交供应商拒绝签订政府采购合同的，采购人可以按照本办法第二十八条第二款规定的原则确定其他供应商作为成交供应商并签订政府采购合同，也可以重新开展采购活动。拒绝签订政府采购合同的成交供应商不得参加对该项目重新开展的采购活动。

第三十四条　出现下列情形之一的，采购人或者采购代理机构应当终止竞争性磋商采购活动，发布项目终止公告并说明原因，重新开展采购活动：

（一）因情况变化，不再符合规定的竞争性磋商采购方式适用情形的；

（二）出现影响采购公正的违法、违规行为的；

（三）除本办法第二十一条第三款规定的情形外，在采购过程中符合要求的供应商或者报价未超过采购预算的供应商不足3家的。

第三十五条　在采购活动中因重大变故，采购任务取消的，采购人或者采购代理机构应当终止采购活动，通知所有参加采购活动的供应商，并将项目实施情况和采购任务取消原因报送本级财政部门。

第三章　附　　则

第三十六条　相关法律制度对政府和社会资本合作项目采用竞争性磋商采

购方式另有规定的，从其规定。

第三十七条　本办法所称主管预算单位是指负有编制部门预算职责，向同级财政部门申报预算的国家机关、事业单位和团体组织。

第三十八条　本办法自发布之日起施行。

附录 H　财政部有关负责人就《政府采购竞争性磋商采购方式管理暂行办法》《政府和社会资本合作项目政府采购管理办法》有关问题答记者问

（2015 年 1 月 21 日财政部网站发布）

为了深化政府采购制度改革，适应推进政府购买服务、推广政府和社会资本合作（PPP）模式等工作需要，财政部制定发布了《政府采购竞争性磋商采购方式管理暂行办法》（财库〔2014〕214 号，以下简称《磋商办法》）和《政府和社会资本合作项目政府采购管理办法》（财库〔2014〕215 号，以下简称《PPP 办法》）。近日，财政部国库司（政府采购管理办公室）有关负责人就《磋商办法》和《PPP 办法》有关问题接受了记者采访。

问：制定《磋商办法》和《PPP 办法》的背景是什么？

答：制定《磋商办法》和《PPP 办法》主要是顺应两方面的需要。一方面，是为了进一步贯彻党的十八届四中全会精神，坚持立法先行和依法采购。本届政府提出了推进政府购买服务、推广 PPP 模式等重要改革任务。与此相关的采购活动，在采购需求、采购方式、合同管理、履约验收、绩效评价等方面存在一定特殊性，需要在政府采购现行法律框架下，作出创新和针对性的制度安排，对具体工作进行指引和规范，以确保采购工作顺畅、高效开展。另一方面，政府购买服务、推广 PPP 模式等工作，具有较强的公共性和公益性，其采购活动应当充分发挥支持产业发展、鼓励科技创新、节约资源、保护环境等政府采购政策功能，以促进经济和社会政策目标的实现。因此，需要明确相关采购活动的法律适用和操作规则。

问：竞争性磋商采购方式的核心内容、主要思路是什么，与竞争性谈判采购方式有哪些联系和区别？

答：我国政府采购法规定的政府采购方式包括：公开招标、邀请招标、竞争性谈判、单一来源采购、询价、国务院政府采购监督管理部门认定的其他采购方式。竞争性磋商采购方式是财政部首次依法创新的采购方式，核心内容是

"先明确采购需求、后竞争报价"的两阶段采购模式，倡导"物有所值"的价值目标。

竞争性磋商和竞争性谈判两种采购方式在流程设计和具体规则上既有联系又有区别：在"明确采购需求"阶段，二者关于采购程序、供应商来源方式、磋商或谈判公告要求、响应文件要求、磋商或谈判小组组成等方面的要求基本一致；在"竞争报价"阶段，竞争性磋商采用了类似公开招标的"综合评分法"，区别于竞争性谈判的"最低价成交"。之所以这样设计，就是为了在需求完整、明确的基础上实现合理报价和公平交易，并避免竞争性谈判最低价成交可能导致的恶性竞争，将政府采购制度功能聚焦到"物有所值"的价值目标上来，达到"质量、价格、效率"的统一。

问：竞争性磋商采购方式的适用范围有哪些？

答：《磋商办法》规定了五种适用情形：一是政府购买服务项目；二是技术复杂或者性质特殊，不能确定详细规格或者具体要求的；三是因艺术品采购、专利、专有技术或者服务的时间、数量事先不能确定等原因不能事先计算出价格总额的；四是市场竞争不充分的科研项目，以及需要扶持的科技成果转化项目；五是按照招标投标法及其实施条例必须进行招标的工程建设项目以外的工程建设项目。其中，前三种情形主要适用于采购人难以事先确定采购需求或者合同条款，需要和供应商进行沟通协商的项目；第四种情形主要适用于科研项目采购中有效供应商不足三家，以及需要对科技创新进行扶持的项目；第五种情形主要适用于政府采购工程类项目，并与招标投标法律制度和《政府采购非招标采购方式管理办法》（财政部令第 74 号）做了衔接。综合来看，竞争性磋商采购方式在政府购买服务、PPP、科技创新扶持、技术复杂的专用设备等项目采购中将具有较高的可操作性和适用性。

问：为什么 PPP 项目选择社会资本合作者适用政府采购法律制度？

答：《PPP 办法》主要适用于 PPP 项目实施机构（采购人）选择合作社会资本（供应商）的情形。将 PPP 项目选择合作者的过程纳入政府采购管理的主要考虑是：

一是 PPP 是政府从公共服务的"生产者"转为"提供者"而进行的特殊采购活动。我国政府采购法第二条第七款规定"本法所称服务，是指除货物和工程以外的其他政府采购对象"，对政府采购服务做了兜底式定义。从法律定义上看，PPP 属于服务项目政府采购范畴。同时，世界主要国际组织和国家在选择 PPP 合作方时都遵循政府采购规则，并把服务和工程特许经营权的授予也视为政府采购公共服务的一种方式，将其纳入政府采购监管。因此，将 PPP 项目选择合作者的过程纳入政府采购管理，可以进一步促进我国政府采购制度与国际规则对接，也符合世界贸易组织《政府采购协定》（GPA）对政府采购的定义——为了政府目的以任何合同方式开展的采购活动。

二是我国政府采购法规定了公开招标、邀请招标、竞争性谈判、询价、单一来源五种采购方式，并授权监管部门认定新的采购方式。这些法定采购方式（包括竞争性磋商方式），能够比较好地适用于 PPP 项目采购中公开竞争、选择性竞争和有限竞争的情况，并充分实现"物有所值"的价值目标，使 PPP 项目采购更具可操作性。

三是政府采购法律制度规定了优先采购节能环保产品，支持中小企业等宏观调控和政策功能目标。将 PPP 项目选择合作者的过程纳入政府采购管理，将更加有利于 PPP 项目发挥公共性和公益性作用。

问：《PPP 办法》的主要创新点有哪些？

答：《PPP 办法》在现行政府采购法律制度框架下，充分借鉴了国际经验，特别是联合国贸易法委员会《私人融资基础设施项目示范法》及其立法指南中的有效做法，并与《政府和社会资本合作模式操作指南（试行）》（财金〔2014〕113 号）第四章"项目采购"的有关内容作了衔接。

《PPP 办法》的主要创新之处在于：一是为了保证 PPP 项目采购过程顺畅高效和实现"物有所值"价值目标，新增了竞争性磋商这一新的采购方式，引入了两阶段采购模式。二是为了保证 PPP 项目采购的成功率和减少后续争议，新增了强制资格预审、现场考察和答疑、采购结果及合同文本公示等规范性要求。三是为了保证项目采购的质量和效果，创新了采购结果确认谈判、项目实施机构可以自行选定评审专家等程序。四是为了维护国家安全和发挥政府采购政策功能，要求必须在资格预审公告、采购公告、采购文件、项目合同中列明采购本国货物和服务、技术引进和转让等政策要求。五是结合 PPP 项目金额大、后续监管链条长等特点，创新了监管方式，对项目履约实行强制信用担保，用市场化手段引入担保机构进行第三方监管，以弥补行政监督手段的不足。同时，要求项目采购完成后公开项目采购合同，引入社会监督。六是针对 PPP 项目复杂程度高和采购人专业性不足的实际，明确具备相应条件和能力的政府采购代理机构可以承担 PPP 项目政府采购业务，提供 PPP 项目咨询服务的机构在按照财政部对政府采购代理机构管理的相关政策要求进行网上登记后，也可以从事 PPP 项目采购代理业务。

附录 I 政府采购信息发布管理办法

(2019 年 11 月 27 日财政部令第 101 号公布)

第一章 总 则

第一条 为了规范政府采购信息发布行为，提高政府采购透明度，根据《中华人民共和国政府采购法》《中华人民共和国政府采购法实施条例》等有关法律、行政法规，制定本办法。

第二条 政府采购信息发布，适用本办法。

第三条 本办法所称政府采购信息，是指依照政府采购有关法律制度规定应予公开的公开招标公告、资格预审公告、单一来源采购公示、中标（成交）结果公告、政府采购合同公告等政府采购项目信息，以及投诉处理结果、监督检查处理结果、集中采购机构考核结果等政府采购监管信息。

第四条 政府采购信息发布应当遵循格式规范统一、渠道相对集中、便于查找获得的原则。

第五条 财政部指导和协调全国政府采购信息发布工作，并依照政府采购法律、行政法规有关规定，对中央预算单位的政府采购信息发布活动进行监督管理。

地方各级人民政府财政部门（以下简称财政部门）对本级预算单位的政府采购信息发布活动进行监督管理。

第六条 财政部对中国政府采购网进行监督管理。省级（自治区、直辖市、计划单列市）财政部门对中国政府采购网省级分网进行监督管理。

第七条 政府采购信息应当按照财政部规定的格式编制。

第八条 中央预算单位政府采购信息应当在中国政府采购网发布，地方预算单位政府采购信息应当在所在行政区域的中国政府采购网省级分网发布。

除中国政府采购网及其省级分网以外，政府采购信息可以在省级以上财政部门指定的其他媒体同步发布。

第九条 财政部门、采购人和其委托的采购代理机构（以下统称发布主体）

应当对其提供的政府采购信息的真实性、准确性、合法性负责。

中国政府采购网及其省级分网和省级以上财政部门指定的其他媒体（以下统称指定媒体）应当对其收到的政府采购信息发布的及时性、完整性负责。

第十条　发布主体发布政府采购信息不得有虚假和误导性陈述，不得遗漏依法必须公开的事项。

第十一条　发布主体应当确保其在不同媒体发布的同一政府采购信息内容一致。

在不同媒体发布的同一政府采购信息内容、时间不一致的，以在中国政府采购网或者其省级分网发布的信息为准。同时在中国政府采购网和省级分网发布的，以在中国政府采购网上发布的信息为准。

第十二条　指定媒体应当采取必要措施，对政府采购信息发布主体的身份进行核验。

第十三条　指定媒体应当及时发布收到的政府采购信息。

中国政府采购网或者其省级分网应当自收到政府采购信息起1个工作日内发布。

第十四条　指定媒体应当加强安全防护，确保发布的政府采购信息不被篡改、不遗漏，不得擅自删除或者修改信息内容。

第十五条　指定媒体应当向发布主体免费提供信息发布服务，不得向市场主体和社会公众收取信息查阅费用。

第十六条　采购人或者其委托的采购代理机构未依法在指定媒体上发布政府采购项目信息的，依照政府采购法实施条例第六十八条追究法律责任。

采购人或者其委托的采购代理机构存在其他违反本办法规定行为的，由县级以上财政部门依法责令限期改正，给予警告，对直接负责的主管人员和其他直接责任人员，建议其行政主管部门或者有关机关依法依规处理，并予通报。

第十七条　指定媒体违反本办法规定的，由实施指定行为的省级以上财政部门依法责令限期改正，对直接负责的主管人员和其他直接责任人员，建议其行政主管部门或者有关机关依法依规处理，并予通报。

第十八条　财政部门及其工作人员在政府采购信息发布活动中存在懒政怠政、滥用职权、玩忽职守、徇私舞弊等违法违纪行为的，依照《中华人民共和国政府采购法》《中华人民共和国公务员法》《中华人民共和国监察法》《中华人民共和国政府采购法实施条例》等国家有关规定追究相应责任；涉嫌犯罪的，依法移送有关国家机关处理。

第十九条 涉密政府采购项目信息发布，依照国家有关规定执行。

第二十条 省级财政部门可以根据本办法制定具体实施办法。

第二十一条 本办法自 2020 年 3 月 1 日起施行。财政部 2004 年 9 月 11 日颁布实施的《政府采购信息公告管理办法》（财政部令第 19 号）同时废止。

附录 J　财政部关于做好政府采购信息公开工作的通知

（财库〔2015〕135 号）

党中央有关部门，国务院各部委、各直属机构，全国人大常委会办公厅，全国政协办公厅，高法院，高检院，各民主党派中央，有关人民团体，各省、自治区、直辖市、计划单列市财政厅（局），新疆生产建设兵团财务局：

为深入贯彻落实党的十八届三中、四中全会精神，按照深化财税体制改革、实施公开透明预算制度的总体部署，根据《中华人民共和国政府采购法》《中华人民共和国政府采购法实施条例》《中华人民共和国政府信息公开条例》《党政机关厉行节约反对浪费条例》等法律法规的规定，现就依法做好政府采购信息公开工作有关事项通知如下：

一、高度重视政府采购信息公开工作

公开透明是政府采购管理制度的重要原则。做好政府采购信息公开工作，既是全面深化改革、建立现代财政制度的必然要求，也是加强改进社会监督，提升政府公信力的重要举措，对于规范政府采购行为，维护政府采购活动的公开、公平和公正具有重要意义。《中华人民共和国预算法》《中华人民共和国政府采购法实施条例》和《党政机关厉行节约反对浪费条例》从不同层面和角度提出了提高政府采购透明度、推进信息公开、加强社会监督的新要求，并确定了政府采购全过程信息公开的目标导向。各地区、各部门要依法公开政府采购项目信息，并按照财政预决算公开的要求，公布本单位政府采购预算安排及执行的总体情况，实现从采购预算到采购过程及采购结果的全过程信息公开。各地区、各部门要高度重视，充分认识政府采购信息公开工作的重要性和紧迫性，认真做好政府采购信息公开工作，将政府采购活动置于阳光之下，管好"乱伸的权力之手"。

二、认真做好政府采购信息公开工作

（一）总体要求。

建立健全责任明确的工作机制、简便顺畅的操作流程和集中统一的发布渠道，确保政府采购信息发布的及时、完整、准确，实现政府采购信息的全流程公开透明。

（二）公开范围及主体。

1. 采购项目信息，包括采购项目公告、采购文件、采购项目预算金额、采购结果等信息，由采购人或者其委托的采购代理机构负责公开；

2. 监管处罚信息，包括财政部门作出的投诉、监督检查等处理决定，对集中采购机构的考核结果，以及违法失信行为记录等信息，由财政部门负责公开；

3. 法律、法规和规章规定应当公开的其他政府采购信息，由相关主体依法公开。

（三）公开渠道[⊖]。

中央预算单位的政府采购信息应当在财政部指定的媒体上公开，地方预算单位的政府采购信息应当在省级（含计划单列市，下同）财政部门指定的媒体上公开。财政部指定的政府采购信息发布媒体包括中国政府采购网（www.ccgp.gov.cn）、《中国财经报》（《中国政府采购报》）、《中国政府采购杂志》《中国财政杂志》等。省级财政部门应当将中国政府采购网地方分网作为本地区指定的政府采购信息发布媒体之一。

为了便于政府采购当事人获取信息，在其他政府采购信息发布媒体公开的政府采购信息应当同时在中国政府采购网发布。对于预算金额在 500 万元以上的地方采购项目信息，中国政府采购网各地方分网应当通过数据接口同时推送至中央主网发布（相关标准规范和说明详见中国政府采购网）。政府采购违法失信行为信息记录应当在中国政府采购网中央主网发布。

（四）政府采购项目信息的公开要求。

1. 公开招标公告、资格预审公告。

招标公告的内容应当包括采购人和采购代理机构的名称、地址和联系方法，采购项目的名称、数量、简要规格描述或项目基本概况介绍，采购项目预算金额，采购项目需要落实的政府采购政策，投标人的资格要求，获取招标文件的时间、地点、方式及招标文件售价，投标截止时间、开标时间及地点，采购项

⊖ 政府采购信息发布媒体应按照《政府采购信息发布管理办法》（财政部令第 101 号）执行，该办法规定：中央预算单位政府采购信息应当在中国政府采购网发布，地方预算单位政府采购信息应当在所在行政区域的中国政府采购网省级分网发布。除中国政府采购网及其省级分网以外，政府采购信息可以在省级以上财政部门指定的其他媒体同步发布。

目联系人姓名和电话。

资格预审公告的内容应当包括采购人和采购代理机构的名称、地址和联系方法；采购项目名称、数量、简要规格描述或项目基本概况介绍；采购项目预算金额；采购项目需要落实的政府采购政策；投标人的资格要求，以及审查标准、方法；获取资格预审文件的时间、地点、方式；投标人应当提供的资格预审申请文件的组成和格式；提交资格预审申请文件的截止时间及资格审查日期、地点；采购项目联系人姓名和电话。

招标公告、资格预审公告的公告期限为 5 个工作日。

2. 竞争性谈判公告、竞争性磋商公告和询价公告。

竞争性谈判公告、竞争性磋商公告和询价公告的内容应当包括采购人和采购代理机构的名称、地址和联系方法，采购项目的名称、数量、简要规格描述或项目基本概况介绍，采购项目预算金额，采购项目需要落实的政府采购政策，对供应商的资格要求，获取谈判、磋商、询价文件的时间、地点、方式及文件售价，响应文件提交的截止时间、开启时间及地点，采购项目联系人姓名和电话。

竞争性谈判公告、竞争性磋商公告和询价公告的公告期限为 3 个工作日。

3. 采购项目预算金额。

采购项目预算金额应当在招标公告、资格预审公告、竞争性谈判公告、竞争性磋商公告和询价公告等采购公告，以及招标文件、谈判文件、磋商文件、询价通知书等采购文件中公开。采购项目的预算金额以财政部门批复的部门预算中的政府采购预算为依据；对于部门预算批复前进行采购的项目，以预算"二上数"中的政府采购预算为依据。对于部门预算已列明具体采购项目的，按照部门预算中具体采购项目的预算金额公开；部门预算未列明采购项目的，应当根据工作实际对部门预算进行分解，按照分解后的具体采购项目预算金额公开。对于部门预算分年度安排但不宜按年度拆分的采购项目，应当公开采购项目的采购年限、概算总金额和当年安排数。

4. 中标、成交结果。

中标、成交结果公告的内容应当包括采购人和采购代理机构名称、地址、联系方式；项目名称和项目编号；中标或者成交供应商名称、地址和中标或者成交金额；主要中标或者成交标的的名称、规格型号、数量、单价、服务要求或者标的的基本概况；评审专家名单。协议供货、定点采购项目还应当公告入围价格、价格调整规则和优惠条件。采用书面推荐供应商参加采购活动的，还应当公告采购人和评审专家的推荐意见。

中标、成交结果应当自中标、成交供应商确定之日起 2 个工作日内公告，公告期限为 1 个工作日。

5. 采购文件。

招标文件、竞争性谈判文件、竞争性磋商文件和询价通知书应当随中标、成交结果同时公告。中标、成交结果公告前采购文件已公告的，不再重复公告。

6. 更正事项。

采购人或者采购代理机构对已发出的招标文件、资格预审文件，以及采用公告方式邀请供应商参与的竞争性谈判文件、竞争性磋商文件进行必要的澄清或者修改的，应当在原公告发布媒体上发布更正公告，并以书面形式通知所有获取采购文件的潜在供应商。采购信息更正公告的内容应当包括采购人和采购代理机构名称、地址、联系方式，原公告的采购项目名称及首次公告日期，更正事项、内容及日期，采购项目联系人和电话。

澄清或者修改的内容可能影响投标文件、资格预审申请文件、响应文件编制的，采购人或者采购代理机构发布澄清公告并以书面形式通知潜在供应商的时间，应当在投标截止时间至少 15 日前、提交资格预审申请文件截止时间至少 3 日前，或者提交首次响应文件截止之日 3 个工作日前；不足上述时间的，应当顺延提交投标文件、资格预审申请文件或响应文件的截止时间。

7. 采购合同。

政府采购合同应当自合同签订之日起 2 个工作日内公告。批量集中采购项目应当公告框架协议。政府采购合同中涉及国家秘密、商业秘密的部分可以不公告，但其他内容应当公告。政府采购合同涉及国家秘密的内容，由采购人依据《保守国家秘密法》等法律制度规定确定。采购合同中涉及商业秘密的内容，由采购人依据《反不正当竞争法》《最高人民法院关于适用〈中华人民共和国民事诉讼法〉若干问题的意见》（法发〔1992〕22 号）等法律制度的规定，与供应商在合同中约定。其中，合同标的名称、规格型号、单价及合同金额等内容不得作为商业秘密。合同中涉及个人隐私的姓名、联系方式等内容，除征得权利人同意外，不得对外公告。

2015 年 3 月 1 日以后签订的政府采购合同，未按要求公告的，应当于 2015 年 10 月 31 日以前补充公告。

8. 单一来源公示。

达到公开招标数额标准，符合《中华人民共和国政府采购法》第三十一条第一项规定情形，只能从唯一供应商处采购的，采购人、采购代理机构应当在省级以上财政部门指定媒体上进行公示。公示内容应当包括采购人、采购项目名称；拟采购的货物或者服务的说明、拟采购的货物或者服务的预算金额；采用单一来源方式的原因及相关说明；拟定的唯一供应商名称、地址；专业人员对相关供应商因专利、专有技术等原因具有唯一性的具体论证意见，以及专业人员的姓名、工作单位和职称；公示的期限；采购人、采购代理机构、财政部门的联系地址、联系人和联系电话。公示期限不得少于 5 个工作日。

9. 终止公告。

依法需要终止招标、竞争性谈判、竞争性磋商、询价、单一来源采购活动的，采购人或者采购代理机构应当发布项目终止公告并说明原因。

10. 政府购买公共服务项目。

对于政府向社会公众提供的公共服务项目，除按有关规定公开相关采购信息外，采购人还应当就确定采购需求在指定媒体上征求社会公众的意见，并将验收结果于验收结束之日起 2 个工作日内向社会公告。

（五）监管处罚信息的公开要求。

财政部门作出的投诉、监督检查等处理决定公告的内容应当包括相关当事人名称及地址、投诉涉及采购项目名称及采购日期、投诉事项或监督检查主要事项、处理依据、处理结果、执法机关名称、公告日期等。投诉或监督检查处理决定应当自完成并履行有关报审程序后 5 个工作日内公告。

财政部门对集中采购机构的考核结果公告的内容应当包括集中采购机构名称、考核内容、考核方法、考核结果、存在问题、考核单位等。考核结果应当自完成并履行有关报审程序后 5 个工作日内公告。

供应商、采购代理机构和评审专家的违法失信行为记录公告的内容应当包括当事人名称、违法失信行为的具体情形、处理依据、处理结果、处理日期、执法机关名称等。供应商、采购代理机构和评审专家的违法失信行为信息月度记录应当不晚于次月 10 日前公告。

三、工作要求

（一）加强组织领导。各级财政部门、各部门、各单位要建立政府采购信息公开工作机制，落实责任分工，切实履行政府采购信息公开的责任和义务。省级财政部门要加强对本地区政府采购信息公开工作的指导和督促，指定并管理政府采购信息公开媒体，确保政府采购信息公开工作落到实处。

（二）落实技术保障。各级财政部门要及时做好相关信息系统和网络媒体的升级改造，创新信息公开方式，完善信息公开功能，提高政府采购信息公开的自动化水平，为政府采购信息公开和社会监督创造便利条件。中国政府采购网地方分网应当在 2015 年 8 月 31 日以前完成主要技术改造工作，确保合同公开等新的信息公开要求落到实处。

（三）强化监督检查。各级财政部门要将政府采购信息公开作为监督检查的重要内容，对采购人、采购代理机构未依法发布政府采购项目信息的，要依照《中华人民共和国政府采购法》第七十一条、第七十八条和《中华人民共和国政府采购法实施条例》第六十八条等规定追究法律责任。

（四）做好跟踪回应。各地区、各部门要主动回应信息公开工作中出现的情况和问题，做好预判、预案和跟踪，主动发声，及时解惑。各政府采购信息发布媒体要以高度负责的精神做好政府采购信息公开工作，及时、完整、准确地免费刊登信息。

财政部

2015 年 7 月 17 日

附录 K　政府采购评审专家管理办法

（财库〔2016〕198 号，2016 年 11 月 18 日财政部发布）

第一章　总　　则

第一条　为加强政府采购评审活动管理，规范政府采购评审专家（以下简称评审专家）评审行为，根据《中华人民共和国政府采购法》（以下简称《政府采购法》）、《中华人民共和国政府采购法实施条例》（以下简称《政府采购法实施条例》）等法律法规及有关规定，制定本办法。

第二条　本办法所称评审专家，是指经省级以上人民政府财政部门选聘，以独立身份参加政府采购评审，纳入评审专家库管理的人员。评审专家选聘、解聘、抽取、使用、监督管理适用本办法。

第三条　评审专家实行统一标准、管用分离、随机抽取的管理原则。

第四条　财政部负责制定全国统一的评审专家专业分类标准和评审专家库建设标准，建设管理国家评审专家库。

省级人民政府财政部门负责建设本地区评审专家库并实行动态管理，与国家评审专家库互联互通、资源共享。

各级人民政府财政部门依法履行对评审专家的监督管理职责。

第二章　评审专家选聘与解聘

第五条　省级以上人民政府财政部门通过公开征集、单位推荐和自我推荐相结合的方式选聘评审专家。

第六条　评审专家应当具备以下条件：

（一）具有良好的职业道德，廉洁自律，遵纪守法，无行贿、受贿、欺诈等不良信用记录；

（二）具有中级专业技术职称或同等专业水平且从事相关领域工作满 8 年，或者具有高级专业技术职称或同等专业水平；

（三）熟悉政府采购相关政策法规；

（四）承诺以独立身份参加评审工作，依法履行评审专家工作职责并承担相应法律责任的中国公民；

（五）不满 70 周岁，身体健康，能够承担评审工作；

（六）申请成为评审专家前三年内，无本办法第二十九条规定的不良行为记录。

对评审专家数量较少的专业，前款第（二）项、第（五）项所列条件可以适当放宽。

第七条 符合本办法第六条规定条件，自愿申请成为评审专家的人员（以下简称申请人），应当提供以下申请材料：

（一）个人简历、本人签署的申请书和承诺书；

（二）学历学位证书、专业技术职称证书或者具有同等专业水平的证明材料；

（三）证明本人身份的有效证件；

（四）本人认为需要申请回避的信息；

（五）省级以上人民政府财政部门规定的其他材料。

第八条 申请人应当根据本人专业或专长申报评审专业。

第九条 省级以上人民政府财政部门对申请人提交的申请材料、申报的评审专业和信用信息进行审核，符合条件的选聘为评审专家，纳入评审专家库管理。

第十条 评审专家工作单位、联系方式、专业技术职称、需要回避的信息等发生变化的，应当及时向相关省级以上人民政府财政部门申请变更相关信息。

第十一条 评审专家存在以下情形之一的，省级以上人民政府财政部门应当将其解聘：

（一）不符合本办法第六条规定条件；

（二）本人申请不再担任评审专家；

（三）存在本办法第二十九条规定的不良行为记录；

（四）受到刑事处罚。

第三章　评审专家抽取与使用

第十二条 采购人或者采购代理机构应当从省级以上人民政府财政部门设

立的评审专家库中随机抽取评审专家。

评审专家库中相关专家数量不能保证随机抽取需要的，采购人或者采购代理机构可以推荐符合条件的人员，经审核选聘入库后再随机抽取使用。

第十三条　技术复杂、专业性强的采购项目，通过随机方式难以确定合适评审专家的，经主管预算单位同意，采购人可以自行选定相应专业领域的评审专家。

自行选定评审专家的，应当优先选择本单位以外的评审专家。

第十四条　除采用竞争性谈判、竞争性磋商方式采购，以及异地评审的项目外，采购人或者采购代理机构抽取评审专家的开始时间原则上不得早于评审活动开始前2个工作日。

第十五条　采购人或者采购代理机构应当在评审活动开始前宣布评审工作纪律，并将记载评审工作纪律的书面文件作为采购文件一并存档。

第十六条　评审专家与参加采购活动的供应商存在下列利害关系之一的，应当回避：

（一）参加采购活动前三年内，与供应商存在劳动关系，或者担任过供应商的董事、监事，或者是供应商的控股股东或实际控制人；

（二）与供应商的法定代表人或者负责人有夫妻、直系血亲、三代以内旁系血亲或者近姻亲关系；

（三）与供应商有其他可能影响政府采购活动公平、公正进行的关系。

评审专家发现本人与参加采购活动的供应商有利害关系的，应当主动提出回避。采购人或者采购代理机构发现评审专家与参加采购活动的供应商有利害关系的，应当要求其回避。

除本办法第十三条规定的情形外，评审专家对本单位的政府采购项目只能作为采购人代表参与评审活动。

各级财政部门政府采购监督管理工作人员，不得作为评审专家参与政府采购项目的评审活动。

第十七条　出现评审专家缺席、回避等情形导致评审现场专家数量不符合规定的，采购人或者采购代理机构应当及时补抽评审专家，或者经采购人主管预算单位同意自行选定补足评审专家。无法及时补足评审专家的，采购人或者采购代理机构应当立即停止评审工作，妥善保存采购文件，依法重新组建评标委员会、谈判小组、询价小组、磋商小组进行评审。

第十八条 评审专家应当严格遵守评审工作纪律，按照客观、公正、审慎的原则，根据采购文件规定的评审程序、评审方法和评审标准进行独立评审。

评审专家发现采购文件内容违反国家有关强制性规定或者采购文件存在歧义、重大缺陷导致评审工作无法进行时，应当停止评审并向采购人或者采购代理机构书面说明情况。

评审专家应当配合答复供应商的询问、质疑和投诉等事项，不得泄露评审文件、评审情况和在评审过程中获悉的商业秘密。

评审专家发现供应商具有行贿、提供虚假材料或者串通等违法行为的，应当及时向财政部门报告。

评审专家在评审过程中受到非法干预的，应当及时向财政、监察等部门举报。

第十九条 评审专家应当在评审报告上签字，对自己的评审意见承担法律责任。对需要共同认定的事项存在争议的，按照少数服从多数的原则做出结论。对评审报告有异议的，应当在评审报告上签署不同意见并说明理由，否则视为同意评审报告。

第二十条 评审专家名单在评审结果公告前应当保密。评审活动完成后，采购人或者采购代理机构应当随中标、成交结果一并公告评审专家名单，并对自行选定的评审专家做出标注。

各级财政部门、采购人和采购代理机构有关工作人员不得泄露评审专家的个人情况。

第二十一条 采购人或者采购代理机构应当于评审活动结束后 5 个工作日内，在政府采购信用评价系统中记录评审专家的职责履行情况。

评审专家可以在政府采购信用评价系统中查询本人职责履行情况记录，并就有关情况做出说明。

省级以上人民政府财政部门可根据评审专家履职情况等因素设置阶梯抽取概率。

第二十二条 评审专家应当于评审活动结束后 5 个工作日内，在政府采购信用评价系统中记录采购人或者采购代理机构的职责履行情况。

第二十三条 集中采购目录内的项目，由集中采购机构支付评审专家劳务报酬；集中采购目录外的项目，由采购人支付评审专家劳务报酬。

第二十四条　省级人民政府财政部门应当根据实际情况，制定本地区评审专家劳务报酬标准。中央预算单位参照本单位所在地或评审活动所在地标准支付评审专家劳务报酬。

第二十五条　评审专家参加异地评审的，其往返的城市间交通费、住宿费等实际发生的费用，可参照采购人执行的差旅费管理办法相应标准向采购人或集中采购机构凭据报销。

第二十六条　评审专家未完成评审工作擅自离开评审现场，或者在评审活动中有违法违规行为的，不得获取劳务报酬和报销异地评审差旅费。评审专家以外的其他人员不得获取评审劳务报酬。

第四章　评审专家监督管理

第二十七条　评审专家未按照采购文件规定的评审程序、评审方法和评审标准进行独立评审或者泄露评审文件、评审情况的，由财政部门给予警告，并处 2000 元以上 2 万元以下的罚款；影响中标、成交结果的，处 2 万元以上 5 万元以下的罚款，禁止其参加政府采购评审活动。

评审专家与供应商存在利害关系未回避的，处 2 万元以上 5 万元以下的罚款，禁止其参加政府采购评审活动。

评审专家收受采购人、采购代理机构、供应商贿赂或者获取其他不正当利益，构成犯罪的，依法追究刑事责任；尚不构成犯罪的，处 2 万元以上 5 万元以下的罚款，禁止其参加政府采购评审活动。

评审专家有上述违法行为的，其评审意见无效；有违法所得的，没收违法所得；给他人造成损失的，依法承担民事责任。

第二十八条　采购人、采购代理机构发现评审专家有违法违规行为的，应当及时向采购人本级财政部门报告。

第二十九条　申请人或评审专家有下列情形的，列入不良行为记录：

（一）未按照采购文件规定的评审程序、评审方法和评审标准进行独立评审；

（二）泄露评审文件、评审情况；

（三）与供应商存在利害关系未回避；

（四）收受采购人、采购代理机构、供应商贿赂或者获取其他不正当利益；

（五）提供虚假申请材料；

（六）拒不履行配合答复供应商询问、质疑、投诉等法定义务；

（七）以评审专家身份从事有损政府采购公信力的活动。

第三十条 采购人或者采购代理机构未按照本办法规定抽取和使用评审专家的，依照《政府采购法》及有关法律法规追究法律责任。

第三十一条 财政部门工作人员在评审专家管理工作中存在滥用职权、玩忽职守、徇私舞弊等违法违纪行为的，依照《政府采购法》《公务员法》《行政监察法》《政府采购法实施条例》等国家有关规定追究相应责任；涉嫌犯罪的，移送司法机关处理。

第五章 附 则

第三十二条 参加评审活动的采购人代表、采购人依法自行选定的评审专家管理参照本办法执行。

第三十三条 国家对评审专家抽取、选定另有规定的，从其规定。

第三十四条 各省级人民政府财政部门，可以根据本办法规定，制定具体实施办法。

第三十五条 本办法由财政部负责解释。

第三十六条 本办法自 2017 年 1 月 1 日起施行。财政部、监察部 2003 年 11 月 17 日发布的《政府采购评审专家管理办法》（财库〔2003〕119 号）同时废止。

附录 L　政府采购质疑和投诉办法

（2017 年 12 月 26 日财政部令第 94 号公布）

第一章　总　　则

第一条　为了规范政府采购质疑和投诉行为，保护参加政府采购活动当事人的合法权益，根据《中华人民共和国政府采购法》《中华人民共和国政府采购法实施条例》和其他有关法律法规规定，制定本办法。

第二条　本办法适用于政府采购质疑的提出和答复、投诉的提起和处理。

第三条　政府采购供应商（以下简称供应商）提出质疑和投诉应当坚持依法依规、诚实信用原则。

第四条　政府采购质疑答复和投诉处理应当坚持依法依规、权责对等、公平公正、简便高效原则。

第五条　采购人负责供应商质疑答复。采购人委托采购代理机构采购的，采购代理机构在委托授权范围内作出答复。

县级以上各级人民政府财政部门（以下简称财政部门）负责依法处理供应商投诉。

第六条　供应商投诉按照采购人所属预算级次，由本级财政部门处理。

跨区域联合采购项目的投诉，采购人所属预算级次相同的，由采购文件事先约定的财政部门负责处理，事先未约定的，由最先收到投诉的财政部门负责处理；采购人所属预算级次不同的，由预算级次最高的财政部门负责处理。

第七条　采购人、采购代理机构应当在采购文件中载明接收质疑函的方式、联系部门、联系电话和通讯地址等信息。

县级以上财政部门应当在省级以上财政部门指定的政府采购信息发布媒体公布受理投诉的方式、联系部门、联系电话和通讯地址等信息。

第八条　供应商可以委托代理人进行质疑和投诉。其授权委托书应当载明代理人的姓名或者名称、代理事项、具体权限、期限和相关事项。供应商为自然人的，应当由本人签字；供应商为法人或者其他组织的，应当由法定代表人、主要负责人签字或者盖章，并加盖公章。

代理人提出质疑和投诉，应当提交供应商签署的授权委托书。

第九条 以联合体形式参加政府采购活动的，其投诉应当由组成联合体的所有供应商共同提出。

第二章 质疑提出与答复

第十条 供应商认为采购文件、采购过程、中标或者成交结果使自己的权益受到损害的，可以在知道或者应知其权益受到损害之日起 7 个工作日内，以书面形式向采购人、采购代理机构提出质疑。

采购文件可以要求供应商在法定质疑期内一次性提出针对同一采购程序环节的质疑。

第十一条 提出质疑的供应商（以下简称质疑供应商）应当是参与所质疑项目采购活动的供应商。

潜在供应商已依法获取其可质疑的采购文件的，可以对该文件提出质疑。对采购文件提出质疑的，应当在获取采购文件或者采购文件公告期限届满之日起 7 个工作日内提出。

第十二条 供应商提出质疑应当提交质疑函和必要的证明材料。质疑函应当包括下列内容：

（一）供应商的姓名或者名称、地址、邮编、联系人及联系电话；

（二）质疑项目的名称、编号；

（三）具体、明确的质疑事项和与质疑事项相关的请求；

（四）事实依据；

（五）必要的法律依据；

（六）提出质疑的日期。

供应商为自然人的，应当由本人签字；供应商为法人或者其他组织的，应当由法定代表人、主要负责人，或者其授权代表签字或者盖章，并加盖公章。

第十三条 采购人、采购代理机构不得拒收质疑供应商在法定质疑期内发出的质疑函，应当在收到质疑函后 7 个工作日内作出答复，并以书面形式通知质疑供应商和其他有关供应商。

第十四条 供应商对评审过程、中标或者成交结果提出质疑的，采购人、采购代理机构可以组织原评标委员会、竞争性谈判小组、询价小组或者竞争性磋商小组协助答复质疑。

第十五条　质疑答复应当包括下列内容：

（一）质疑供应商的姓名或者名称；

（二）收到质疑函的日期、质疑项目名称及编号；

（三）质疑事项、质疑答复的具体内容、事实依据和法律依据；

（四）告知质疑供应商依法投诉的权利；

（五）质疑答复人名称；

（六）答复质疑的日期。

质疑答复的内容不得涉及商业秘密。

第十六条　采购人、采购代理机构认为供应商质疑不成立，或者成立但未对中标、成交结果构成影响的，继续开展采购活动；认为供应商质疑成立且影响或者可能影响中标、成交结果的，按照下列情况处理：

（一）对采购文件提出的质疑，依法通过澄清或者修改可以继续开展采购活动的，澄清或者修改采购文件后继续开展采购活动；否则应当修改采购文件后重新开展采购活动。

（二）对采购过程、中标或者成交结果提出的质疑，合格供应商符合法定数量时，可以从合格的中标或者成交候选人中另行确定中标、成交供应商的，应当依法另行确定中标、成交供应商；否则应当重新开展采购活动。

质疑答复导致中标、成交结果改变的，采购人或者采购代理机构应当将有关情况书面报告本级财政部门。

第三章　投诉提起

第十七条　质疑供应商对采购人、采购代理机构的答复不满意，或者采购人、采购代理机构未在规定时间内作出答复的，可以在答复期满后 15 个工作日内向本办法第六条规定的财政部门提起投诉。

第十八条　投诉人投诉时，应当提交投诉书和必要的证明材料，并按照被投诉采购人、采购代理机构（以下简称被投诉人）和与投诉事项有关的供应商数量提供投诉书的副本。投诉书应当包括下列内容：

（一）投诉人和被投诉人的姓名或者名称、通讯地址、邮编、联系人及联系电话；

（二）质疑和质疑答复情况说明及相关证明材料；

（三）具体、明确的投诉事项和与投诉事项相关的投诉请求；

（四）事实依据；

（五）法律依据；

（六）提起投诉的日期。

投诉人为自然人的，应当由本人签字；投诉人为法人或者其他组织的，应当由法定代表人、主要负责人，或者其授权代表签字或者盖章，并加盖公章。

第十九条 投诉人应当根据本办法第七条第二款规定的信息内容，并按照其规定的方式提起投诉。

投诉人提起投诉应当符合下列条件：

（一）提起投诉前已依法进行质疑；

（二）投诉书内容符合本办法的规定；

（三）在投诉有效期限内提起投诉；

（四）同一投诉事项未经财政部门投诉处理；

（五）财政部规定的其他条件。

第二十条 供应商投诉的事项不得超出已质疑事项的范围，但基于质疑答复内容提出的投诉事项除外。

第四章 投诉处理

第二十一条 财政部门收到投诉书后，应当在 5 个工作日内进行审查，审查后按照下列情况处理：

（一）投诉书内容不符合本办法第十八条规定的，应当在收到投诉书 5 个工作日内一次性书面通知投诉人补正。补正通知应当载明需要补正的事项和合理的补正期限。未按照补正期限进行补正或者补正后仍不符合规定的，不予受理。

（二）投诉不符合本办法第十九条规定条件的，应当在 3 个工作日内书面告知投诉人不予受理，并说明理由。

（三）投诉不属于本部门管辖的，应当在 3 个工作日内书面告知投诉人向有管辖权的部门提起投诉。

（四）投诉符合本办法第十八条、第十九条规定的，自收到投诉书之日起即为受理，并在收到投诉后 8 个工作日内向被投诉人和其他与投诉事项有关的当事人发出投诉答复通知书及投诉书副本。

第二十二条　被投诉人和其他与投诉事项有关的当事人应当在收到投诉答复通知书及投诉书副本之日起 5 个工作日内，以书面形式向财政部门作出说明，并提交相关证据、依据和其他有关材料。

第二十三条　财政部门处理投诉事项原则上采用书面审查的方式。财政部门认为有必要时，可以进行调查取证或者组织质证。

财政部门可以根据法律、法规规定或者职责权限，委托相关单位或者第三方开展调查取证、检验、检测、鉴定。

质证应当通知相关当事人到场，并制作质证笔录。质证笔录应当由当事人签字确认。

第二十四条　财政部门依法进行调查取证时，投诉人、被投诉人以及与投诉事项有关的单位及人员应当如实反映情况，并提供财政部门所需要的相关材料。

第二十五条　应当由投诉人承担举证责任的投诉事项，投诉人未提供相关证据、依据和其他有关材料的，视为该投诉事项不成立；被投诉人未按照投诉答复通知书要求提交相关证据、依据和其他有关材料的，视同其放弃说明权利，依法承担不利后果。

第二十六条　财政部门应当自收到投诉之日起 30 个工作日内，对投诉事项作出处理决定。

第二十七条　财政部门处理投诉事项，需要检验、检测、鉴定、专家评审以及需要投诉人补正材料的，所需时间不计算在投诉处理期限内。

前款所称所需时间，是指财政部门向相关单位、第三方、投诉人发出相关文书、补正通知之日至收到相关反馈文书或材料之日。

财政部门向相关单位、第三方开展检验、检测、鉴定、专家评审的，应当将所需时间告知投诉人。

第二十八条　财政部门在处理投诉事项期间，可以视具体情况书面通知采购人和采购代理机构暂停采购活动，暂停采购活动时间最长不得超过 30 日。

采购人和采购代理机构收到暂停采购活动通知后应当立即中止采购活动，在法定的暂停期限结束前或者财政部门发出恢复采购活动通知前，不得进行该项采购活动。

第二十九条 投诉处理过程中，有下列情形之一的，财政部门应当驳回投诉：

（一）受理后发现投诉不符合法定受理条件；

（二）投诉事项缺乏事实依据，投诉事项不成立；

（三）投诉人捏造事实或者提供虚假材料；

（四）投诉人以非法手段取得证明材料。证据来源的合法性存在明显疑问，投诉人无法证明其取得方式合法的，视为以非法手段取得证明材料。

第三十条 财政部门受理投诉后，投诉人书面申请撤回投诉的，财政部门应当终止投诉处理程序，并书面告知相关当事人。

第三十一条 投诉人对采购文件提起的投诉事项，财政部门经查证属实的，应当认定投诉事项成立。经认定成立的投诉事项不影响采购结果的，继续开展采购活动；影响或者可能影响采购结果的，财政部门按照下列情况处理：

（一）未确定中标或者成交供应商的，责令重新开展采购活动。

（二）已确定中标或者成交供应商但尚未签订政府采购合同的，认定中标或者成交结果无效，责令重新开展采购活动。

（三）政府采购合同已经签订但尚未履行的，撤销合同，责令重新开展采购活动。

（四）政府采购合同已经履行，给他人造成损失的，相关当事人可依法提起诉讼，由责任人承担赔偿责任。

第三十二条 投诉人对采购过程或者采购结果提起的投诉事项，财政部门经查证属实的，应当认定投诉事项成立。经认定成立的投诉事项不影响采购结果的，继续开展采购活动；影响或者可能影响采购结果的，财政部门按照下列情况处理：

（一）未确定中标或者成交供应商的，责令重新开展采购活动。

（二）已确定中标或者成交供应商但尚未签订政府采购合同的，认定中标或者成交结果无效。合格供应商符合法定数量时，可以从合格的中标或者成交候选人中另行确定中标或者成交供应商的，应当要求采购人依法另行确定中标、成交供应商；否则责令重新开展采购活动。

（三）政府采购合同已经签订但尚未履行的，撤销合同。合格供应商符合法定数量时，可以从合格的中标或者成交候选人中另行确定中标或者成交供应商的，应当要求采购人依法另行确定中标、成交供应商；否则责令重新开展采购活动。

（四）政府采购合同已经履行，给他人造成损失的，相关当事人可依法提起诉讼，由责任人承担赔偿责任。

投诉人对废标行为提起的投诉事项成立的，财政部门应当认定废标行为无效。

第三十三条　财政部门作出处理决定，应当制作投诉处理决定书，并加盖公章。投诉处理决定书应当包括下列内容：

（一）投诉人和被投诉人的姓名或者名称、通讯地址等；

（二）处理决定查明的事实和相关依据，具体处理决定和法律依据；

（三）告知相关当事人申请行政复议的权利、行政复议机关和行政复议申请期限，以及提起行政诉讼的权利和起诉期限；

（四）作出处理决定的日期。

第三十四条　财政部门应当将投诉处理决定书送达投诉人和与投诉事项有关的当事人，并及时将投诉处理结果在省级以上财政部门指定的政府采购信息发布媒体上公告。

投诉处理决定书的送达，参照《中华人民共和国民事诉讼法》关于送达的规定执行。

第三十五条　财政部门应当建立投诉处理档案管理制度，并配合有关部门依法进行的监督检查。

第五章　法律责任

第三十六条　采购人、采购代理机构有下列情形之一的，由财政部门责令限期改正；情节严重的，给予警告，对直接负责的主管人员和其他直接责任人员，由其行政主管部门或者有关机关给予处分，并予通报：

（一）拒收质疑供应商在法定质疑期内发出的质疑函；

（二）对质疑不予答复或者答复与事实明显不符，并不能作出合理说明；

（三）拒绝配合财政部门处理投诉事宜。

第三十七条　投诉人在全国范围 12 个月内三次以上投诉查无实据的，由财政部门列入不良行为记录名单。

投诉人有下列行为之一的，属于虚假、恶意投诉，由财政部门列入不良行为记录名单，禁止其 1 至 3 年内参加政府采购活动：

（一）捏造事实；

（二）提供虚假材料；

（三）以非法手段取得证明材料。证据来源的合法性存在明显疑问，投诉人无法证明其取得方式合法的，视为以非法手段取得证明材料。

第三十八条 财政部门及其工作人员在履行投诉处理职责中违反本办法规定及存在其他滥用职权、玩忽职守、徇私舞弊等违法违纪行为的，依照《中华人民共和国政府采购法》《中华人民共和国公务员法》《中华人民共和国行政监察法》《中华人民共和国政府采购法实施条例》等国家有关规定追究相应责任；涉嫌犯罪的，依法移送司法机关处理。

第六章 附 则

第三十九条 质疑函和投诉书应当使用中文。质疑函和投诉书的范本，由财政部制定。

第四十条 相关当事人提供外文书证或者外国语视听资料的，应当附有中文译本，由翻译机构盖章或者翻译人员签名。

相关当事人向财政部门提供的在中华人民共和国领域外形成的证据，应当说明来源，经所在国公证机关证明，并经中华人民共和国驻该国使领馆认证，或者履行中华人民共和国与证据所在国订立的有关条约中规定的证明手续。

相关当事人提供的在香港特别行政区、澳门特别行政区和台湾地区内形成的证据，应当履行相关的证明手续。

第四十一条 财政部门处理投诉不得向投诉人和被投诉人收取任何费用。但因处理投诉发生的第三方检验、检测、鉴定等费用，由提出申请的供应商先行垫付。投诉处理决定明确双方责任后，按照"谁过错谁负担"的原则由承担责任的一方负担；双方都有责任的，由双方合理分担。

第四十二条 本办法规定的期间开始之日，不计算在期间内。期间届满的最后一日是节假日的，以节假日后的第一日为期间届满的日期。期间不包括在途时间，质疑和投诉文书在期满前交邮的，不算过期。

本办法规定的"以上""以下"均含本数。

第四十三条　对在质疑答复和投诉处理过程中知悉的国家秘密、商业秘密、个人隐私和依法不予公开的信息，财政部门、采购人、采购代理机构等相关知情人应当保密。

第四十四条　省级财政部门可以根据本办法制定具体实施办法。

第四十五条　本办法自 2018 年 3 月 1 日起施行。财政部 2004 年 8 月 11 日发布的《政府采购供应商投诉处理办法》（财政部令第 20 号）同时废止。